漢字이야기

漢字 이야기

발행일 2009년 12월 24일 발행인 송용호 지은이 강혜근
펴낸곳 충남대학교출판부 주소 대전광역시 유성구 대학로 79
전화 042-821-6045 홈페이지 cnupress.cnu.ac.kr E-mail cnupress@cnu.ac.kr

ISBN 978-89-7599-334-3 03720
값 : 16,000원

漢字이야기

강혜근 지음

충남대학교출판부

'漢字(한자) 이야기'는 2002년 9월 2일(월) '監(감)' 자부터 2003년 7월 9일(수) '栽培(재배)'까지 약 10개월 동안 '대전일보'에 '한자 이야기'라는 제목으로 연재되었던 것을 모아 만든 책이다. 지나고 보니, 이 책은 '漢字(한자) 이야기'라는 제목을 달고 있지만 사실 '漢字(한자)'와 관련된 이야기가 아니고, 漢字(한자) 구조와 본래 뜻을 설명하고 관련된 단어를 나열한 것 같다.

본래 필자는 '어떻게 하면 漢字(한자)를 잘 기억하고 정확하게 사용할 수 있을까?'에 대하여 늘 고민해왔다. 필자는 그 방법으로 漢字(한자)를 우선 기계적으로 상하좌우로 나누어 분석적으로 볼 수 있는 시각을 독자들에게 갖게 하면, 비록 획수가 많은 한 개의 漢字(한자)라도 몇 개의 구성성분으로 나누어 볼 수 있어, 漢字(한자)를 이해하고 기억하는 데에 많은 도움이 될 것이라고 생각했다.

그래서 漢字(한자) 구조는 본래 매우 다양하지만, 이 책에서는 이를 간단하게 좌우구조[◑, ◐]와 상하구조[◓, ◒], 내외구조[◘, ◈]로 나누어 字形(자형) 설명을 하였다. ◑, ◐, ◓, ◒, ◘, ◈에서 검은 부분은 발음을 나타내는 聲符(성부)의 위치를 말한다.

우리가 모르는 漢字(한자)를 자전에서 찾으려고 하면 우리는 먼저 部首(부수)를 알아야 하며, 이 部首(부수)는 일반적으로 漢字(한자)의 포괄적인 의미를 나타내고 있으므로, 매우 중요한 한자 구성 요소이다. 그래서 본 책에서는 部首(부수)의 의미를 보다 명확하게 이해할 수 있도록,

部首(부수)의 본래 의미를 알 수 있는 象形字(상형자)를 제시하였다.

또 漢字(한자)는 '발음을 나타내는 요소(聲符)' 를 가지고 있는 形聲字(형성자)가 대부분이기 때문에, 하나의 聲符(성부)를 공유하고 있는 漢字(한자)를 대상으로 하여 同音字(동음자)를 열거하였고, 하나의 聲符(성부)가 나타낼 수 있는 몇 개의 발음을 나열하고 그 아래에 同音字(동음자)를 나열하였다. 이렇게 함으로써 독자들에게 漢字(한자)를 발음을 나타내는 聲符(성부)와 뜻을 나타내는 意符(의부)로 나누어 분석적으로 볼 수 있는 능력을 기를 수 있게 하였다.

특히 이 책은 1부 '字(자)' 와 2부 '단어' 두 부분으로 나누었는데, '字(자)' 에서는 주로 한 개 漢字(한자)를 단위로 하여 본래 자형과 자형 변천 과정을 예시하면서 그 본래의 의미를 설명하였다. 그리고 '단어' 에서는 먼저 字形(자형) 구조에 대한 설명을 하고, '동음이의어' 를 나열하고 한자(漢字)를 풀이하여 漢字語(한자어)를 정확하게 쓸 수 있도록 비교하였다. 어떤 漢字語(한자어)는 그 의미를 정확하게 구분하기 매우 어렵고, 또 우리는 발음이 같기 때문에 무의식중에 아마도 여러 가지 의미를 하나로 혼동하여 사용하는 것 같다. 즉 우리는 비록 漢字(한자)를 보면 시각적으로 각각 별개의 의미로 그 구분이 가능하다고 하더라도, 한글 발음으로는 同音(동음)이기 때문에 마치 하나의 단어에 이처럼 많은 의미가 있다고 생각하기 쉽다.

끝으로 필자는 여러 사람들이 漢字(한자)를 이해하는 데에 본 책이 조금이라도 도움이 되었으면 하는 바람이다. 하지만 오히려 지루함만 더했을까, 또 오류가 얼마나 많이 있을까 걱정이 앞선다.

2009.10.01.

形聲字(형성자)와 聲符(성부)의 발음 관계에 관련된 기초 지식

조음(調音) 위치에 따른 자음의 종류를 잘 알고 있으면, 形聲字(형성자)와 聲符(성부)의 발음 관계를 이해하는 데에 많은 도움이 된다. 일반적으로 우리말에서 자음의 종류는 조음 위치에 따라 양순음(ㅂ, ㅃ, ㅍ, ㅁ), 치조음(ㄷ, ㄸ, ㅌ, ㅅ, ㅆ, ㄴ, ㄹ), 경구개음(ㅈ, ㅉ, ㅊ), 연구개음(ㄱ, ㄲ, ㅋ, ㅇ), 성문음(ㅎ)으로 나누지만, 우리나라 漢字音(한자음)에는 된소리(硬音경음)가 없으므로, 아래 표와 같이 'ㄲ', 'ㄸ', 'ㅃ', 'ㅆ', 'ㅉ' 등을 제외하였다.

우리말의 자음은 위에서 언급한 바와 같지만, 형성자(形聲字)와 성부(聲符) 사이에 존재하는 발음상의 대응 관계는 오히려 중국어의 자음 분류법에 따르는 것이 더욱 규칙적이라 한자음(漢字音)을 유추하고 이해하는 데에 많은 도움이 된다. 예를 들어 우리말에서 'ㅅ'은 치조음(齒槽音)이지만, 현대중국어에서는 설면음(舌面音: ji. qi. xi)으로 'ㅈ', 'ㅊ'과 같은 위치에서 조음된다고 분류하므로, 편의상 이를 따른다. 또 우리말에서 'ㄱ', 'ㅋ'은 연구개음이고 'ㅎ'은 성문음으로 각각 조음위치가 다르다고 하나, 현대중국어에서는 설근음(舌根音: g, k, h)으로 분류하므로, 역시 편의상 이를 따른다.

우리말의 자음을 편의상 현대중국어의 자음과 대응시켜 도표를 만들면 다음과 같다. 이 도표는 形聲字(형성자)와 聲符(성부)의 발음 관계를 이해하는 데에 많은 도움이 될 것이다.

한국어		한국한자음(현대중국어)	
양순음	ㅂ, ㅃ, ㅍ, ㅁ	쌍순음(雙脣音)	ㅂ, ㅍ, ㅁ
치조음	ㄷ, ㄸ, ㅌ, ㅅ, ㅆ, ㄴ, ㄹ	설첨중음(舌尖中音)	ㄷ, ㅌ, ㄴ, ㄹ
경구개음	ㅈ, ㅉ, ㅊ	설면음(舌面音)	ㅈ, ㅊ, ㅅ
연구개음	ㄱ, ㄲ, ㅋ, ㅇ		
성문음	ㅎ	설근음(舌根音)	ㄱ, ㅋ, ㅎ, ㆁ(받침인 경우)

chapter.1 字(자)

chapter.2 單語(단어)

漢字이야기

chapter. 1

字(자)

01

各

각각 각

各(각)의 자형(字形)은 본래 '발가락(夂: 뒤져서 올 치)이 아래 방향으로 어떤 한 지역의 입구(口)를 향하고 있는 모양'으로 '다다르다, 오다'라는 뜻을 나타내었다. 후에 各(각)이 '각각'이라는 뜻으로 사용하게 되자, '다다르다'라는 뜻은 格(격)자를 빌어 사용하게 되었다.

※ 자형(字形)의 변천은 대략 다음과 같다.

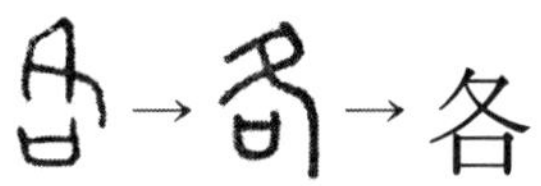

※ 자음(字音)의 변화는 대략 다음과 같다.

各(각)이 포함되어 있는 글자들은 대략 '각'·'락'·'략'·'격'·'객'·'액' 등 여러 가지 발음이 난다. 이 여러 가지 발음은 모두 종성(終聲)이 'ㄱ'이고, '각'과 '락'은 중성(中聲) 'ㅏ'까지 같다.

각 – 各(口; 각각) – 各各(각각), 各界(각계), 各國(각국), 各論(각론)
閣(**門**; 다락집; 내각) – 樓閣(누각), 閣下(각하); 內閣(내각), 閣僚(각료)
恪(忄=**心**; 삼가다) – 恪別(각별=各別)하다

락 – 洛(氵=**水**; 물이름) – 洛陽(낙양)
落(艹=**艸**; 떨어지다) – 落膽(낙담), 落望(낙망), 落榜(낙방), 落照(낙조)
絡(**糸**; 근筋; 잇다; 묶다) – 脈絡(맥락–피가 순환하는 줄기); 連絡(연락); 籠絡(농락)
酪(**酉**; 우유) – 酪農(낙농)
烙(**火**; 지지다) – 烙印(낙인)
駱(**馬**; 약대) – 駱駝(낙타)

珞(王=玉; 구슬목걸이)

략 – 略(田; 약탈하다; 침범하다; 간략하다; 꾀) – 略取(약취); 侵略(침략); 略歷(약력); 計略(계략)

격 – 格(木; 법식; 지위; 인품) – 格式(격식), 規格(규격); 昇格(승격); 人格(인격)

객 – 客(宀; 손) – 主客顚倒(주객전도)

喀(口; 토하다, 뱉다) – 喀血(객혈)=咯血(각혈)

액 – 額(頁; 일정한 분량; 편액) – 額數(액수), 金額(금액), 定額(정액); 額子(액자)

02

干(간)의 자형(字形)에 대하여 여러 가지 설이 있지만, 본래 '방패' 모양이 아니고 'Y자 모양의 사냥 도구'라고 한다. 현재는 자형의 곡선 부분이 직선으로 변하여 원래 모양을 알 수 없게 되었고, '방패'라는 뜻으로 사용된다.

干

방패 간

※ 자형(字形)의 변천은 대략 다음과 같다.

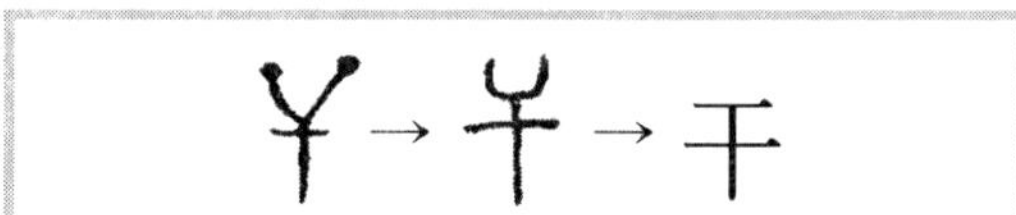

※ 자음(字音)의 변화는 대략 다음과 같다.

干(간)이 포함되어 있는 글자들은 대략 '간'과 '한' 두 가지 발음이 난다. 이 두 가지 발음은 모두 중성(中聲) 'ㅏ'와 종성(終聲) 'ㄴ'이 같고, 초성(初聲) 'ㄱ'과 'ㅎ'도 발음부위가 같다.

간 – 干(**干**; 방패; 간여하다; 막다) – 干城(간성); 干涉(간섭); 干拓地(간척지); 若干(약간)

刊(刂=**刀**; 새기다) – 刊行(간행), 發刊(발간), 新刊(신간), 週刊誌(주간지)

肝(月=**肉**; 간) – 肝膽(간담), 肝油(간유), 肝腸(간장), 肝臟(간장)

奸(**女**; 간악하다) – 奸計(간계), 奸巧(간교), 奸邪(간사), 奸臣(간신)

竿(**竹**; 장대) – 百尺竿頭(백척간두–아주 긴 장대 끝에 있는 것처럼 매우 위험하다)

幹(**干**; 줄기; 주관하다) – 幹部(간부), 幹線(간선), 根幹(근간); 幹事(간사)

한 – 汗(氵=**水**; 땀) – 汗牛充棟(한우충동–책을 짐으로 실으면 소가 땀을 흘리고, 쌓으면 들보에까지 미친다는 뜻으로, 책이 매우 많다는 것을 의미한다)

罕(罒=网; 그물; 드물다) – 罕罔(한망); 罕見(한견), 稀罕(희한)하다

旱(日; 가물다) – 旱魃(한발), 旱害(한해)

悍(忄=心; 사납다)

澣(氵=水; 세척하다, 빨다)

안 – 岸(山; 언덕) – 沿岸埠頭(연안부두), 海岸線(해안선)

헌 – 軒(車; 수레; 처마; 집)

03 監; 볼 감

監의 자형(字形)은 '사람(人인)이 세숫대야(皿명)에 물(一)을 담아 자기 얼굴을 눈(臣신)으로 보고 있는 모습'을 나타내고 있다. 그 뜻은 본래 '보다(oversee)'이다. 여기에서 또 '얼굴을 보는데 사용하는 거울'을 의미하는 鑑(감)이 파생되었는데, 監에 金(금)이 더해지게 된 이유는 애초의 거울은 금속으로 된 동경(銅鏡)이었기 때문이다.

監

볼 감

※ 자형(字形)의 변천은 대략 다음과 같다.

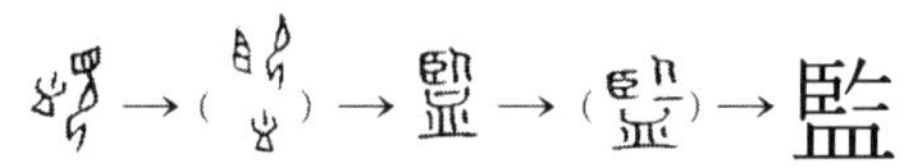

※ 자음(字音)의 변화는 대략 다음과 같다.

監(감)이 포함되어 있는 글자들은 대략 '감'·'함'·'람' 세 가지 발음이 난다. 각각 아무 상관없는 발음 같지만, 중성(中聲) 'ㅏ'와 종성(終聲) 'ㅁ'은 같다. 게다가 '감'과 '함'의 초성(初聲)의 발음부위가 같다.

감 – 監(皿; 보다) – 監督(감독)
鑑(金; 거울. 보다) – 鑑別(감별), 鑑識(감식), 鑑定(감정), 惠鑑(혜감)
함 – 艦(舟; 싸움배) – 艦隊(함대), 軍艦(군함), 巡洋艦(순양함), 潛水艦(잠수함)
檻(木; 우리–짐승이나 죄인을 가두어 두는 곳)
람 – 覽(見; 보다) – 觀覽(관람)
濫(水; 넘치다) – 氾濫(범람), 濫發(남발), 濫用(남용)
藍(艸; 쪽–풀의 일종) – 藍色(남색), 靑出於藍(청출어람)
襤(衣; 누더기) – 襤褸(남루)
籃(竹; 바구니) – 搖籃(요람)
纜(糸; 닻줄)

甘

달 감

甘(감)의 자형(字形)은 본래 '입(口) 속에 무엇인가 물고 있는 모양'으로 '달다'라는 뜻을 나타내었다.

※ 자형(字形)의 변천은 대략 다음과 같다.

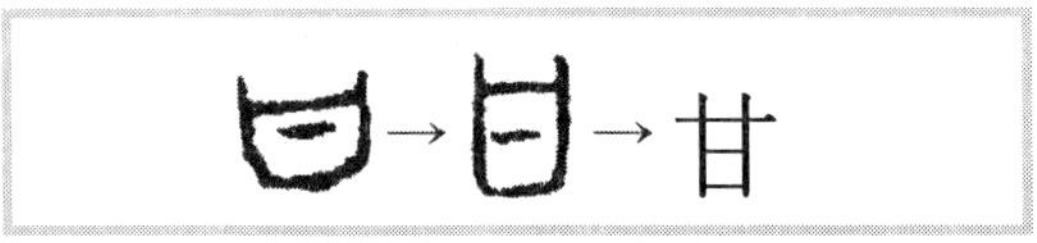

※ 자음(字音)의 변화는 대략 다음과 같다.

甘(감)이 포함되어 있는 글자들은 대략 '감'과 '심' 두 가지 발음이 난다. 이 두 가지 발음은 모두 종성(終聲)이 'ㅁ'이다.

감 – 甘(甘; 달다) – 甘受(감수), 甘言利說(감언이설), 甘酒(감주), 甘草(감초), 苦盡甘來(고진감래)

嵌(山; 깊은 골. 새겨 넣다) – 嵌入(감입), 象嵌青瓷(상감청자)

疳(疒; 감질) – 疳疾(감질)나다

紺(糸; 보랏빛) – 紺青色(감청색)

堪(土; 견디다) – 堪耐(감내), 勘當(감당), 難堪(난감)

勘(力; 살피다, 교정하다) – 勘誤(감오–문장의 잘못을 정정하다)

戡(戈; 이기다) – 戡亂(감란–난리를 평정하다)

심 – 甚(甘; 정도에 지나치다) – 甚至於(심지어), 極甚(극심), 深甚(심심)한 사의를 표하다

諶(言; 참으로, 믿다)

05 兼; 겸할 겸

兼의 자형(字形)은 본래 '벼(禾) 두 다발을 손(ヨ)으로 잡고 있는 모양'으로 '겸하다'라는 의미를 나타내었다. 참고로 秉(병)은 '벼(禾) 한 다발을 손(ヨ)으로 잡고 있는 모양'으로 '잡다'라는 의미를 나타내었다.

兼

겸할 겸

※ 자형(字形)의 변천은 대략 다음과 같다.

 은  (禾)를 한 다발 손 ()으로 잡고 있는 모습.

 은  (禾)를 두 다발 손 ()으로 잡고 있는 모습.

※ 자음(字音)의 변화는 대략 다음과 같다.

兼(겸)이 포함되어 있는 글자들은 대략 '겸' · '혐' · '렴' 세 가지 발음이 난다. 각각 아무 상관없는 발음 같지만, 중성(中聲) 'ㅕ'와 종성(終聲) 'ㅁ'은 같다.

겸 – 兼(八; 겸하다) – 兼備(겸비), 兼職(겸직)
謙(言; 겸손하다) – 謙遜(겸손), 謙讓(겸양), 謙虛(겸허)
鎌(金; 낫)
慊(心; 마음에 차지 않다) – 慊然(겸연)쩍다
혐 – 嫌(女; 싫어하다. 의심하다) – 嫌惡(혐오), 嫌疑(혐의)
렴 – 廉(广; 청렴하다. 싸다. 살피다) – 廉恥(염치), 淸廉(청렴), 廉價(염가), 廉探(염탐)
簾(竹; 발) – 垂簾聽政(수렴청정)

經; 날 경 06

經

날 경

經(경)의 자형(字形)은 본래 糸(사)가 없는 巠(경)으로 '베틀(一과 工) 사이에 세로로 놓인 실(巛) 모양'으로 '날(피륙이나 자리 따위를 짤 때 세로로 놓인 실)'이라는 뜻을 나타내었다. 후에 巠(경)의 필획이 직선화되고 상형적인 모습이 없어져 그 뜻을 알 수 없게 되자, 그 뜻을 명확하게 하기 위하여 '실'을 의미하는 糸(사)를 더하여 현재는 經(경)을 사용하고 있다.

※ 자형(字形)의 변천은 대략 다음과 같다.

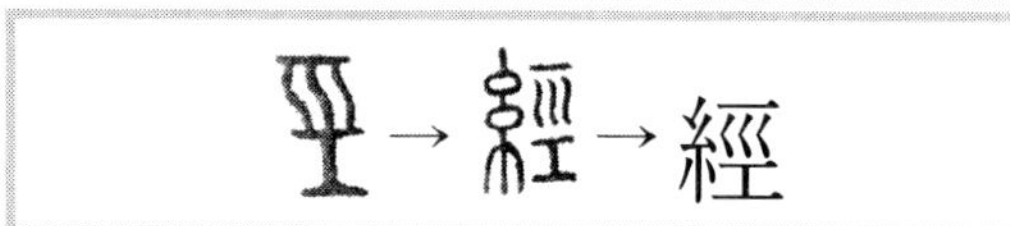

※ 자음(字音)의 변화는 대략 다음과 같다.

巠(경)이 포함되어 있는 글자들은 대략 '경' 발음이 난다.

경 – 經(糸; 날; 다스리다; 지나다) – 經緯(경위); 經國濟世(경국제세), 經營(경영); 經過(경과)

輕(車; 가볍다) – 輕減(경감), 輕薄(경박), 輕犯罪(경범죄), 輕視(경시)

逕(辶=辵; 좁은길)

徑(彳; 지름길; 지름) – 捷徑(첩경); 直徑(직경), 半徑(반경)

頸(頁; 목) – 頸椎(경추)

痙(疒; 심줄이 땅기다) – 痙攣(경련)

勁(力; 굳세다) – 强勁(강경)=强硬(강경)

脛(月=肉; 정강이)

莖(艸; 줄기)

07

京; 서울 경

京(경)의 자형(字形)은 본래 '높은 누각과 같은 건축물 모양'으로 '서울'이라는 뜻을 나타내었다.

京

서울 경

※ 자형(字形)의 변천은 대략 다음과 같다.

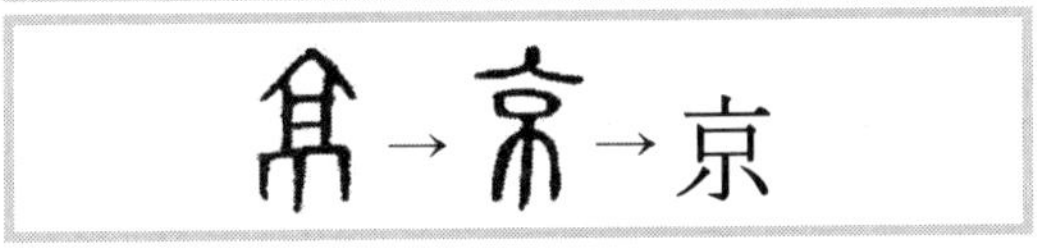

※ 자음(字音)의 변화는 대략 다음과 같다.

京(경)이 포함되어 있는 글자들은 대략 '경' · '영' · '량' · '략' 네 가지 발음이 난다. '경'과 '영'은 중성(中聲) 'ㅕ'와 종성(終聲) 'ㅇ'이 같다.

경 – 京(亠; 서울) – 京畿道(경기도), 上京(상경), 歸京(귀경)
鯨(魚; 고래) – 捕鯨船(포경선)
景(日; 햇빛. 경치) – 景觀(경관), 景致(경치), 光景(광경), 背景(배경)
憬(忄=心; 그리워하다) – 憧憬(동경)
璟(玉; 옥의 광채)
暻(日; 밝다)
勍(力; 세다)
倞(人; 굳세다)
영 – 影(彡; 그림자; 모습) – 影響(영향); 撮影(촬영), 幻影(환영)
량 – 涼(氵=水; 서늘하다; 쓸쓸하다) – 納涼(납량), 清涼飲料(청량음료); 凄涼(처량), 荒涼(황량)
諒(言; 살펴 알다) – 諒知(양지), 諒解(양해)
략 – 掠(扌=手; 노략질 하다) – 掠奪(약탈), 擄掠(노략)질하다

高

높을 고

高의 자형(字形)은 본래 '이층 구조로 된 높은 누각으로 위 부분(亠 + 口)은 성루(城樓)이고 아래 부분(冂 + 口)은 입구가 있는 모양'을 그리고 있다. 그 뜻은 본래 '높다'이다.

※ 자형(字形)의 변천은 대략 다음과 같다.

 → 高

※ 자음(字音)의 변화는 대략 다음과 같다.

高(고)가 포함되어 있는 글자들은 대략 '고' · '호' · '효' 세 가지 발음이 난다. 각각 아무 상관없는 발음 같지만, '고'와 '호'는 중성(中聲)이 같고, '호'와 '효'는 초성(初聲)이 같다.

고 – 稿(禾; 볏짚. 초고) – 寄稿(기고), 原稿(원고), 遺稿(유고), 草稿(초고)
　膏(肉; 기름. 기름지다) – 膏血(고혈), 膏藥(고약)
　敲(攴; 두드리다) – 推敲(퇴고)
호 – 鎬(金; 남비. 호경 – 周주 나라의 수도)
　蒿(艸; 쑥)
　※ 자형의 균형을 고려하여 高에서 口를 생략하여 사용한다.
　毫(毛; 가는 털) – 秋毫(추호), 揮毫(휘호), 豪釐(호리)
　豪(豕; 뛰어나다) – 豪傑(호걸), 文豪(문호), 富豪(부호), 豪雨(호우)
　壕(土; 해자 – 성 둘레에 판 도랑) – 防空壕(방공호), 塹壕(참호)
　濠(水; 해자) – 濠洲(호주)
효 – 嚆(口; 울리다) – 嚆矢(효시)

09 谷; 골 곡

谷(곡)의 자형(字形)은 본래 '물이 골짜기 입구(口)를 향하여 흘러가는 모양'으로 '골짜기'라는 뜻을 나타내었다.

谷

골 곡

※ 자형(字形)의 변천은 대략 다음과 같다.

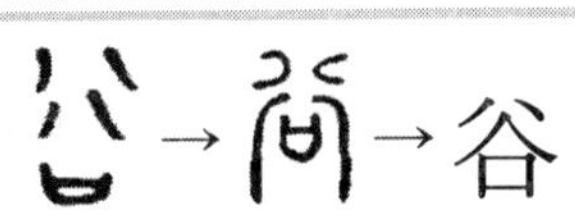

※ 자음(字音)의 변화는 대략 다음과 같다.

谷(곡)이 포함되어 있는 글자들은 대략 '곡'·'욕'·'속' 세 가지 발음이 난다. 이 세 가지 발음은 모두 종성(終聲)이 'ㄱ'이고, '곡'과 '속'은 중성(中聲) 'ㅗ'까지 같다.

곡 – 谷(**谷**; 계곡) – 深山幽谷(심산유곡), 進退維谷(진퇴유곡)=進退兩難(진퇴양난)

속 – 俗(**人**; 풍습; 고상하지 못하다) – 民俗(민속), 風俗(풍속), 土俗(토속); 俗世(속세), 俗物(속물)

욕 – 浴(氵=**水**; 목욕하다) – 海水浴(해수욕), 日光浴(일광욕), 森林浴(삼림욕)
欲(**欠**; 바라다) – 欲求不滿(욕구불만), 慾望(욕망), 欲情(욕정)
慾(**心**; 탐내다) – 慾心(욕심), 過慾(과욕), 食慾(식욕), 貪慾(탐욕)

유 – 裕(衤=**衣**; 넉넉하다) –餘裕(여유), 富裕(부유), 裕福(유복)한 가정

共; 함께 공 10

共
함께 공

共(공)의 자형(字形)은 본래 '무엇인가를 양손으로 받들고 있는 모양'으로 '바치다'라는 뜻을 나타내었다. 후에 共(공)이 '함께'라는 뜻으로 사용하게 되자, 본래 뜻인 '바치다'는 현재 人(인)을 더하여 '供(공)'자를 사용하고 있다.

※ 자형(字形)의 변천은 대략 다음과 같다.

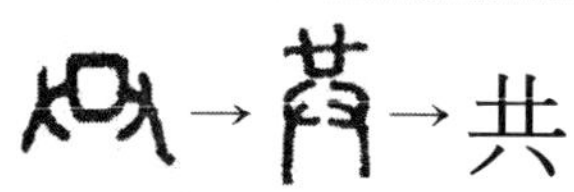

※ 자음(字音)의 변화는 대략 다음과 같다.

共(공)이 포함되어 있는 글자들은 대략 '공'과 '홍' 두 가지 발음이 난다. 이 두 가지 발음은 모두 중성(中聲) 'ㅗ'와 종성(終聲) 'ㅇ'이 같고, 초성(初聲) 'ㄱ'과 'ㅎ'도 발음부위가 같다.

공 – 共(八; 함께) – 共同(공동), 共鳴(공명), 共謀(공모), 共生(공생)
供(亻=人; 주다, 바치다) – 供給(공급), 供養米(공양미), 供託金(공탁금)
恭(⺗=心; 공손하다) – 恭敬(공경), 恭待(공대), 恭遜(공손)
拱(扌=手; 두 손을 마주잡다)
珙(王=玉; 큰 옥)

홍 – 洪(氵=水; 큰물) – 洪水(홍수), 洪魚(홍어), 洪績世(홍적세)
哄(口; 떠들썩하다)
烘(火; 불에 쬐다)

11

雚

황새 관

雚의 자형(字形)은 본래 '황새의 눈 가장자리의 붉은색 피부(艹)와 눈(ㅁㅁ) 그리고 그 몸통(隹)의 모양'을 나타내었다. 雚(관)의 맨 윗부분은 본래 ⊣⊢로 써야 하지만, 지금은 艹(초)와 구분 없이 사용한다.

※ 자형(字形)의 변천은 대략 다음과 같다.

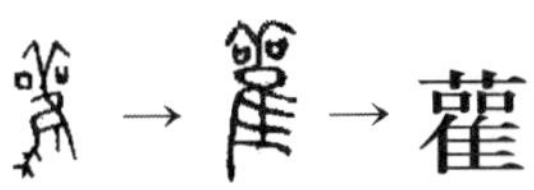

※ 자음(字音)의 변화는 대략 다음과 같다.

雚(관)이 포함되어 있는 글자들은 대략 '관'·'환'·'권' 세 가지 발음이 난다. 각각 아무 상관없는 발음 같지만, '관'과 '환'은 중성(中聲) 'ㅘ'와 종성(終聲) 'ㄴ'이 같고, '관'과 '권'은 초성(初聲) 'ㄱ'과 종성(終聲) 'ㄴ'이 같다.

관 – 觀(見; 보다) – 觀客(관객), 樂觀(낙관), 悲觀(비관), 壯觀(장관)
　　灌(水; 물대다) – 灌漑(관개), 灌佛(관불), 灌腸藥(관장약)
　　罐(缶; 두레박)
　　瓘(玉; 옥)

환 – 歡(欠; 기뻐하다) – 歡待(환대), 歡聲(환성), 歡迎(환영), 歡呼(환호)
　　驩(馬; 기뻐하다)

권 – 權(木; 저울추; 꾀; 권세) – 權謀術數(권모술수); 權力(권력), 權利(권리), 權益(권익)
　　勸(力; 권하다) – 勸告(권고), 勸善懲惡(권선징악), 勸誘(권유), 勸獎(권장)

交

사귈 교

交의 자형(字形)은 본래 '사람이 팔 다리를 펼치고 있는 모양(大)에서 다리 부분이 교차(㐅)되어 있는 모양'으로 '교차되다'라는 의미를 나타내었다. 현재 자형을 잘 살펴보면 옛 모습이 약간 남아 있는 것을 발견할 수 있다.

※ 자형(字形)의 변천은 대략 다음과 같다.

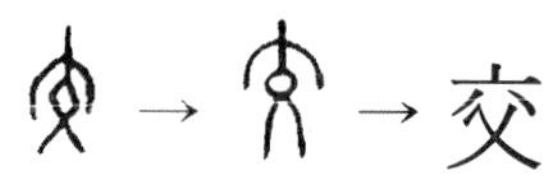

※ 자음(字音)의 변화는 대략 다음과 같다.

交(교)가 포함되어 있는 글자들은 대략 '교'와 '효' 두 가지 발음이 난다. '교'와 '효'의 초성(初聲) 'ㄱ'과 'ㅎ'은 발음 부위가 같고, 종성(終聲) 'ㅛ' 발음이 같다.

교 – 交(亠; 교차하다; 오고가다) – 交感(교감), 交代(교대), 交流(교류), 交易(교역)
餃(**食**; 물만두) – 餃子(교자)
較(**車**; 견주다) – 比較(비교)
校(**木**; 학교) – 登校(등교), 下校(하교), 母校(모교), 學校(학교)
郊(阝=**邑**; 성밖. 들) – 郊外(교외), 近郊(근교)
絞(糸; 목매다) – 絞殺(교살), 絞首刑(교수형)
皎(**白**; 밝다) – 皎皎(교교)한 달 빛
狡(犭=**犬**; 간교하다) – 狡兔三窟(교토삼굴–교활한 토끼는 굴 셋을 파놓는다), 狡猾(교활)
蛟(**虫**; 교룡) – 蛟龍(교룡)
鮫(**魚**; 상어)
咬(口; 지저귀다)
효 – 效(攴; 보람; 본받다) – 效果(효과), 效能(효능), 實效(실효), 藥效(약효)

13 禽; 날짐승 금

禽

날짐승 금

禽(금)의 자형(字形)은 본래 '새를 잡는 사냥 도구 모양'으로 '사로잡다'라는 뜻을 나타내었다. 후에 발음을 명확하게 하기 위하여 의 윗부분에 발음을 나타내는 '今(금)'을 더하여 현재와 같은 자형으로 발전되었다.

또 禽(금)이 '날짐승'을 나타내는 뜻으로 사용하게 되자, 다시 동작을 나타내는 '扌(手)'를 더하여 '擒(금)'이라는 글자를 만들어 '사로잡다'라는 의미로 사용하고 있다.

※ 자형(字形)의 변천은 대략 다음과 같다.

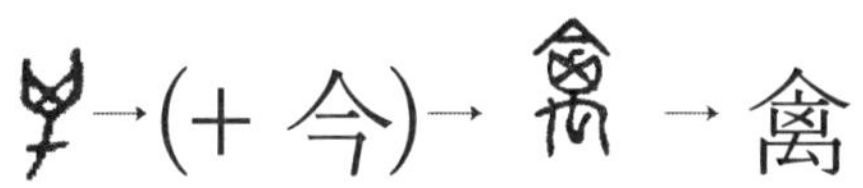

※ 자음(字音)의 변화는 대략 다음과 같다.

今(금)이 포함되어 있는 글자들은 대략 '금'·'음'·'탐'·'함'·'념' 다섯 가지 발음이 난다. 다섯 가지 발음 모두 종성(終聲) 'ㅁ'이 같고, '금'과 '음'은 중성(中聲) 'ㅡ'와 종성(終聲) 'ㅁ'이 같다.

금 – 琴(玉; 거문고) – 琴瑟(금슬), 對牛彈琴(대우탄금), 風琴(풍금)
　衾(衣; 이불) – 鴛鴦衾枕(원앙금침)
　衿(衤=衣; 옷깃) – 襟과 같은 글자
　禽(内; 날짐승) – 禽獸(금수), 家禽類(가금류),
　擒(手; 사로잡다) – 七縱七擒(칠종칠금)

음 – 吟(口; 읊다; 괴로워 앓는 소리) – 吟風弄月(음풍농월); 呻吟(신음)

陰(阝=阜; 음기; 몰래; 그늘) – 陰刻(음각), 陰曆(음력); 陰謀(음모), 陰害(음해); 綠陰(녹음)

蔭(艸; 그늘) – 蔭德(음덕–조상의 덕),

탐 – 貪(貝; 탐하다) – 貪官汚吏(탐관오리), 食貪(식탐), 貪慾(탐욕)

함 – 含(口; 머금다) – 含量(함량), 含有(함유), 含蓄(함축), 包含(포함)

념 – 念(心; 생각하다; 암송하다) – 念頭(염두), 念慮(염려), 念願(염원), 念珠(염주)

捻(手; 비틀어 꼬다)

14 及; 미칠 급

及

미칠 급

及(급)의 자형(字形)은 본래 '사람(人)의 다리 부분을 손(又)으로 잡고 있는 모양'으로 '뒤쫓아 가 붙잡다' 즉 '이르다'라는 의미를 나타내었다. 及(급)의 부수는 又(우)이고 나머지 부분이 人(인)의 변형이며, 아래의 두 번째 자형을 참고하면 急(급)의 자형에서 心(심)을 제외한 나머지 부분이 바로 及(급)의 변형이라는 것을 알 수 있다.

※ 자형(字形)의 변천은 대략 다음과 같다.

※ 자음(字音)의 변화는 대략 다음과 같다.

及(급)이 포함되어 있는 글자들은 대략 '급'과 '흡' 두 가지 발음이 난다. '급'과 '흡'은 중성(中聲) 'ㅡ'와 종성(終聲) 'ㅂ'이 같고, 초성(初聲) 'ㄱ'과 'ㅎ'은 발음 부위가 같다.

급 – 及(**又**; 미치다) – 及第(급제), 過猶不及(과유불급), 普及(보급), 言及(언급), 波及(파급)
級(**糸**; 등급) – 級數(급수), 階級(계급), 高級(고급), 同級(동급), 昇級(승급)
扱(**扌=手**; 사물을 다루다) – 取扱(취급)하다
急(**心**; 급하다) – 急激(급격)히, 急流(급류), 急迫(급박), 急性(급성)
汲(**氵=水**; 물을 길다. 급하다) – 汲汲(급급)하다
伋(**亻=人**; 거짓)

흡 – 吸(**口**; 숨을 들이마시다) – 呼吸(호흡), 吸收(흡수), 吸煙(흡연), 吸入(흡입), 吸血鬼(흡혈귀)

其; 그 기 15

其
그 기

其의 자형(字形)은 본래 '키(곡식 따위를 까부르는 기구)의 모양'으로 '키'라는 뜻을 나타내었다. 후에 '키' 모양 아래에 발음을 나타내는 '丌(대기)'가 더해져 현재와 유사한 형태를 갖게 되었다. 그러나 其가 '그'라는 뜻으로 사용하게 되자, '키'를 만드는 재료를 나타내는 '竹(죽)'을 더하여 '箕(기)'라는 글자를 만들어 '키'라는 뜻을 나타낸다.

※ 자형(字形)의 변천은 대략 다음과 같다.

※ 자음(字音)의 변화는 대략 다음과 같다.

其(기)가 포함되어 있는 글자들은 거의 '기' 발음이 난다.

기 – 其(八; 그) – 其他(기타)

欺(**欠**; 속이다) – 詐欺(사기), 欺瞞(기만)

期(**月**; 때; 바라다) – 期間(기간), 滿期(만기), 早期(조기); 期待(기대)

基(**土**; 터; 근본) – 基礎(기초), 基地(기지); 基幹産業(기간산업), 基盤(기반)

箕(**竹**; 키) – 箕子朝鮮(기자조선)

旗(**方**; 본래 方과 人이 하나 자형으로 '깃발' 모양이며, 발음은 '언'이다) – 旗手(기수), 旗幟(기치), 反旗(반기), 弔旗(조기)

麒(**鹿**; 기린) – 麒麟(기린), 麒麟兒(기린아)

棋(**木**; 바둑) – 棋士(기사), 棋聖(기성), 將棋(장기)

碁(石; 바둑) - 棋와 같은 글자

祺(示; 복)

朞(月; 돌-일주년)

騏(馬; 준마)

사 - 斯(斤; 이) - 斯界(사계-한 전문 분야), 斯文亂賊(사문난적-유교 사상에 어긋나는 언행을 하는 사람)

시 - 嘶(口; 울다)

旦; 아침 단 16

旦
아침 단

旦(단)의 자형(字形)은 본래 '해(日 일)가 수평선(또는 지평선) 위로 완전히 둥근 모습을 보이기 직전에 해와 수평선이 맞붙어 있다가 막 떨어져 나오는 일출의 모습'으로 '아침'이라는 뜻을 나타내었다. 후에 자형이 많이 변화하여 마치 수평선이나 지평선(一) 위에 '해'가 떠있는 모양이 되었다.

※ 자형(字形)의 변천은 대략 다음과 같다.

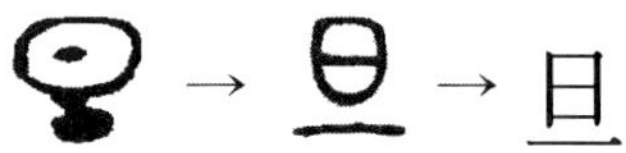

※ 자음(字音)의 변화는 대략 다음과 같다.

旦(단)이 포함되어 있는 글자들은 대략 '단'·'탄'·'천'·'전' 네 가지 발음이 난다. 이 네 가지 발음 모두 종성(終聲) 'ㄴ'이 같고, '단'과 '탄'은 중성(中聲) 'ㅏ'가 같고, 천'과 '전'은 중성(中聲) 'ㅓ'가 같다.

단 – 但(亻=人; 다만) – 但書(단서), 但只(단지), 非但(비단)
袒(衤=衣; 웃통 벗다)
亶(亠; 믿음)
壇(土; 단) – 敎壇(교단), 論壇(논단), 文壇(문단), 詩壇(시단), 演壇(연단)
檀(木; 박달나무) – 檀君(단군)

탄 – 坦(土; 평평하다) – 坦坦大路(탄탄대로), 平坦(평탄)

천 – 擅(扌=手; 멋대로) – 擅權(천권), 擅斷(천단)

전 – 氈(毛; 모전) – 毛氈(모전–짐승 털의 섬유를 가열·압축하여 넓은 직물처럼 만든 것)
顫(頁; 떨리다) – 顫動音(전동음)

17

單; 홑 단

單(단)의 자형(字形)은 본래 '사냥 도구(무기)' 모양으로 '싸우다' 라는 뜻을 나타내었다. 후에 單(단)이 '홑(하나)' 라는 뜻으로 사용하게 되자, 본래 뜻인 '싸우다' 는 '戈(과–창 즉 전쟁을 의미한다)' 를 더하여 현재 '戰(전)' 자를 사용하고 있다.

單

홑 단

※ 자형(字形)의 변천은 대략 다음과 같다.

※ 자음(字音)의 변화는 대략 다음과 같다.

單(단)이 포함되어 있는 글자들은 대략 '단' · '탄' · '선' · '전' · '천' 다섯 가지 발음이 난다. '단' 과 '탄' 은 중성(中聲) 'ㅏ' 와 종성(終聲) 'ㄴ' 이 같고 초성(初聲) 'ㄷ' 과 'ㅌ' 은 발음부위가 같다. 'ㄷ' · 'ㅌ' 과 'ㅅ' · 'ㅈ' · 'ㅊ' 은 구개음화(口蓋音化) 관계에 있다.

단 – 單(口; 홑) – 單價(단가), 單獨(단독), 單文(단문), 單色(단색), 單純(단순), 單調(단조)롭다

鄲(阝=**邑**; 조나라 서울) – 邯鄲之夢(한단지몽)=一場春夢(일장춘몽)

簞(**竹**; 대로 만든 밥그릇) – 簞食瓢飮(단사표음–대그릇에 담은 밥과 표주박에 담은 음료라는 뜻으로 '보잘 것 없는 음식' 이라는 뜻이다)

탄 – 彈(弓; 탄알; 튀기다; 탄핵하다) – 流彈(유탄), 砲彈(포탄); 彈力(탄력), 彈性(탄성); 彈劾(탄핵), 糾彈(규탄)

憚(**心**; 꺼리다) – 忌憚(기탄)없이

선 – 禪(示; 선위하다; 선) – 禪讓(선양)=禪位(선위–임금이 자리를 다음 임금에게 물려주다); 參禪(참선)

蟬(虫; 매미)

嬋(女; 아름답다)

전 – 戰(戈; 싸우다; 떨다) – 戰功(전공), 戰略(전략), 戰歿(전몰), 戰鬪(전투); 戰慄(전율)

천 – 闡(門; 밝히다) – 闡明(천명)하다

18 刀; 칼 도

刀(도)의 자형(字形)은 본래 '칼과 자루 모양'으로 '칼'이라는 의미를 나타내었다. 칼날 부분을 '丶'으로 표시하고 있는 칼날 刃(인)자를 보면 외쪽편이 칼날이라는 것을 알 수 있다.

刀

칼 도

※ 자형(字形)의 변천은 대략 다음과 같다.

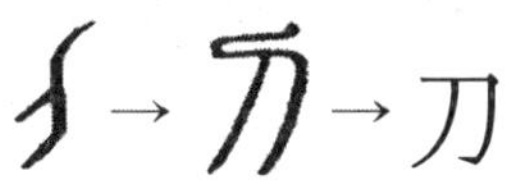

※ 자음(字音)의 변화는 대략 다음과 같다.

刀(도)가 포함되어 있는 글자들은 대략 '도'·'소'·'초'·'조' 네 가지 발음이 난다. 이 네 가지 발음은 모두 중성(中聲) 'ㅗ'가 같고, 초성(初聲) 'ㅅ'·'ㅊ'·'ㅈ'은 발음 부위가 같다.

도 – 到(刂=刀; 닿다) – 到達(도달), 到來(도래), 到着(도착), 到處(도처)
倒(亻=人; 넘어지다; 거꾸로 되다) – 倒産(도산), 壓倒(압도), 打倒(타도); 倒置(도치), 顚倒(전도)

소 – 召(口; 부르다) – 召喚狀(소환장), 召集(소집)
紹(糸; 잇다. 소개하다) – 紹介(소개)
昭(日; 밝다) – 昭詳(소상)하게
沼(氵=水; 늪) – 沼澤地(소택지)

초 – 初(刀; 처음) – 初期(초기), 初代(초대), 初等(초등), 初面(초면)
超(走; 뛰어넘다) – 超過(초과), 超然(초연)하다, 超越(초월), 超人的(초인적)
招(扌=手; 부르다) – 招待(초대), 招來(초래), 招聘(초빙), 招人鐘(초인종)
貂(豸; 담비)
苕(艹=艸; 능소화)

조 – 照(灬=火; 비추다) – 照度(조도), 照明彈(조명탄), 照準(조준)하다, 落照(낙조)
詔(言; 천자의 명령) – 詔書(조서)

龍

용 룡

龍의 자형(字形)은 본래 '용의 모양'을 그대로 그린 상형문자(象形文字)인데, 현재 자형을 보면 왼쪽은 뿔(立)과 머리와 입(月)의 모양인데 몸체와 분리되었고, 오른 쪽은 몸통과 꼬리의 모양인데 역시 머리와 분리되어 있다.

※ 자형(字形)의 변천은 대략 다음과 같다.

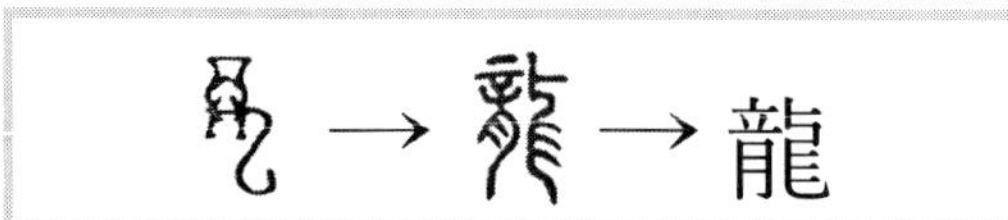

※ 자음(字音)의 변화는 대략 다음과 같다.

龍(룡)이 포함되어 있는 글자들은 대략 '룡'·'롱'·'총'·'방' 네 가지 발음이 난다. '룡'·'롱'·'총'·'방' 네 가지 발음은 종성(終聲) 'ㅇ'이 같고, '룡'과 '롱'은 초성(初聲) 'ㄹ'과 종성(終聲) 'ㅇ'이 같고, '롱'과 '총'은 중성(中聲) 'ㅗ'와 종성(終聲) 'ㅇ'이 같다.

룡 – 龍(**龍**; 용) – 龍宮(용궁), 龍頭蛇尾(용두사미), 龍鬚鐵(용수철), 恐龍(공룡)
롱 – 籠(**竹**; 대그릇, 새장; 속에 넣고 싸다) – 籠球(농구); 籠絡(농락), 籠城(농성)
朧(**月**; 흐리다) – 朦朧(몽롱)하다
瓏(**玉**; 옥소리) – 玲瓏(영롱)하다
聾(**耳**; 귀머거리) – 聾啞(농아–귀머거리와 벙어리)
壟(**土**; 언덕) – 壟斷(농단–시장 근처 높은 언덕에 올라가 보고 싼 물건을 사서 비싸게 팔아 이익을 독점함)
瀧(**水**; 비가 오는 모양)
총 – 寵(**宀**; 사랑하다) – 寵臣(총신), 寵兒(총아), 寵愛(총애), 恩寵(은총)
방 – 龐(**龍**; 크다)

20 莫; 없을 막

莫

없을 막

莫의 자형(字形)은 본래 '해(日)가 풀 더미(茻) 속으로 들어가 있는 모양'으로 '저녁'이라는 의미를 나타내었다.

※ 자형(字形)의 변천은 대략 다음과 같다.

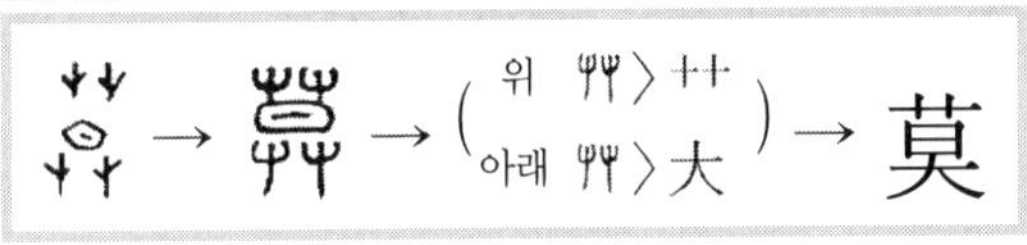

※ 자음(字音)의 변화는 대략 다음과 같다.

莫(막)이 포함되어 있는 글자들은 대략 '막'·'모'·'묘' 세 가지 발음이 난다. 각각 아무 상관없는 발음 같지만, 초성(初聲) 'ㅁ'은 같다.

막 – 莫(艸; 없다) – 莫强(막강), 莫大(막대), 莫上莫下(막상막하)
幕(巾; 장막) – 幕舍(막사), 帳幕(장막), 黑幕(흑막)
膜(肉; 꺼풀) – 肋膜炎(늑막염), 網膜(망막), 腹膜(복막)
漠(氵=水; 사막) – 沙漠(사막), 砂漠(사막)
寞(宀; 쓸쓸할) – 寞寞(막막)하다, 寂寞(적막)

모 – 暮(日; 저물다) – 歲暮(세모)
募(力; 모으다) – 募金(모금), 募集(모집), 公募(공모), 應募(응모)
慕(⺗=心; 그리워하다) – 思慕(사모), 追慕(추모), 欽慕(흠모)
摸(扌=手; 찾다) – 摸索(모색)
摹(手; 베끼다)
模(木; 법. 본뜨다) – 模範(모범), 模型(모형), 模倣(모방), 模造品(모조품)

묘 – 墓(土; 무덤) – 墳墓(분묘), 墓碑(묘비), 墓所(묘소), 墓地(묘지)

望; 바랄 망 21

望

바랄 망

望의 자형(字形)은 본래 '사람(人인)이 높은 곳(土토) 위에 올라가 눈(臣신)으로 멀리 바라보고 있는 모습'이었는데, 후에 '먼 곳을 바라본다'는 의미를 더욱 강조하기 위하여 '달(月)'을 본래 자형에 첨가하였다. 이 자형은 본래 朢(망)이었는데 후에 臣 부분이 발음을 나타내는 亡(망)으로 대체되어 요즘은 望으로 사용된다.

※ 자형(字形)의 변천은 대략 다음과 같다.

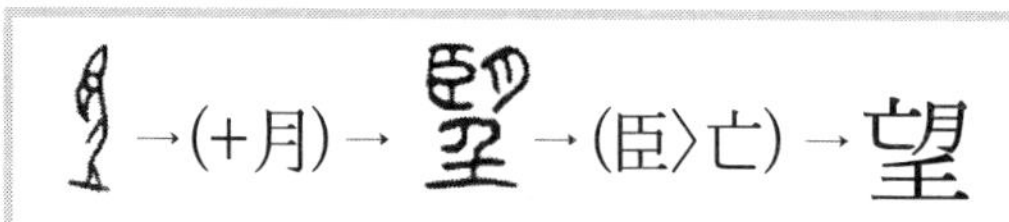

※ 자음(字音)의 변화는 대략 다음과 같다.

亡(망)이 포함되어 있는 글자들은 대략 '망'과 '맹' 두 가지 발음이 난다. 각각 아무 상관없는 발음 같지만, 초성(初聲) 'ㅁ'과 종성(終聲) 'ㅇ'은 같다.

망 – 望(月; 바라보다) – 展望臺(전망대), 望遠鏡(망원경), 所望(소망), 渴望(갈망)
忙(忄=心; 바쁘다) – 公私多忙(공사다망), 忙中閑(망중한)
忘(心; 잊다) – 忘却(망각), 健忘症(건망증), 備忘錄(비망록)
妄(女; 거짓되고 망령되다) – 妄言(망언), 輕擧妄動(경거망동), 妄想(망상)
芒(艹=艸; 까끄라기) – 芒種(망종–24절기의 하나)
茫(艹=艸; 아득하다) – 茫然自失(망연자실)
邙(阝=邑; 산 이름) – 北邙山(북망산: 지명>무덤이 많은 산지)
罔(冂=网; 없다) – 罔測(망측)하다
網(糸; 그물) – 防蟲網(방충망), 法網(법망), 網羅(망라)하다, 一網打盡(일망타진)
맹 – 盲(目; 소경) – 盲從(맹종), 盲點(맹점), 色盲(색맹), 夜盲症(야맹증)
氓(氏; 백성)

22 矛; 창 모

矛(모)의 자형(字形)은 본래 '창과 같은 무기 모양'으로 '창'이라는 의미를 나타내었다. 현재 자형은 그 원형을 알아 볼 수 없게 변화하였다.

※ 자형(字形)의 변천은 대략 다음과 같다.

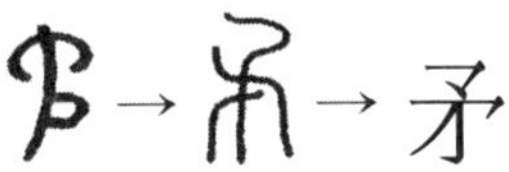

矛

창 모

※ 자음(字音)의 변화는 대략 다음과 같다.

矛(모)가 포함되어 있는 글자들은 대략 '모'·'무'·'유' 세 가지 발음이 난다. '모'와 '무'는 초성(初聲) 'ㅁ'이 같다.

모 – 矛(矛; 창) – 矛盾(모순)
　　茅(++=艸; 띠) – 茅屋(모옥)
무 – 務(力; 힘쓰다. 일) – 事務(사무), 任務(임무), 庶務課(서무과), 激務(격무), 雜務(잡무)
　　霧(雨; 안개) – 霧散(무산), 噴霧器(분무기), 濃霧(농무), 五里霧中(오리무중)
유 – 柔(木; 부드럽다) – 柔順(유순), 柔軟(유연), 優柔不斷(우유부단), 外柔內剛(외유내강)
　　蹂(足; 밟다) – 蹂躪(유린)=蹂躙(유린)

文; 무늬 문 **23**

文

무늬 문

文(문)의 두 번째 자형(字形)은 '사람이 양팔과 양다리를 벌리고 서있는 모양' 인 '大(클 대)' 에서 가슴 부분을 강조하여 그린 모양이다. 첫 번째 자형은 이 가슴 부분에 그려 넣은 '문신(文身) 모양' 으로 '꾸미다' 등의 뜻을 나타내었다. 후에 이 부분을 간략하게 하여 문신 모양이 사라져서 본래의 뜻을 알아보기 힘들게 바뀌었다.

※ 자형(字形)의 변천은 대략 다음과 같다.

※ 자음(字音)의 변화는 대략 다음과 같다.

文(문)이 포함되어 있는 글자들은 대략 '문' · '민' · '린' · '건' 네 가지 발음이 난다. 이 네 가지 발음은 모두 종성(終聲) 'ㄴ' 이 같다. 또 '문' 과 '민' 은 초성(初聲) 'ㅁ' 까지 같다.

문 – 文(**文**; 꾸미다; 글월) – 文身(문신); 文壇(문단), 文脈(문맥), 文盲(문맹), 文豪(문호)
紋(糸; 무늬) – 指紋(지문), 波紋(파문)
紊(糸; 어지럽다) – 紊亂(문란)
蚊(虫; 모기)
雯(**雨**; 구름 무늬)
汶(氵=**水**; 물이름)
민 – 閔(**門**; 근심하다. 성씨)
憫(**心**; 불쌍히 여기다) – 憫惘(민망)해하다, 憐憫(연민)=憐愍(연민)

旼(日; 성품이 온화하다)

旻(日; 가을 하늘)

玟(玉; 옥돌)

린 – 吝(口; 아끼다) – 吝嗇(인색)하다

건 – 虔(虍; 삼가다) – 敬虔(경건)하다

反; 돌이킬 반 24

反

돌이킬 반

反(반)의 자형(字形)은 본래 '언덕(厂 한)을 한 손(又 우)으로 잡고 있는 모양'으로 '기어오르다'라는 뜻을 나타내었다. 후에 反(반)이 '돌이키다'라는 뜻으로 사용하게 되자, 본래 뜻인 '기어오르다'는 '攀(반)' 자를 만들어 사용하고 있다.

※ 자형(字形)의 변천은 대략 다음과 같다.

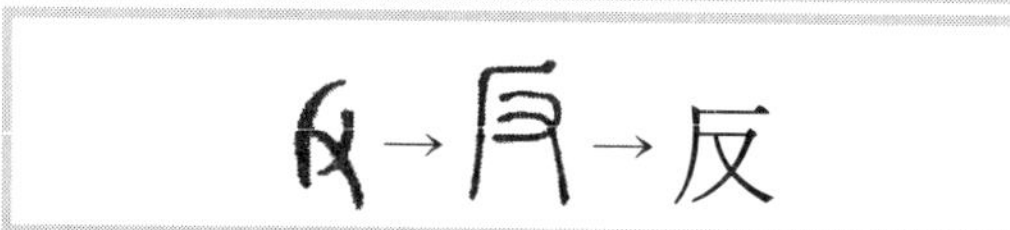

※ 자음(字音)의 변화는 대략 다음과 같다.

反(반)이 포함되어 있는 글자들은 대략 '반'과 '판' 두 가지 발음이 난다. 두 가지 발음 모두 중성(中聲) 'ㅏ'와 종성(終聲) 'ㄴ'이 같고, 초성(初聲) 'ㅂ'과 'ㅍ'은 발음부위가 같다.

반 – 反(**又**; 거스르다; 도리어) – 反感(반감), 反旗(반기), 反對(반대), 反亂(반란); 反擊(반격)

飯(**食**; 밥) – 飯店(반점), 飯酒(반주), 飯饌(반찬), 茶飯事(다반사), 朝飯(조반)

返(⻌=辵; 돌려보내다) – 返納(반납), 返送(반송), 返還(반환)

叛(**又**; 배반하다) – 叛軍(반군), 叛亂(반란)=反亂(반란), 叛逆(반역)=反逆(반역)

판 – 版(**片**; 책; 호적) – 版權(판권), 銅版(동판), 木版(목판), 出版(출판); 版圖(판도)

板(**木**; 널빤지; 판목) – 板子(판자), 看板(간판), 甲板(갑판), 鐵板(철판); 板本(판본)

販(**貝**; 팔다) – 販路(판로), 販賣(판매), 街販(가판)

阪(⻖=**阜**; 비탈)

甫

클 보

甫의 자형(字形)은 본래 '새싹(屮철)이 밭(田전)에서 자라나는 모양'으로 '채마밭=남새밭(남새–무 배추 따위와 같이 심어 가꾸는 나물)'이라는 의미를 나타내었다. 현재 자형은 '田' 부분이 '用'으로 잘못 변화되었다.
후에 甫가 '겨우' 또는 '비로소'라는 뜻으로 사용하게 되자, 甫에 '울타리나 경계(境界)'를 나타내는 '囗(위)'를 더하여 '圃(포)'라는 글자를 만들어내었다.

※ 자형(字形)의 변천은 대략 다음과 같다.

※ 자음(字音)의 변화는 대략 다음과 같다.

甫(보)가 포함되어 있는 글자들은 대략 '보'·'포'·'박'·'부' 네 가지 발음이 난다. 각각 아무 상관없는 발음 같지만, '보'·'박'·'부'는 초성(初聲) 'ㅂ'이 같고 '보'·'포'는 중성(中聲) 'ㅗ'가 같다.

보 – 補(衤=衣; 깁다. 보태다) – 補修(보수), 補强(보강), 候補(후보)
輔(車; 바퀴덧방나무. 돕다) – 輔弼(보필)

포 – 浦(水; 물가. 개 – 내에 밀물이 드나드는 곳) – 浦口(포구)
捕(手; 사로잡다) – 捕鯨(포경), 捕盜大將(포도대장), 捕縛(포박), 捕手(포수), 拿捕(나포)
鋪(金; 문고리. 펴다) – 鋪道(포도), 鋪裝(포장)공사

哺(口; 씹어먹다. 먹이다) – 哺乳類(포유류)

脯(⺼=肉; 포) – 肉脯(육포)

逋(⻍=辵; 달아나다) – 逋脫(포탈–관청의 물품을 私用으로 쓰다)

匍(勹; 엉금엉금기다. 엎드러지다) – 匍匐(포복)

葡(艹=艸; 포도) – 葡萄(포도)

圃(囗; 채마밭)

박 – ※ 甫(보)와 寸(촌)으로 구성된 尃는 발음이 '부' 이다.

博(十; 넓다) – 博覽會(박람회), 博物館(박물관), 博識(박식), 博愛(박애)

搏(扌=手; 두드리다. 때리다) – 龍虎相搏(용호상박)

薄(艹=艸; 엷다) – 門前薄待(문전박대), 薄利多賣(박리다매), 美人薄命(미인박명)

縛(糸; 묶다) – 束縛(속박), 自繩自縛(자승자박)

膊(⺼=肉; 어깨) – 二頭膊筋(이두박근)

부 – 簿(竹; 장부, 문서) – 帳簿(장부), 簿記(부기), 家計簿(가계부), 殺生簿(살생부)

敷(攵=攴; 펴다) – 敷衍說明(부연설명)

賻(貝; 부의) – 賻儀(부의–초상난 집에 扶助로 보내는 돈이나 물건)

傅(亻=人; 스승) – 師傅(사부)

26 奉; 받들 봉

奉

받들 봉

奉의 자형(字形)은 본래 '옥(王)을 한 사람이 두 손(廾)으로 들고 있는 모양'으로 '두 손으로 받들다'라는 뜻을 나타내었다. 후에 두 손 사이에 한 손(手)이 더 더해지고 양 손(廾공) 위의 玉(옥) 부분이 丰(봉)으로 바뀌어 발음을 나타낸다. 현재 자형의 윗부분은 丰(봉)과 廾(공)이 합쳐져 三과 人을 쓴 것과 같이 되고, 아래쪽에 있는 扌는 가운데 있던 手(수)가 변한 것이다.

※ 자형(字形)의 변천은 대략 다음과 같다.

※ 자음(字音)의 변화는 대략 다음과 같다.

丰(봉)이 포함되어 있는 글자들은 대략 '봉'과 '방' 두 가지 발음이 난다. '봉'과 '방'은 모두 초성(初聲) 'ㅂ'과 종성(終聲) 'ㅇ'이 같다.

봉 – 奉(**大**; 받들다) – 社會奉仕(사회봉사), 奉養(봉양), 奉職(봉직)하다
棒(**木**; 몽둥이) – 棍棒(곤봉)체조, 鐵棒(철봉)
捧(**手**; 받들다) – 捧腹絶倒(봉복절도)=抱腹絶倒(포복절도)–너무 우스워 배를 안고 쓰러지다
俸(**人**; 녹) – 俸給(봉급), 減俸(감봉), 祿俸(녹봉), 薄俸(박봉)
峰(**山**; 산봉우리) – 最高峰(최고봉)
峯 – 峰(봉)과 같은 글자
縫(**糸**; 꿰매다) – 彌縫策(미봉책), 裁縫(재봉)틀, 縫合(봉합)수술

蜂(虫 ; 벌) – 蜂起(봉기)하다, 養蜂(양봉)
逢(辶=辵 ; 만나다) – 逢變(봉변), 逢着(봉착)하다, 相逢(상봉)
鋒(金; 칼끝) – 先鋒(선봉), 銳鋒(예봉), 筆鋒(필봉)
烽(火; 봉화) – 烽燧臺(봉수대), 烽火(봉화)

방 – 邦(邑; 나라) – 萬邦(만방)에 떨치다, 友邦(우방), 異邦人(이방인)
蚌(虫 ; 방합) – 鷸蚌之爭(휼방지쟁–도요새와 조개의 다툼)=漁父之利(어부지리)

27

分; 나눌 분

分(분)의 자형(字形)은 본래 '八(팔)'과 '刀(도)'로 구성되어 있는데, '八(팔)'은 '무엇인가가 나뉘어져 있는 추상적인 모양'을 나타내고 '刀(도)'는 그 도구를 나타내고 있다. 즉, 分(분)의 자형은 '칼(刀)로 무엇인가 나누는 모양(八)'으로 '나누다'라는 뜻을 나타내고 있다.

分

나눌 분

※ 자형(字形)의 변천은 대략 다음과 같다.

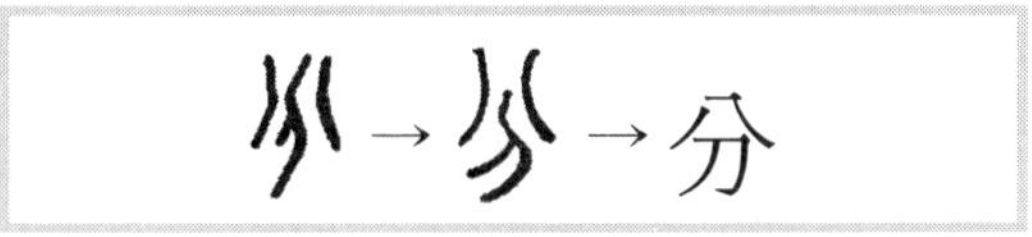

※ 자음(字音)의 변화는 대략 다음과 같다.

分(분)이 포함되어 있는 글자들은 대략 '분'·'반'·'빈' 세 가지 발음이 난다. 이 세 가지 발음은 모두 초성(初聲) 'ㅂ'과 종성(終聲) 'ㄴ'이 같다.

분 – 分(刀; 나누다; 분명하다; 분수) – 分岐點(분기점), 分揀(분간), 分別(분별); 分明(분명); 過分(과분), 名分(명분)

紛(糸; 어지럽다) – 紛糾(분규), 紛亂(분란), 紛紛(분분), 紛爭(분쟁)

粉(米; 가루) – 粉骨碎身(분골쇄신),粉末(분말),粉碎(분쇄), 粉筆(분필))

盆(皿; 동이) – 盆栽(분재), 盆地(분지), 花盆(화분)

雰(雨; 안개) – 雰圍氣(분위기)

忿(心; 성내다) – 忿怒(분노)=憤怒(분노)

扮(扌=手; 꾸미다) – 扮裝(분장)

吩(口; 아랫사람에게 명령을 내리다)

반 – 頒(나누다. 널리 퍼뜨리다) – 頒布(반포)

빈 – 貧(貝; 가난하다) – 貧困(빈곤), 貧窮(빈궁), 貧弱(빈약), 貧血(빈혈), 淸貧(청빈)

非; 아닐 비 28

非

아닐 비

非(비)의 자형(字形)은 본래 '새의 양쪽 날개 모양'으로 '飛(비)' 자의 약자(略字)라고 한다. 그러나 예전부터 '……이 아니다'라는 부정어로 사용되었다.

※ 자형(字形)의 변천은 대략 다음과 같다.

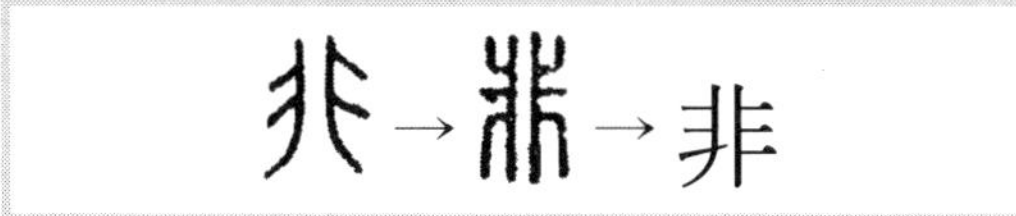

※ 자음(字音)의 변화는 대략 다음과 같다.

非(비)가 포함되어 있는 글자들은 대략 '비'와 '배' 두 가지 발음이 난다. '비'와 '배'는 초성(初聲) 'ㅂ'이 같다.

비 – 非(**非**; 아니다; 나무라다) – 非理(비리), 非一非再(비일비재), 似而非(사이비); 非難(비난)
　悲(**心**; 슬프다) – 悲觀(비관), 悲劇(비극), 悲報(비보), 悲憤(비분), 悲壯(비장), 悲慘(비참)
　匪(**匚**; 아니다. 비적) – 匪賊(비적)
　蜚(**虫**; 바퀴벌레. 날다) – 流言蜚語(유언비어)
　誹(**言**; 헐뜯다) – 誹謗(비방)
　翡(**羽**; 물총새. 비취옥) – 翡翠(비취)
　緋(**糸**; 비단) – 緋緞(비단)
　菲(**艹=艸**; 엷다) – 菲德(비덕), 菲薄(비박), 菲才(비재)
　斐(**文**; 문채가 있어 화려한 모양)

배 – 裵(**衣**; 옷이 치렁치렁하다) – 裴와 같은 글자
　排(**扌=手**; 밀어내다; 늘어서다) – 排擊(배격), 排氣(배기), 排水(배수), 排斥(배척); 排列(배열), 按排(안배)
　輩(**車**; 무리) – 輩出(배출), 先輩(선배), 年輩(연배), 後輩(후배)
　徘(**彳**; 노닐다) – 徘徊(배회)
　俳(**亻=人**; 광대) – 俳優(배우)

29

生의 자형(字形)은 본래 '풀(屮)이 땅(一) 위로 자라 나오는 모양'으로 '생기다'라는 의미를 나타내었다.

生

날 생

※ 자형(字形)의 변천은 대략 다음과 같다.

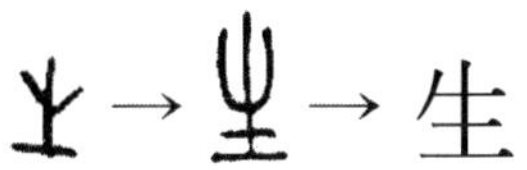

※ 자음(字音)의 변화는 대략 다음과 같다.

生(생)이 포함되어 있는 글자들은 대략 '생'·'성'·'정' 세 가지 발음이 난다. 각각 아무 상관없는 발음 같지만, '생'과 '성'은 초성(初聲) 'ㅅ'과 종성(終聲) 'ㅇ'이 같고, '성'과 '정'은 중성(中聲) 'ㅓ'와 종성(終聲) 'ㅇ'이 같다. 세 가지 발음의 종성(終聲)은 모두 'ㅇ'이다.

생 – 生(**生**; 낳다; 살다; 설다) – 生家(생가), 生日(생일); 生計(생계); 生硬(생경)
牲(**牛**; 희생) – 犧牲(희생)
甥(**生**; 생질) – 甥姪(생질)
笙(**竹**; 생황) – 笙簧(생황)

성 – 姓(**女**; 성) – 姓名(성명), 姓氏(성씨), 同姓(동성), 百姓(백성)
性(**忄=心**; 성품) – 性格(성격), 性急(성급)하다, 急性(급성), 慢性(만성), 性別(성별)
星(**日**; 별) – 星霜(성상), 星條旗(성조기), 衛星(위성), 將星(장성)
醒(**酉**; 깨어나다) – 覺醒(각성)
猩(**犭=犬**; 성성이) – 猩猩(성성)이, 猩紅熱(성홍열)
腥(**月=肉**; 비린내)
惺(**忄=心**; 깨닫다)

정 – 旌(**方**; 기. 본래 方과 人이 하나 자형으로 '깃발' 모양이며, 발음은 '언'이다) – 銘旌(명정)

聖

성스러울 성

聖(성)의 자형(字形)은 본래 '사람의 입(口)과 사람(人)이 서서 귀(耳)를 소리 나는 쪽으로 향하고 있는 모양' 으로 '사람이 말하는 것을 잘 들을 수 있는 능력이 있는 사람' 이라는 뜻을 나타내었고, 여기에서 의미가 더욱 확대되어 '능력(덕과 지혜)이 있는 사람(聖人성인)' 이라는 뜻으로 사용되었다. 후에 자형에 변화가 생겨 '口(구)' 와 '耳(이)' 는 그대로 남고 '人' 부분만 '사람(人)이 높은 흙더미(土) 위에 올라가 있는 모양' 을 하고 있는 '壬(정)' 으로 대체되었고 이 부분은 이 글자의 발음까지 나타내고 있다.

※ 자형(字形)의 변천은 대략 다음과 같다.

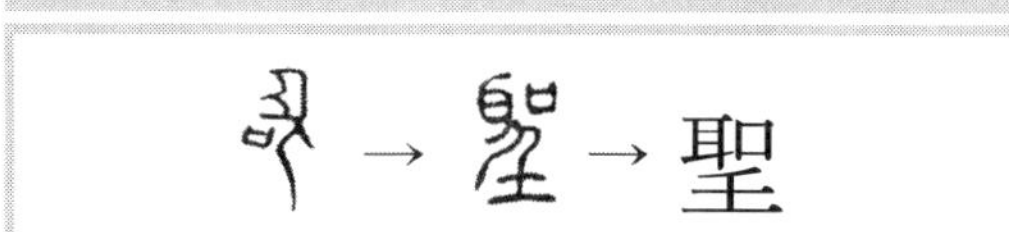

※ 자음(字音)의 변화는 대략 다음과 같다.

聖(성)이 포함되어 있는 글자들은 대략 '정' · '청' · '성' 세 가지 발음이 난다. '정' · '청' · '성' 세 가지 발음 모두 중성(中聲) 'ㅓ' 와 종성(終聲) 'ㅇ' 이 같고, 초성(初聲)은 'ㅈ' · 'ㅊ' · 'ㅅ' 은 발음부위가 같다.

정 – 呈(口; 바치다) – 謹呈(근정), 贈呈(증정)
程(禾; 일정한 표준; 가야할 길의 거리) – 程度(정도), 博士課程(박사과정); 日程(일정), 里程標(이정표)
廷(廴; 조정) – 朝廷(조정)

庭(广; 집안의 마당, 뜰) – 庭球(정구), 庭園(정원), 家庭(가정), 法庭(법정)
艇(舟; 좁고 긴 거룻배) – 飛行艇(비행정), 魚雷艇(어뢰정), 救命艇(구명정), 艦艇(함정)
挺(扌=手; 곧다) – 挺身(정신–몸을 곧게 하고 앞장서서 나아가다)
霆(雨; 천둥소리)

청 – 聽(耳; 듣다) – 聽覺(청각), 聽聞會(청문회), 聽診器(청진기), 傾聽(경청)하다
廳(广; 관아) – 廳舍(청사), 官廳(관청), 市廳(시청), 道廳(도청)

성 – 聖(耳; 성스럽다) – 聖經(성경), 聖堂(성당), 聖域(성역), 棋聖(기성)

小

작을 소

小(소)의 자형(字形)은 본래 '작은 점 세 개'로 '작다'라는 추상적인 뜻을 나타내었다. 현재 자형은 작은 세 개의 점이 선(線)으로 바뀌어 그 원형을 알아볼 수 없게 되었다.

※ 자형(字形)의 변천은 대략 다음과 같다.

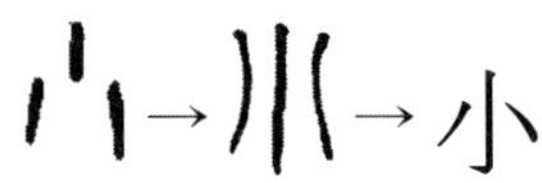

※ 자음(字音)의 변화는 대략 다음과 같다.

小(소)가 포함되어 있는 글자들은 대략 '소'와 '초' 두 가지 발음이 난다. 이 두 가지 발음은 모두 중성(中聲) 'ㅗ'가 같고, 초성(初聲) 'ㅅ'과 'ㅊ'는 발음부위가 같다.

소 – 小(小; 작다) – 小康狀態(소강상태), 小計(소계), 小隊(소대), 小路(소로), 小便(소변)

宵(宀; 밤, 저녁) – 元宵(원소–정월 보름날 밤)

消(氵=水; 사라지다) – 消極的(소극적), 消毒(소독), 消滅(소멸), 消耗(소모), 消費(소비)

逍(辶=辵; 거닐다) – 逍遙(소요)하다

銷(金; 녹이다〉사라지다) – 意氣銷沈(의기소침)=意氣消沈(의기소침)

초 – 肖(⺼=肉; 닮다) – 肖像畫(초상화), 不肖(불초)

硝(石; 초석–화약의 원료) – 硝酸(초산), 硝煙(초연–화약 연기)

哨(口; 파수보다) – 哨兵(초병), 步哨(보초)

梢(木; 나무 끝) – 末梢神經(말초신경)

稍(禾; 점점, 작다)

32

少(소)의 자형(字形)은 본래 '작은 점 네 개'로 '모래'라는 뜻을 나타내었다. 후에 少(소)가 '적다'라는 뜻으로 사용하게 되자, 본래 뜻인 '모래'는 '石(석-돌이 부스러진 알갱이)'이나 '水(수-물가에서 볼 수 있는 것)'를 더하여 현재 '砂(사)'와 '沙(사)' 자를 사용하고 있다.

少

적을 소

※ 자형(字形)의 변천은 대략 다음과 같다.

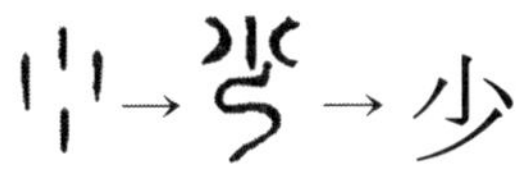

※ 자음(字音)의 변화는 대략 다음과 같다.

少(소)가 포함되어 있는 글자들은 대략 '소'·'초'·'묘'·'사' 네 가지 발음이 난다. '소'와 '초'는 중성(中聲) 'ㅗ'가 같고 초성(初聲) 'ㅅ'과 'ㅊ'은 발음부위가 같다.

소 - 少(小; 적다; 젊다) - 少量(소량), 少數(소수), 少額(소액); 少女(소녀), 少年(소년)

초 - 秒(禾; 초) - 分秒(분초), 秒針(초침), 秒時計(초시계)

抄(扌=手; 간추려 베끼다) - 抄錄(초록), 住民登錄抄本(주민등록초본), 戶籍抄本(호적초본)

炒(火; 볶다)

묘 - 妙(女; 젊다; 묘하다) - 妙齡(묘령); 妙技(묘기), 妙味(묘미), 妙藥(묘약), 妙策(묘책)

渺(氵=水; 아득하다)

사 - 沙(氵=水; 모래) - 沙漠(사막=砂漠), 沙鉢(사발), 白沙場(백사장), 山沙汰

(산사태)

砂(石; 모래) – 砂金(사금), 砂器(사기=沙器), 砂礫(사력=沙礫)댐, 砂防工事(사방공사)

紗(糸; 견직물) – 紗帽冠帶(사모관대), 羅紗店(나사점)

娑(女; 옷이 너풀거리다; 음역자) – 婆娑(파사–춤추는 소매가 날리는 모양); 娑婆世界(사바세계)

裟(衣; 가사) – 袈裟(가사–스님이 입는 옷)

鯊(魚; 상어) – 鯊魚(사어) –> 상어

33 申; 아홉째 지지 신

申(신)의 자형(字形)은 본래 '번개 모양'을 나타내고 있다. 후에 申(신)이 十二支(십이지)로 사용하게 되자, 비올 때 '번개'가 자주 나타나므로 雨(우)를 더하여 電(전)자를 만들어 '번개'라는 뜻으로 사용하게 되었다. 현재 자형으로는 '번개' 모양을 찾아 볼 수 없게 크게 변화하였다.

申

아홉째 지지 신

※ 자형(字形)의 변천은 대략 다음과 같다.

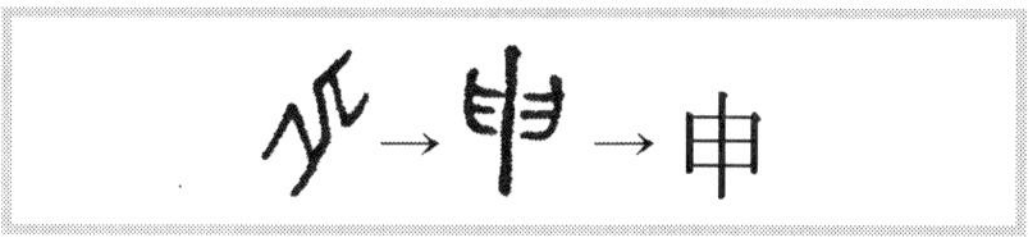

※ 자음(字音)의 변화는 대략 다음과 같다.

申(신)이 포함되어 있는 글자들은 대략 '신' 발음이 난다.

신 – 申(田; 아홉째지지; 아뢰다; 거듭) – 申時(신시); 申告(신고), 申請(신청); 申申當付(신신당부)

伸(亻=人; 펴다) – 國力伸張(국력신장), 伸縮(신축)

紳(糸: 벼슬아치) – 紳士(신사), 紳士協定(신사협정)

呻(口; 신음하다) – 呻吟(신음)

神(示; 귀신; 혼; 신비하다) – 神出鬼沒(신출귀몰), 神技(신기); 神經(신경), 精神(정신); 神秘(신비)

전 – 電(雨; 번개; 전기) – 電擊的(전격적)이다, 電光石火(전광석화); 電球(전구), 電極(전극), 電氣(전기), 電流(전류)

央
가운데 앙

央(앙)의 자형(字形)은 본래 '한 사람(大)이 양쪽 끝에 짐을 매달은 막대기(凵)의 가운데 부분을 어깨에 짊어진 모양'으로 '가운데'라는 뜻을 나타내었다. 지금도 자형을 자세히 살펴보면 大(대)와 冂 부분으로 되어 있어, 본래 자형을 연상할 수 있다.

※ 자형(字形)의 변천은 대략 다음과 같다.

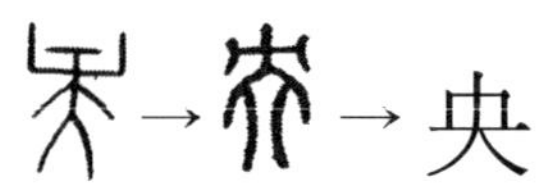

※ 자음(字音)의 변화는 대략 다음과 같다.

央(앙)이 포함되어 있는 글자들은 대략 '앙'과 '영' 두 가지 발음이 난다. '앙'과 '영'은 초성(初聲)과 종성(終聲) 'ㅇ'이 같다.

앙 – 央(大; 가운데) – 中央(중앙)
殃(歹; 재앙) – 災殃(재앙)
鴦(鳥; 원앙) – 鴛鴦(원앙), 鴛鴦衾枕(원앙금침)
秧(禾; 모) – 移秧(이앙)
怏(忄=心; 원망하다)

영 – 映(日; 비추다) – 映寫機(영사기), 映窓(영창), 映像(영상), 映畵(영화), 上映(상영)
英(艹=艸; 빼어나다; 영국) – 英雄(영웅), 英才教育(영재교육); 英國(영국), 英語(영어)
暎(日; 映의 俗字)
瑛(玉; 옥빛)
霙(雨; 진눈깨비)

35

野; 들 야

野(야)의 첫 번째 자형(字形)은 본래 '숲(林림)과 흙(⊥토)'을 구성요소로 하여 '들'이라는 뜻을 나타내었다. 두 번째 자형은 이 자형에 발음을 나타내는 '予(여)'를 더하였고, 지금 자형은 '田(밭 전)'과 '土(흙 토)'로 구성된 '里(리)'와 발음을 나타내는 '予(여)'로 구성되어 있다. 埜=壄=野

野

들 야

※ 자형(字形)의 변천은 대략 다음과 같다.

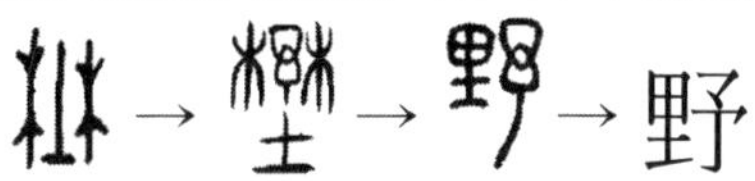

※ 자음(字音)의 변화는 대략 다음과 같다.

予(여)가 포함되어 있는 글자들은 대략 '여'·'야'·'예'·'서' 네 가지 발음이 난다.

여 – 予(亅; 나; 주다)

야 – 野(里; 들; 미개하다) – 野球(야구), 野黨(야당), 野生(야생); 野蠻(야만), 野卑(야비)하다

예 – 豫(豕; 미리) – 豫感(예감), 豫見(예견), 豫告(예고), 豫買(예매), 豫防(예방)
預(頁; 맡기다) – 預金(예금)

서 – 序(广; 머리말; 차례) – 序曲(서곡), 序論(서론), 序幕(서막); 序列(서열), 順序(순서), 秩序(질서)
舒(舌; 펴다)
抒(扌=手; 토로하다) – 抒情詩(서정시)
墅(土; 농막; 별장)

陽; 별 양 36

陽

별 양

陽(양)의 자형(字形)은 본래 '높은 곳(阜 언덕 부)에 있는 제단(T) 위에 해(日일)가 솟아 오른 모양'으로 '밝다'라는 뜻을 나타내었다. 후에 자형이 변화하여 昜(양)이 발음을 나타내고 있다.

※ 자형(字形)의 변천은 대략 다음과 같다.

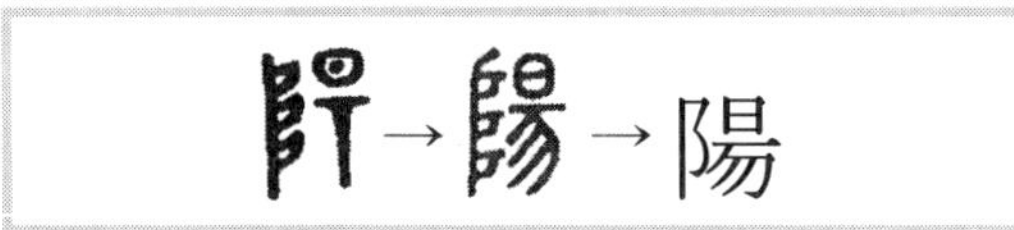

※ 자음(字音)의 변화는 대략 다음과 같다.

昜(양)이 포함되어 있는 글자들은 대략 '양'·'탕'·'상'·'장'·'창' 다섯 가지 발음이 난다. 이 다섯 가지 발음 모두 중성(中聲)에 'ㅏ'가 포함되어 있고, 종성(終聲) 'ㅇ'이 같다.

양 – 陽(阝=阜; 해; 양기) – 陽曆(양력), 陽地(양지), 斜陽(사양), 夕陽(석양); 陽刻(양각), 陰陽(음양)

楊(木; 버드나무) – 白楊(백양), 垂楊(수양)버들

揚(扌=手; 오르다; 나타내다) – 揭揚(게양), 浮揚策(부양책), 抑揚(억양); 宣揚(선양)

瘍(疒; 부스럼) – 惡性腫瘍(악성종양), 胃潰瘍(위궤양)

탕 – 湯(氵=水; 끓인 물; 욕실) – 湯藥(탕약); 沐浴湯(목욕탕), 冷湯(냉탕), 溫湯(온탕)

蕩(艹=艸; 쓸어 없애다; 방자하다) – 掃蕩(소탕), 蕩減(탕감), 蕩盡(탕진); 蕩兒(탕아), 放蕩(방탕), 淫蕩(음탕)

상 – 傷(亻=人; 다치다; 해치다) – 傷心(상심), 傷痕(상흔), 重輕傷(중경상); 中傷謀略(중상모략)

觴(角; 술잔) – 濫觴(남상–큰 강물도 그 시초는 한 잔에 넘칠 정도의 물이 라는 뜻–>기원)

장 – 場(土; 마당. 곳) – 場內(장내), 場所(장소), 工場(공장), 球場(구장), 現場(현장), 刑場(형장)

腸(月=肉; 창자) – 九折羊腸(구절양장–꼬불꼬불한 양의 창자), 斷腸(단장)

창 – 暢(日; 자라다; 화창하다; 통달하다) – 暢達(창달); 和暢(화창); 流暢(유창)

羊; 양 양 37

羊

양 양

羊(양)의 자형(字形)은 본래 '양(羊)의 머리를 정면에서 본 모양'을 간략하게 그 특징과 윤곽만을 그리고 '양(羊)'이라는 뜻을 나타내었다. 자형 상부의 ∧∧은 바로 양(羊)의 굽은 뿔 모양을 나타내고 있으나, 현재 자형은 이러한 특징을 알아 볼 수 없게 변화하였다.

※ 자형(字形)의 변천은 대략 다음과 같다.

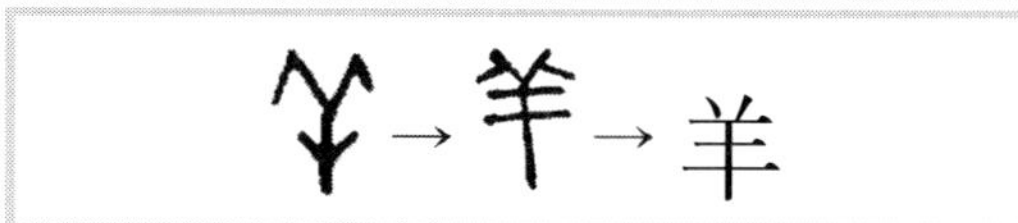

※ 자음(字音)의 변화는 대략 다음과 같다.

羊(양)이 포함되어 있는 글자들은 대략 '양'·'상'·'강' 세 가지 발음이 난다. 이 세 가지 발음 모두 중성(中聲)에 'ㅏ'가 포함되어 있고, 종성(終聲) 'ㅇ'이 같다.

양 – 羊(**羊**; 양) – 羊羹(양갱), 羊頭狗肉(양두구육), 九折羊腸(구절양장), 犧牲羊(희생양)

洋(氵=**水**; 큰 바다; 넓다; 서양) – 五大洋(오대양), 遠洋漁船(원양어선); 前途洋洋(전도양양); 洋襪(양말), 洋銀(양은), 洋裝(양장)

養(**食**; 기르다; 봉양하다) – 養鷄(양계), 養豚(양돈), 養成(양성), 養齒(양치)질, 培養(배양), 營養失調(영양실조); 養老院(양로원)

양 – 樣(木; 모양) – 樣相(양상), 樣式(양식), 各樣各色(각양각색), 多樣(다양), 模樣(모양), 文樣(문양)

痒(疒; 가렵다) – 搔痒(소양)

상 – 祥(示; 복) – 祥瑞(상서)롭다

詳(言; 자세하다) – 詳細(상세), 未詳(미상), 仔詳(자상)

庠(广; 학교)

강 – 姜(女; 성씨)

羌(羊; 오랑캐)

王

임금 왕

王(왕)의 자형(字形)은 본래 '왕권(王權)을 상징하는 도끼의 모양'으로 '임금'이라는 뜻을 나타내었다. 王(왕)과 玉(옥)의 자형은 본래 완전히 다른 것이었는데, 두 번째 자형부터 가로획의 간격만으로 王(왕)과 玉(옥)을 구분하다가 애매하여 혼란이 생기게 되어, 王(왕)자에 점(點) 하나를 찍어 현재와 같이 구분하여 사용하고 있다. 그러나 玉(옥)자가 부수(部首)로 사용될 때에는 珍(진)과 같이 본래 자형인 王으로 쓴다.

※ 자형(字形)의 변천은 대략 다음과 같다.

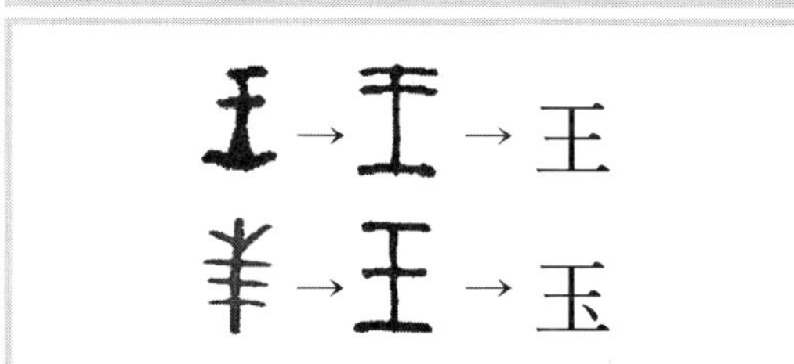

※ 자음(字音)의 변화는 대략 다음과 같다.

王(왕)이 포함되어 있는 글자들은 대략 '왕'과 '광' 두 가지 발음이 난다. 이 두 가지 발음은 모두 중성(中聲) 'ㅘ'와 종성(終聲) 'ㅇ'이 같다.

왕 – 王(王=玉; 임금) –王冠(왕관), 王權(왕권), 王道(왕도), 王座(왕좌)
旺(日; 성하다) –旺盛(왕성), 興旺(흥왕)
往(彳; 가다; 이따금) – 往來(왕래), 往復(왕복), 往診(왕진), 旣往(기왕); 往往(왕왕)

汪(氵=水; 넓다) – 汪洋(왕양)

枉(木; 굽히다) – 枉臨(왕림)

광 – 狂(犭=犬; 미치다) – 狂犬病(광견병), 狂氣(광기), 狂亂(광란), 狂奔(광분), 熱狂(열광)

39 用; 쓸 용

用

쓸 용

用(용)의 자형(字形)은 본래 '종(鐘)의 모양'을 간략하게 그 특징과 윤곽만을 그리고 '종(鐘)'이라는 뜻을 나타내었다. 甬(용)은 본래 用(용)과 같은 글자로서 단지 用(용)자 상부에 'マ'이 덧붙여져 있는데, 바로 종(鐘)을 거는 고리의 모양이라고 한다. 현재 자형은 이러한 모양을 알아 볼 수 없게 변화하였다.

※ 자형(字形)의 변천은 대략 다음과 같다.

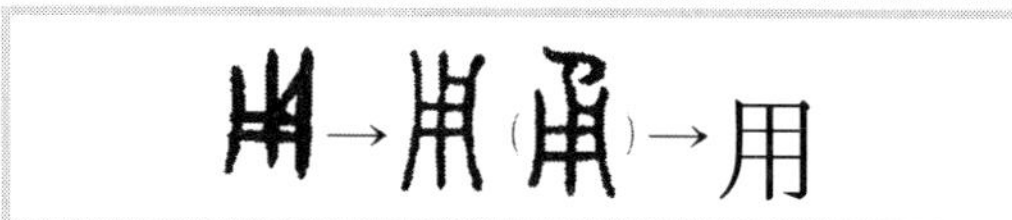

※ 자음(字音)의 변화는 대략 다음과 같다.

用(용)이 포함되어 있는 글자들은 대략 '용'·'통'·'송' 세 가지 발음이 난다. 이 세 가지 발음 모두 중성(中聲)에 'ㅗ'가 포함되어 있고, 종성(終聲) 'ㅇ'이 같다.

용 – 用(**用**; 쓰다) – 用具(용구), 用途(용도), 用務(용무), 用法(용법), 用語(용어), 費用(비용)

甬(**用**; 사람이 다니는 길)

俑(亻=**人**; 순장 때 사용하는 인형) – 秦俑(진용)

踊(**足**; 춤추다) – 舞踊(무용)

慂(**心**; 권하다) – 慫慂(종용)하다

勇(**力**; 용감하다) – 勇敢(용감), 勇氣(용기), 勇斷(용단), 勇猛(용맹), 勇士(용사), 蠻勇(만용)

湧(氵=水; 샘 솟다) - 湧泉(용천), 湧出(용출)

庸(广; 어리석다) - 庸劣(용렬); 附庸(부용)

傭(亻=人; 품팔이) - 傭人(용인), 雇傭職(고용직)

통 - 通(辶=辵; 통하다; 온통) - 通過(통과), 通勤(통근), 通達(통달); 通算(통산), 通讀(통독)

痛(疒; 아프다; 매우) - 鎭痛劑(진통제), 頭痛(두통); 痛感(통감), 痛快(통쾌), 痛歎(통탄)

桶(木; 나무통) - 水桶(수통)

송 - 誦(言; 읽다; 외다) - 朗誦(낭송); 暗誦(암송)

員

인원 원

員(원)의 자형(字形)은 본래 '솥(鼎정) 위에 원(圓)을 그린 모양'으로 '(솥의 입 부분이) 둥글다'라는 뜻을 나타내었다. 현재 자형은 '솥(鼎정)' 부분이 '貝(패)'로 변하고 둥근 원(圓) 부분이 사각형으로 변화하여, 둥근 그 원형을 알아 볼 수 없게 변화하였다. 후에 員(원)이 '사람의 수'를 나타내는 뜻으로 사용하게 되자, '둥글다'라는 뜻은 '둘레'를 나타내는 '囗(위)'를 더한 '圓(원)'을 사용하게 되었다.

※ 자형(字形)의 변천은 대략 다음과 같다.

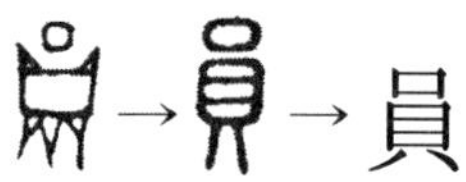

※ 자음(字音)의 변화는 대략 다음과 같다.

員(원)이 포함되어 있는 글자들은 대략 '원'·'연'·'견' 세 가지 발음이 난다. 이 세 가지 발음 모두 중성(中聲)에 'ㅓ'가 포함되어 있고, 종성(終聲) 'ㄴ'이 같다.

원 – 員(口; 사람 수; ~하는 사람) – 缺員(결원), 滿員(만원); 敎員(교원), 社員(사원), 議員(의원)
圓(囗; 둥글다) – 圓滿(원만), 圓周率(원주율), 圓柱(원주), 圓滑(원활), 楕圓形(타원형)

연 – 捐(手; 기부하다) – 義捐金(의연금), 出捐金(출연금)
涓(氵=水; 졸졸흐르는 물)
娟(女; 예쁘다)

견 – 絹(糸; 명주) – 絹絲(견사), 生絹(생견), 人絹(인견)
鵑(鳥; 두견새) – 杜鵑(두견)

41 韋; 다룸가죽 위

韋(위)의 자형(字形)은 본래 '한 지역(囗)을 중심으로 두 개의 발(止)이 각각 반대쪽으로 향하고 있는 모양'으로 '어긋나다'라는 뜻을 나타내었다. 후에 韋(위)가 '가죽'이라는 뜻으로 사용하게 되자, 다시 동작을 나타내는 '辶(착)=辵'을 더하여 '違(위)'라는 글자를 만들어 '어긋나다'라는 의미로 사용하고 있다.

韋

다룸가죽 위

※ 자형(字形)의 변천은 대략 다음과 같다.

※ 자음(字音)의 변화는 대략 다음과 같다.

韋(위)가 포함되어 있는 글자들은 거의 '위' 발음이 난다.

위 – 韋(**韋**; 가죽) – 韋編三絕(위편삼절–공자가 '주역'을 너무 많이 읽어 책을 엮은 가죽끈이 여러 차례 끊어졌다)
違(辶=辵; 어기다) – 違背(위배), 違約(위약), 違憲(위헌), 非違(비위)사실
圍(囗; 에워싸다; 둘레) – 包圍(포위); 範圍(범위), 周圍(주위)
衛(**行**; 지키다) – 衛生(위생), 衛星(위성), 防衛(방위), 守衛(수위)
偉(**人**; 뛰어나다) – 偉大(위대), 偉業(위업), 偉人(위인)
緯(糸; 씨–가로줄) – 緯度(위도), 經緯(경위–어떤 일이 일어나서 진행되어 끝이 난 과정)
瑋(**玉**; 옥이름)
葦(**艸**; 갈대)
暐(**日**; 따뜻하다)
褘(**衣**; 아름답다)
휘 – 諱(**言**; 꺼리다) – 避諱(피휘)

因; 인할 인 42

因

인할 인

因의 자형(字形)은 본래 '자리(囗)에 사람(大)이 누워 있는 모양'으로 '자리' 또는 '깔개'라는 뜻을 나타내었다. 후에 因이 '원인' 또는 '이유'라는 뜻으로 사용하게 되자, 因에 '깔개'를 만드는 재료인 '풀'을 나타내는 '艹(=艸초)'를 더하여 '茵(인)'이라는 글자를 만들어 '깔개'라는 뜻을 나타낸다.

※ 자형(字形)의 변천은 대략 다음과 같다.

※ 자음(字音)의 변화는 대략 다음과 같다.

因(인)이 포함되어 있는 글자들은 대략 '인'·'연'·'열'·'은' 네 가지 발음이 난다. '인'·'연'·'은' 세 가지 발음 모두 초성(初聲) 'ㅇ'과 종성(終聲) 'ㄴ'이 같다.

인 – 因(囗; 원인; 종전대로 따르다; 인연) – 因果應報(인과응보), 原因(원인); 因習(인습); 因緣(인연)

姻(女; 시집가다; 인척) – 婚姻(혼인); 姻戚(인척)

咽(口; 목구멍) – 咽喉(인후), 耳鼻咽喉科(이비인후과)

茵(艸; 자리. 쑥) – 茵蔯(인진)쑥

絪(糸; 자리) – 茵과 같은 글자

연 – 烟(火; 연기) – 煙과 같은 글자

열 – 咽(口; 목이 메어 소리가 막히다) – 嗚咽(오열)하다

은 – 恩(心; 은혜) – 恩功(은공), 恩德(은덕), 恩師(은사), 恩惠(은혜)

43

爿의 자형(字形)은 본래 '나무로 만든 침대의 모양' 인데 가로로 되어 있는 자형을 세로로 세워 놓았다. 이 글자는 현재 '침대' 라는 의미로 사용되지 않고, 이 글자에 '침대' 의 재질인 '나무' 를 나타내는 '木' 을 더한 '牀(상)' 으로 사용되고 있다.

爿

나무조각 장

※ 자형(字形)의 변천은 대략 다음과 같다.

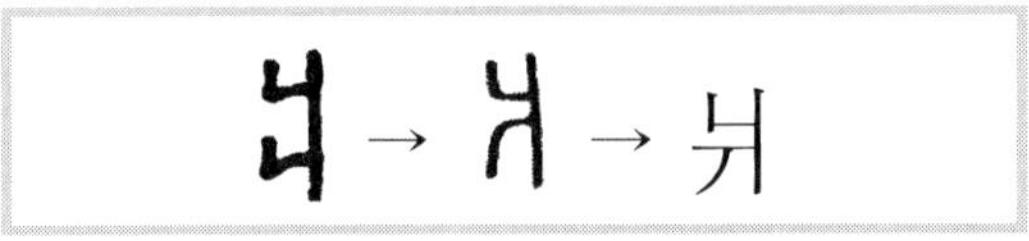

※ 자음(字音)의 변화는 대략 다음과 같다.

爿 (장)이 포함되어 있는 글자들은 대략 '장' 과 '상' 두 가지 발음이 난다. '장' 과 '상' 의 초성(初聲) 'ㅈ' 과 'ㅅ' 은 발음 부위가 같고, 중성(中聲) 'ㅏ' 와 종성(終聲) 'ㅇ' 발음이 같다.

장 – 狀(犬; 문서; 편지) – 賞狀(상장), 訴狀(소장), 信用狀(신용장); 年賀狀(연하장)

牆(爿; 담) – 牆有耳(장유이–담에도 귀가 있다)

壯(士; 훌륭하다; 왕성하다; 씩씩하다) – 壯觀(장관); 壯年(장년); 壯談(장담), 健壯(건장)

莊(++=艸; 별장) – 別莊(별장), 山莊(산장)

裝(衣; 차려 입다, 꾸미다) – 裝甲車(장갑차), 裝飾(장식), 裝幀(장정–책 표지), 裝置(장치)

將(寸; 장수; 장차; 나아가다) – 將校(장교), 將星(장성); 將來(장래); 日就月將(일취월장)

醬(酉; 된장, 간장) – 간醬(장), 된醬(장)

奬(犬; 권장하다) – 奬勵(장려), 奬學金(장학금), 勸奬(권장)

漿(水; 미음) – 血漿(혈장)

蔣(++=艸; 줄-풀이름)

상 – 狀(犬; 모양) – 狀態(상태), 狀況(상황), 液狀(액상)

牀(爿; 평상) – 平牀=平床(평상), 同床異夢(동상이몽)

* 牀과 床은 같은 글자인데 우리나라에서는 주로 床을 사용한다.

44 臧; 착할 장

臧

착할 장

臧의 자형(字形)은 본래 '눈(臣신)을 창(戈과)으로 찌르는 모양'으로 '노예'라는 뜻을 나타내었다. 후에 臣(신)과 戈(과)로 이루어져 있는 자형에 음을 나타내는 爿(장)을 더하여 현재와 같은 자형 臧(착할 장)이 되었다. 臧자에는 아직 '종'이나 '노복'이라는 뜻도 있다. '臧獲(장획)'이라는 단어 풀이를 보면, "장(臧)은 사내종, 획(獲)은 계집종의 뜻으로 종, 하인(下人)을 이르는 말"이라고 한다.

갑골문 자형에 대하여 좀 더 상세하게 말하자면, '노예'의 노동력을 상실시키지 않으면서 도망가지 못하도록 예방까지 할 수 있는 가장 좋은 방법은 두 눈 중에서 한 눈을 실명시켜 거리 측정이 되지 않아 빨리 달아나지 못하도록 하는 방법이었던 것 같다.

※ 자형(字形)의 변천은 대략 다음과 같다.

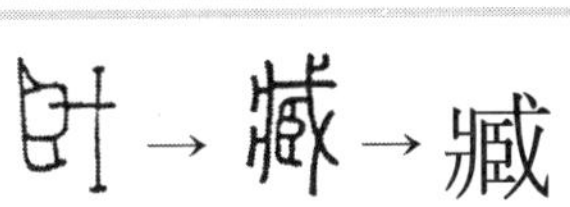

※ 자음(字音)의 변화는 대략 다음과 같다.

爿(장)이 포함되어 있는 글자들은 대략 '장'과 '상' 두 가지 발음이 난다. '장'과 '상'의 초성(初聲) 'ㅈ'과 'ㅅ'은 발음 부위가 같고, 중성(中聲) 'ㅏ'와 종성(終聲) 'ㅇ' 발음이 같다.

장 - 臧(臣; 노복)

贓(貝; 장물) - 贓物(장물)

藏(艸; 간직하다) - 藏書(장서), 埋藏量(매장량), 無盡藏(무진장), 秘藏(비장)의 무기

臟(肉; 오장) - 臟器(장기), 肝臟(간장), 內臟(내장), 心臟(심장)

欌(木; 장롱) - 欌籠(장롱), 饌欌(찬장), 冊欌(책장)

狀(犬; 문서; 편지) - 賞狀(상장), 訴狀(소장), 信用狀(신용장); 年賀狀(연하장)

壯(士; 훌륭하다; 왕성하다; 씩씩하다) - 壯觀(장관); 壯年(장년); 壯談(장담), 健壯(건장)

莊(艸; 별장) - 別莊(별장), 山莊(산장)

裝(衣; 차려 입다, 꾸미다) - 裝甲車(장갑차), 裝飾(장식), 裝幀(장정-책 표지), 裝置(장치)

將(寸; 장수; 장차; 나아가다) - 將校(장교), 將星(장성); 將來(장래); 日就月將(일취월장)

獎(犬; 권장하다) - 獎勵(장려), 獎學金(장학금), 勸獎(권장)

상 - 狀(犬; 모양) - 狀態(상태), 狀況(상황), 液狀(액상)

牀(爿; 평상) - 平牀=平床(평상), 同床異夢(동상이몽)

* 牀과 床은 같은 글자인데 우리나라에서는 주로 床을 사용한다.

45

災; 재앙 재

災(재)의 자형(字形)은 본래 '물이 범람하는 모양(巛)' 으로 '수재(水災)' 라는 의미를 나타내었다. 나중에는 '보통 흐르는 물' 인지 '범람하는 물' 인지 구분하기 어려워 '(才재)' 라는 발음 요소를 첨가하였다. 이외에도 '재앙' 이라는 의미는 '(灾): 집에 불이 난 모양' 과 '(𢦔는 전쟁을 의미하는 창「戈」과 발음을 나타내는 才(재)로 구성되어 있다): 전쟁으로 인한 재해' 등 다른 자형으로도 나타내었다. 현재 자형의 部首(부수)를 보면 '火災(화재)' 를 의미하는 글자라고 할 수 있으나, '모든 재앙' 을 의미한다.

災

재앙 재

※ 자형(字形)의 변천은 대략 다음과 같다.

※ 자음(字音)의 변화는 대략 다음과 같다.

才(재)가 포함되어 있는 글자들은 대략 '재' 발음이 난다.

재 – 才(扌=手; 재주) – 才幹(재간), 才能(재능), 鬼才(귀재), 秀才(수재), 鈍才(둔재)

材(木; 재료로 쓰이는 나무>재료) – 材料(재료), 教材(교재), 人材(인재), 取材(취재)

財(貝; 재물) – 財界(재계), 財團法人(재단법인), 財力(재력), 財務(재무), 財閥(재벌)

在(土; 있다) – 在庫(재고), 在野(재야), 在職(재직), 在學(재학), 健在(건재)

載(車; 싣다)(才+戈+車) – 揭載(게재)하다, 記載(기재), 登載(등재), 連載(연재), 積載(적재)

哉(口; 어조사) – 嗚呼哀哉(오호애재), 嗚呼痛哉(오호통재)

裁(衣; 자르다; 헤아리다) – 裁斷師(재단사), 裁縫(재봉); 裁量(재량), 裁判(재판), 獨裁(독재)

栽(木; 심다) – 栽培(재배), 盆栽(분재)

46 正; 바를 정

正의 자형(字形)은 본래 '발(止)의 앞쪽이 한 목적지(口는 후에 쓰기 편하도록 한 획 '一'로 변화되었다)로 향하고 있는 모양'으로 '……로 가다'라는 의미를 나타내었다. 후에 '正'자가 '바르다'라는 뜻으로 사용하게 되자, 다시 '正'에 '彳(척)'을 더하여 '征(정)'자를 만들어 '……로 가다'라는 뜻을 나타내게 되었다.

正

바를 정

※ 자형(字形)의 변천은 대략 다음과 같다.

※ 자음(字音)의 변화는 대략 다음과 같다.

正(정)이 포함되어 있는 글자들은 대략 '정'·'증'·'탄' 세 가지 발음이 난다. 각각 아무 상관없는 발음 같지만, '정'과 '증'은 초성(初聲) 'ㅈ'과 종성(終聲) 'ㅇ'이 같다. '탄'은 '정'·'증'과 발음 관계가 비교적 멀어 보이지만, 'ㅈ'과 'ㅌ'는 구개음화(口蓋音化) 관계에 있고, 세 가지 발음 모두 종성(終聲)이 비음(鼻音)이다.

정 – 正(止; 바르다) – 正刻(정각), 正規軍(정규군), 正常(정상), 正色(정색)
政(攵=攴; 정사) – 政見(정견), 政黨(정당), 政略(정략), 政府(정부)
整(攵=攴; 가지런히 하다) – 整理整頓(정리정돈), 秩序整然(질서정연), 調整(조정)
征(彳; 치다. 가다) – 征伐(정벌), 征服(정복), 遠征(원정), 出征(출정)

정 – 定(宀 ; 정. 疋은 正의 변형이다) – 定價(정가), 定期(정기), 定石(정석), 定員(정원)

錠(金; 제기 이름. 은화. 납작한 약) – 糖衣錠(당의정), 錠劑(정제)

증 – 症(疒 ; 증세) – 症狀(증상), 症勢(증세), 渴症(갈증), 重症(중증)

証(言; 증거) – 證(증)의 약자로 사용함.

탄 – 綻(糸 ; 솔기가 터지다. 꽃이 피다) – 破綻(파탄)

47 丁; 네째천간 정

丁(정)의 첫 번째 자형(字形)은 '못대가리 모양'으로 '못'이라는 의미를 나타내었다. 두 번째 자형은 '못의 옆모양'이라고 말할 수 있다. 나중에 丁(정)이 천간(天干)으로 사용하게 되자, '쇠'를 의미하는 金(금)을 더한 釘(정)으로 '못'이라는 의미를 나타내었다.

丁

네째천간 정

※ 자형(字形)의 변천은 대략 다음과 같다.

※ 자음(字音)의 변화는 대략 다음과 같다.

丁(정)이 포함되어 있는 글자들은 대략 '정'과 '성' 두 가지 발음이 난다. 이 두 가지 발음은 모두 중성(中聲) 'ㅓ'와 종성(終聲) 'ㅇ'이 같고, 초성(初聲) 'ㅅ'과 'ㅈ'은 발음 부위가 같다.

정 – 丁(一; 장정; 일군; 넷째천간) – 壯丁(장정); 白丁(백정). 目不識丁(목불식정)
頂(**頁**; 정수리; 꼭대기) – 頂門一鍼(정문일침); 頂上(정상), 頂點(정점), 絕頂(절정)
訂(**言**; 바로잡다) – 訂正(정정), 校訂(교정), 改訂版(개정판), 增訂版(증정판)
釘(**金**; 못) – 眼中釘(안중정)
汀(氵=**水**; 물가)
町(**田**; 밭두둑)
亭(亠; 정자) – 亭子(정자)
停(亻=**人**; 멈추다) – 停刊(정간), 停年(정년), 停留場(정류장), 停電(정전), 停滯(정체)

渟(氵=水; 머무르다) – 渟泊(정박)=碇泊(정박)

성 – 成(戈+ノ+丁; 이루다) – 成功(성공), 成果(성과), 成文法(성문법), 成分(성분), 成就(성취)

城(土; 성) – 干城(간성), 籠城(농성), 牙聲(아성), 築城(축성)

盛(皿; 담다. 성하다) – 盛大(성대), 盛行(성행), 盛況(성황), 强盛(강성) 全盛期(전성기)

誠(言; 정성) – 誠金(성금), 誠實(성실), 誠心(성심), 誠意(성의), 精誠(정성), 至誠(지성)

晟(日; 밝다)

48 齊; 가지런할 제

齊(제)의 첫 번째 자형(字形)은 '보리의 싹이 가지런하게 자라나 있는 모양'으로 '가지런하다'라는 뜻을 나타내고 있다. 두 번째 자형은 첫 번째 자형에 비해 세 개의 보리 싹 외에 두 획 =이 더 증가되었다. 이 두 획에 대하여 여러 가지 주장이 있는데 하나는 '가지런하다'라는 의미를 보다 명확하게 나타내고 있다고 하고, 또 하나는 '二(이)'로써 발음을 표시하고 있다고 한다. 현재 자형은 '가운데 보리 싹을 제외하고 양쪽의 보리 싹은 머리 부분과 줄기 부분이 분리되어 있어, 그 원형을 알아보기 힘들게 변화하였다.

齊

가지런할 제

※ 자형(字形)의 변천은 대략 다음과 같다.

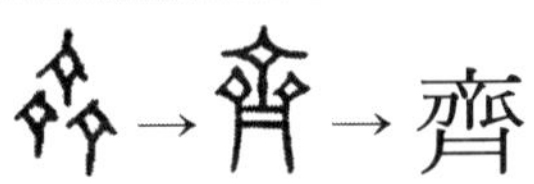

※ 자음(字音)의 변화는 대략 다음과 같다.

齊(제)가 포함되어 있는 글자들은 대략 '제'와 '재' 두 가지 발음이 난다. 이 두 가지 발음은 모두 초성(初聲) 'ㅈ'이 같고, 중성(中聲)에 'ㅣ' 모음이 포함되어 있다.

제 – 齊(**齊**; 가지런히 하다) – 修身齊家(수신제가), 擧案齊眉(거안제미–밥상을 눈썹 높이까지 들어 바칠 정도로 남편을 공경하다), 一齊(일제)히, 整齊(정제)하다

濟(氵=**水**; 건너다; 구제하다; 이루다) – 濟度(제도); 濟世(제세), 經世濟民

(경세제민), 經濟(경제), 救濟(구제); 未濟(미제)사건

劑(刂=刀; 약제) – 强心劑(강심제), 藥劑(약제), 錠劑(정제), 調劑(조제), 淸涼劑(청량제)

霽(雨; 날이 개다) – 霽月(제월)

臍(⺼=肉; 배꼽) – 臍帶(제대–탯줄)

薺(艹=艸; 냉이)

재 – 齋(齊; 재계하다; 집) – 沐浴齋戒(목욕재계); 書齋(서재)

賫(齊; 주다, 보내다)

49 疇; 두둑 주

疇

두둑 주

疇(주)의 자형(字形)은 본래 '밭고랑(乙)과 소 발자국(ㅂ) 모양' 또는 '밭고랑과 흙더미 모양'이라는 등 여러 가지 설(說)이 있다. 후에 첫 번째 자형만으로는 '밭두둑'이라는 뜻을 나타내기 어려워지자 '밭'을 나타내는 '田(전)'을 더하여 그 뜻을 보다 명확히 하였고, 다시 '壽(수)'를 더하여 발음을 나타내었다.

※ 자형(字形)의 변천은 대략 다음과 같다.

※ 자음(字音)의 변화는 대략 다음과 같다.

壽(수)가 포함되어 있는 글자들은 대략 '수'·'주'·'도' 세 가지 발음이 난다. '수'와 '주'는 중성(中聲) 'ㅜ'가 같고, 초성(初聲) 'ㅅ'과 'ㅈ'은 발음부위가 같다.

수 - 壽(士; 목숨) - 壽命(수명), 壽衣(수의), 萬壽無疆(만수무강), 長壽(장수), 天壽(천수)

주 - 鑄(金; 부어만들다) - 鑄造(주조), 鑄鐵(주철), 鑄型(주형)
疇(田; 밭의 경계) - 範疇(범주)
躊(足; 머뭇거리다) - 躊躇(주저)
籌(竹; 산가지; 꾀하다)- 籌板(주판)=珠板(주판); 籌備(주비)

도 - 禱(示; 빌다) - 祈禱(기도), 黙禱(묵도), 祝禱(축도)
濤(氵=水; 물결) - 怒濤(노도), 波濤(파도)
燾(灬=火; 비추다)

主; 주인 주 50

主

주인 주

主의 자형(字形)은 본래 '燈(등) 받침과 등불(丶)의 모양'으로 '등불'이라는 뜻을 나타내었다. 후에 '主'자가 '주인'이라는 뜻으로 사용하게 되자, '主'에 다시 '火(화)'를 더하여 '炷(주)'를 만들고 '등불' 또는 '심지'라는 뜻을 나타내게 되었다.

※ 자형(字形)의 변천은 대략 다음과 같다.

 → 主

※ 자음(字音)의 변화는 대략 다음과 같다.

主(주)가 포함되어 있는 글자들은 거의 '주' 발음이 난다.

주 – 主(丶; 주인) – 主客顚倒(주객전도), 主觀(주관), 主權(주권), 主流(주류)
柱(木; 기둥) – 電柱(전주), 支柱(지주), 柱礎(주초)〉주춧돌
住(人; 살다) – 住民(주민), 住所(주소), 居住(거주), 移住(이주)
註(言; 뜻을 풀다) – 註釋(주석), 註解(주해), 脚註(각주)
注(氵=水; 물대다; 뜻을 두다) – 注射(주사), 注入(주입); 注目(주목), 注意(주의)
駐(馬; 머무르다) – 駐屯(주둔), 駐在員(주재원), 駐車場(주차장)
炷(火; 심지)

51 朱; 붉을 주

朱
붉을 주

朱(주)의 자형(字形)은 본래 '나무(木)와 위치를 지시하는 한 획(一)'으로 구성되어 있는데 이 한 획이 지시하는 곳은 바로 '나무의 속 부분'이다. 이 나무는 속이 붉기 때문에 '붉다'라는 뜻을 나타내었다. 현재 자형은 그 원형을 알아 볼 수 없게 크게 변화하였다.

※ 자형(字形)의 변천은 대략 다음과 같다.

※ 자음(字音)의 변화는 대략 다음과 같다.

朱(주)가 포함되어 있는 글자들은 대략 '주'와 '수' 두 가지 발음이 난다. '주'와 '수'는 중성(中聲) 'ㅜ'가 같고 초성(初聲) 'ㅈ'과 'ㅅ'은 발음부위가 같다.

주 – 朱(木; 붉다) – 朱砂(주사), 朱錫(주석), 朱雀(주작), 朱紅色(주홍색), 朱黃色(주황색), 印朱(인주)
珠(王=玉; 구슬) – 珠算(주산), 珠板(주판), 念珠(염주), 珍珠(진주)=眞珠(진주)
株(木; 그루, 주식) – 株券(주권), 株式(주식), 株主(주주)
蛛(虫; 거미) – 蜘蛛(지주–거미)
誅(言; 베다; 책망하다) – 誅殺(주살); 苛斂誅求(가렴주구)
侏(亻=人; 난쟁이) – 侏儒(주유–난쟁이)
姝(女; 예쁘다)
수 – 洙(氵=水; 강 이름)
殊(歹; 다르다) – 殊常(수상)하다, 特殊(특수)하다
銖(金; 무게 단위)
茱(艹=艸; 수유) – 山茱萸(산수유)

至; 이를 지 **52**

至

이를 지

至의 자형(字形)은 본래 '화살(矢시)이 땅(一)으로 떨어지는 모양'으로 '이르다'라는 의미를 나타내었다.

※ 자형(字形)의 변천은 대략 다음과 같다.

 의 필획이 직선화되면서 현재 같은 모습으로 변화되었다.

※ 자음(字音)의 변화는 대략 다음과 같다.

至(지)가 포함되어 있는 글자들은 대략 '치'·'질'·'실' 세 가지 발음이 난다. 각각 아무 상관없는 발음 같지만, '치'·'질'·'실'은 중성(中聲) 'ㅣ'가 같고, '질'과 '실'은 종성(終聲) 'ㄹ'까지 같다.

치 – 致(**至**; 이르다) – 致命傷(치명상), 極致(극치), 誘致(유치), 致富(치부), 一致(일치)
　緻(**糸**; 곱다. 면밀하다) – 緻密(치밀)

질 – 姪(**女**; 조카) – 姪女(질녀), 甥姪(생질)
　桎(**木**; 차꼬 – 형구(形具)의 일종) – 桎梏(질곡)
　蛭(**虫**; 거머리)
　窒(**穴**; 막다) – 窒塞(질색), 窒素(질소), 窒息(질식)
　膣(**肉**; 여자의 생식기)

실 – 室(**宀**; 집) – 室內(실내), 居室(거실), 教室(교실), 暗室(암실), 溫室(온실)

53 旨; 맛있을 지

旨(지)의 첫 번째 자형(字形)은 '匕(=匙시)'와 '口'로 구성되어 있으며, 본래 '수저(匕)로 입(口)에 음식물을 넣고 있는 모양'으로 '맛있다'라는 뜻을 나타내고 있다. 두 번째 자형은 '맛있다'라는 뜻을 보다 뚜렷하게 나타내기 위하여, '甘(달 감)'으로 '口(입 구)'를 대신하였다. 그러나 현재 자형은 의미상 상관이 없는 '日(날 일)'로 바뀌어 그 본래의 의미를 알 수 없게 되었다.

旨

맛있을 지

※ 자형(字形)의 변천은 대략 다음과 같다.

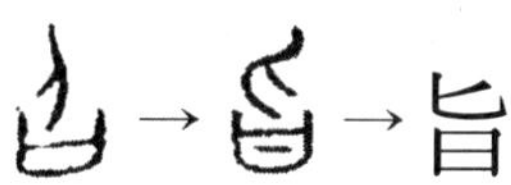

※ 자음(字音)의 변화는 대략 다음과 같다.

旨(지)가 포함되어 있는 글자들은 대략 '지'·'기'·'계'·'예' 네 가지 발음이 난다. 이 네 가지 발음은 모두 중성(中聲)에 'ㅣ' 모음이 포함되어 있다. 또 '지'와 '기'는 구개음화 관계에 있다.

지 – 旨(日; 맛. 뜻) – 聖旨(성지), 趣旨(취지)
脂(月=肉; 기름기; 진액) – 脂肪(지방), 臙脂(연지); 合成樹脂(합성수지)
指(扌=手; 손가락; 가리키다) – 屈指(굴지), 指紋(지문); 指南鐵(지남철), 指名(지명), 指目(지목)

기 – 耆(老; 예순살 늙은이)
嗜(口; 즐기다) – 嗜好(기호)

계 – 稽(禾; 생각하다) – 荒唐無稽(황당무계)

예 – 詣(言; 이르다) – 造詣(조예)

辰

다섯째 지지 진

辰(진)의 자형(字形)은 본래 '조개로 만든 농기구' 또는 '조개가 벌어져 있는 모양' 이라는 등 여러 가지 설(說)이 있다. 후에 辰(진)이 '지지(地支)' 로 사용하게 되자, 본래 뜻인 '조개' 는 '虫(충-일반적으로 사람 · 짐승 · 새 · 물고기 이외의 동물을 표시함)' 을 더하여 현재 '蜃(신)' 자를 사용하고 있다.

※ 자형(字形)의 변천은 대략 다음과 같다.

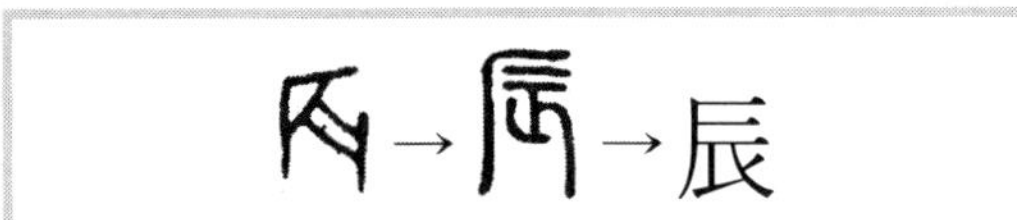

※ 자음(字音)의 변화는 대략 다음과 같다.

辰(신)이 포함되어 있는 글자들은 대략 '신' · '진' · '순' 세 가지 발음이 난다. 세 가지 발음 모두 종성(終聲) 'ㄴ' 이 같고 초성(初聲) 'ㅅ' 과 'ㅈ' 은 발음부위가 같다. '신' 과 '진' 은 중성(中聲) 'ㅣ' 까지 같다.

신 – 辰(**辰**; 때) – 誕辰日(탄신일)
　　娠(**女**; 아이를 가지다) – 姙娠(임신)
　　蜃(**虫**; 큰 조개) – 蜃氣樓(신기루-큰 조개가 氣(기)를 토하면 신기루를 일으킨다고 전한다)
　　晨(**日**; 새벽)
　　宸(집; 대궐->천자)

진 – 辰(**辰**; 지지) – 辰時(진시), 壬辰倭亂(임진왜란), 日辰(일진)이 좋다
　　振(扌=**手**; 움직이다; 떨치다) – 振動(진동), 振子(진자); 振作(진작), 振興

(진홍)

震(**雨**; 천둥소리; 흔들리다) – 震怒(진노); 震動(진동), 强震(강진), 微震(미진), 餘震(여진), 地震(지진)

賑(**貝**; 구휼하다) – 賑恤(진휼)

唇(口; 놀라다)

순 – 脣(⺼=**肉**; 입술) – 脣亡齒寒(순망치한), 脣音(순음), 脣齒音(순치음)

倉; 곳집 창 55

倉

곳집 창

倉(창)의 자형(字形)은 본래 '곡식을 저장하는 창고 모양'으로 '창고'라는 의미를 나타내었다. 현재 자형은 그 원형을 알아 볼 수는 없지만, 옛 자형과 비교해보면 '창고'의 모습을 엿볼 수 있다.

※ 자형(字形)의 변천은 대략 다음과 같다.

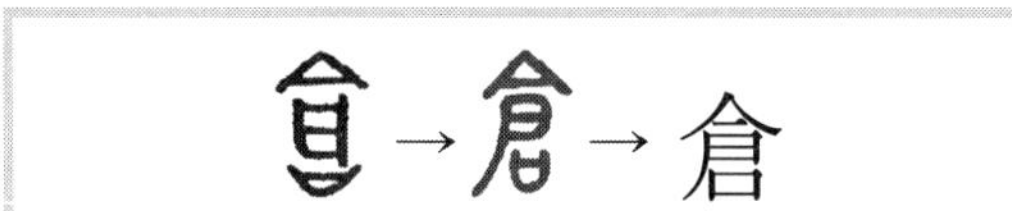

※ 자음(字音)의 변화는 대략 다음과 같다.

倉(창)이 포함되어 있는 글자들은 대략 '창' 발음이 난다.

창 – 倉(人; 곳집; 옥사; 갑자기) – 倉庫(창고), 穀倉地帶(곡창지대); 營倉(영창); 倉卒(창졸)

創(刂=刀; 날이 있는 연장에 다치다; 비롯하다) – 創傷(창상); 創刊(창간), 創建(창건), 創始(창시)

蒼(艹=艸; 푸르다; 우거지다) – 蒼空(창공), 蒼白(창백), 古色蒼然(고색창연); 鬱蒼(울창)하다

槍(木; 창) – 槍劍(창검), 竹槍(죽창), 鏢槍(표창)

滄(氵=水; 큰바다) – 滄海一粟(창해일속)

艙(舟; 선창) – 船艙(선창–물가에 다리처럼 만들어서 배가 닿게 하는 곳)

瘡(疒; 몹시 큰 부스럼) – 滿身瘡痍(만신창이), 등瘡(창)

愴(忄=心; 슬퍼하다) – 悲愴(비창)

56 蜀; 나라 이름 촉

蜀

나라 이름 촉

蜀(촉)의 자형(字形)은 본래 '나비 애벌레의 머리와 몸통 모양'으로 '나비 애벌레'라는 뜻을 나타내었다. 후에 자형이 '벌레' 모양을 알아 볼 수 없게 변하자 '虫(충)'을 더하여 蜀(촉)자가 되었다. 그 후에 蜀(촉)자가 '나라 이름'으로 사용하게 되자, 다시 '虫(충)'을 더하여 현재는 蠋(촉)자로 '나비 애벌레'라는 뜻을 나타낸다.

※ 자형(字形)의 변천은 대략 다음과 같다.

※ 자음(字音)의 변화는 대략 다음과 같다.

蜀(촉)이 포함되어 있는 글자들은 대략 '촉'·'속'·'독'·'탁' 네 가지 발음이 난다. '촉'·'속'·'독'은 중성(中聲) 'ㅗ'와 종성(終聲) 'ㄱ'이 같고, 초성(初聲) 'ㅊ'과 'ㅅ'은 발음부위가 같다. 'ㅊ'·'ㅅ'과 'ㅌ'·'ㄷ'은 구개음화(口蓋音化) 관계가 있다.

촉 – 蜀(虫; 나라 이름)

觸(角; 닿다, 부딪히다) – 觸覺(촉각), 觸感(촉감), 觸媒(촉매), 一觸卽發(일촉즉발), 抵觸(저촉)

燭(火; 촛불) – 華燭(화촉)

囑(口; 부탁하다) – 囑託(촉탁), 委囑(위촉)

蠋(虫; 나비 애벌레)

속 – 屬(尸; 따르다; 살붙이) – 屬國(속국), 從屬(종속), 無所屬(무소속), 附屬(부속); 家屬(가속)

독 – 獨(犭=犬; 홀로) – 獨斷(독단), 獨善(독선), 獨占(독점)

탁 – 濁(氵=水; 흐리다) – 濁流(탁류), 濁酒(탁주), 混濁(혼탁)

57

隹; 새 추

隹(추)의 자형(字形)은 본래 '새의 머리 · 날개 · 다리 모양'으로 '새'라는 뜻을 나타내었다. 隹(추)를 부수(部首)로 하는 글자들은 대부분 '새'와 관계있다.

隹

새 추

※ 자형(字形)의 변천은 대략 다음과 같다.

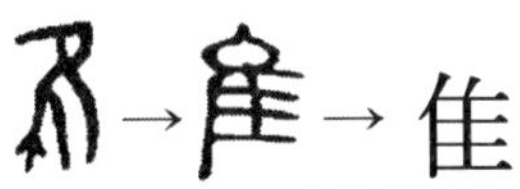

※ 자음(字音)의 변화는 대략 다음과 같다.

隹(추)가 포함되어 있는 글자들은 대략 '추' · '수' · '최' · '퇴' · '치' · '유' 여섯 가지 발음이 난다. '추'와 '수'는 중성(中聲) 'ㅜ'가 같고 초성(初聲) 'ㅊ'과 'ㅅ'은 발음부위가 같다.

추 – 推(扌=手; 옮기다; 밀다) – 推移(추이); 推進(추진), 推仰(추앙), 推薦(추천), 推論(추론), 推理(추리), 推算(추산)

錐(金; 송곳) – 囊中之錐(낭중지추–유능한 사람은 숨어 있어도 저절로 드러난다), 立錐(입추)의 餘地(여지)가 없다

椎(木; 몽치) – 脊椎(척추)

雛(隹; 병아리)

수 – 讎(言; 원수) – 復讎(복수)=復讐(복수), 怨讎(원수)=怨讐(원수)

誰(言; 누구)

雖(隹; 비록)

최 – 崔(山; 높다; 성씨)

催(亻=人; 재촉하다; 베풀다) – 催告狀(최고장), 催淚彈(최루탄), 催眠(최면); 開催(개최), 主催(주최)

퇴 – 堆(土; 쌓이다) – 堆肥(퇴비), 堆積(퇴적)

치 – 稚(禾; 어리다) – 稚氣(치기), 稚魚(치어), 幼稚(유치), 幼稚園(유치원)

유 – 維(糸; 줄; 매다) – 纖維(섬유); 維持(유지)

惟(忄=心; 생각하다; 오직) – 思惟(사유); 惟獨(유독)

唯(口; 오직) – 唯物論(유물론), 唯美主義(유미주의), 唯心論(유심론), 唯一無二(유일무이)

58

出; 날 출

出(출)의 자형(字形)은 본래 '입구(口구)에서 발(止지)이 나오는 모양'으로 '나오다'라는 뜻을 나타내었다. 후에 자형이 많이 변화하여 '입구'의 모양도 '발'의 모양도 알아 볼 수 없게 되었다.

出

날 출

※ 자형(字形)의 변천은 대략 다음과 같다.

※ 자음(字音)의 변화는 대략 다음과 같다.

出(출)이 포함되어 있는 글자들은 대략 '출'·'굴'·'졸' 세 가지 발음이 난다. 이 세 가지 발음 모두 종성(終聲) 'ㄹ'이 같고, '출'과 '굴'은 중성(中聲) 'ㅜ'가 같고, '출'과 '졸'은 초성(初聲) 'ㅊ'과 'ㅈ'의 발음부위가 같다.

출 – 出(凵; 나오다) – 出嫁外人(출가외인), 出刊(출간), 出口(출구), 出勤(출근), 出馬(출마)

黜(黑; 쫓아내다) – 罷黜(파출)=罷免(파면), 黜黨(출당)

굴 – 屈(尸; 굽다, 굽히다) – 屈曲(굴곡), 屈服(굴복), 屈辱(굴욕), 屈折(굴절), 屈指(굴지)의 기업

窟(穴; 굴) – 狡免三窟(교토삼굴), 洞窟(동굴), 石窟庵(석굴암), 巢窟(소굴), 土窟(토굴)

掘(扌=手; 파다) – 掘鑿機(굴착기), 發掘(발굴), 採掘權(채굴권)

堀(土; 굴, 파다)

졸 – 拙(扌=手; 보잘 것 없다; 자기의 겸칭) – 稚拙(치졸), 拙速(졸속), 拙作(졸작); 拙稿(졸고), 拙著(졸저)

取; 취할 취 59

取

취할 취

取(취)의 자형(字形)은 본래 '耳(이)'와 '又(우)'로 구성되어 있는데, '손(又)으로 귀(耳)를 들고 있는 모양'으로 '취하다'라는 뜻을 나타내고 있다. 이 글자는 고대 전쟁과 깊은 관련을 가지고 있다. 고대 전쟁에서는 적을 죽이고 상(賞)을 받기 위하여 머리나 왼쪽 귀를 잘라 그 징표로 삼았다고 한다. 머리는 무거워 가지고 다니기가 불편하므로 장수는 머리를 졸병들은 귀를 잘라 바치면, 이를 근거로 논공행상(論功行賞)하였다고 한다. 이 글자는 알고 보면 섬뜩한 피비린내가 나는 글자라고 말할 수 있다.

※ 자형(字形)의 변천은 대략 다음과 같다.

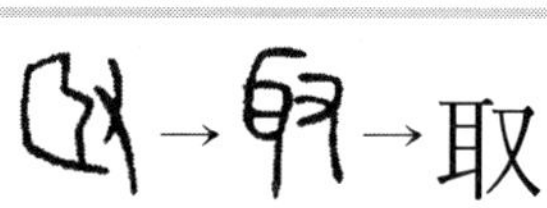

※ 자음(字音)의 변화는 대략 다음과 같다.

取가 포함되어 있는 글자들은 대략 '취' 발음이 난다.

취 – 取(又; 취하다) – 取扱(취급), 取得(취득), 取捨選擇(취사선택), 取材(취재), 詐取(사취), 採取(채취), 奪取(탈취)

趣(走; 마음이 향하는 바) – 趣味(취미), 趣旨(취지), 趣向(취향), 情趣(정취), 興趣(흥취)

娶(女; 장가들다) – 본래 取(취)는 '취하다'라는 뜻으로 '여자를 취하다' 즉 '장가들다'라는 뜻까지 나타내다가, 나중에 '장가

들다' 라는 뜻은 取(취)에 女(여)를 더하여 娶(취)자를 만들어 보다 명확하게 '취하다' 라는 뜻과 구분하여 사용하게 되었다.

聚(耳; 모이다) – 聚落地區(취락지구)

驟(馬; 달리다; 갑자기)

추 – 諏(言; 뭇사람에게 묻다)

총 – 叢(又; 모이다) – 叢生(총생), 叢書(총서), 叢叢(총총)하다

包

쌀 포

包의 자형(字形)은 본래 '사람의 배(勹)에 아이(巳)를 가지고 있는 모습'으로 '싸다(wrap)'이라는 의미를 나타내었다.

※ 자형(字形)의 변천은 대략 다음과 같다.

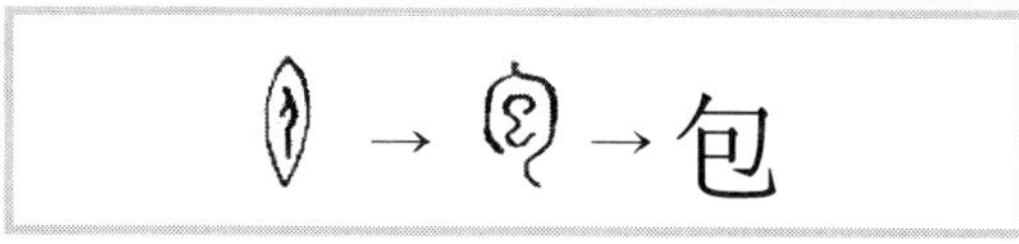

※ 자음(字音)의 변화는 대략 다음과 같다.

包(포)가 포함되어 있는 글자들은 거의 '포' 발음이 난다.

포 – 包(勹; 싸다) – 包括(포괄), 包圍(포위), 包裝(포장), 包含(포함), 小包(소포)
胞(⺼=**肉**; 배. 세포) – 同胞(동포), 細胞(세포)
抱(扌=**手**; 안다) – 抱擁(포옹), 抱負(포부), 懷抱(회포)
飽(**食**; 배부르다) – 飽滿感(포만감), 飽食(포식)
砲(**石**; 대포) – 砲擊(포격), 砲門(포문), 砲聲(포성), 巨砲(거포), 大砲(대포)
泡(氵=**水**; 거품) – 泡沫(포말), 水泡(수포)
咆(口; 으르렁거리다) – 咆哮(포효)
袍(衤=**衣**; 웃옷) – 道袍(도포)
疱(疒; 천연두) – 水疱(수포)
苞(艹=**艸**; 풀이름)
匏(勹; 박)
鮑(**魚**; 절인 어물)

61

皮(피)의 자형(字形)은 본래 '짐승 머리와 몸체에서 가죽(⊐)을 손(又)으로 잡고 있는 모양'으로 '가죽(을 벗기다)'이라는 뜻을 나타내었다.

皮

가죽 피

※ 자형(字形)의 변천은 대략 다음과 같다.

※ 자음(字音)의 변화는 대략 다음과 같다.

皮(피)가 포함되어 있는 글자들은 대략 '피'와 '파' 두 가지 발음이 난다. 초성(初聲) 'ㅍ' 발음이 같다.

피 – 皮(**皮**; 가죽) – 皮膚(피부), 皮革(피혁), 鐵面皮(철면피), 表皮(표피)
被(衤=**衣**; 입다; 당하다) – 被服(피복); 被殺(피살), 被選(피선), 被襲(피습)
疲(疒; 고달프다) – 疲困(피곤), 疲勞(피로), 疲弊(피폐)
彼(彳; 그, 저) – 彼我(피아), 彼此(피차), 彼此一般(피차일반), 彼岸(피안)
披(扌=**手**; 속에 있는 것을 드러내다) – 披瀝(피력)하다

파 – 波(氵=**水**; 물결) – 波及(파급), 波瀾萬丈(파란만장), 波紋(파문), 世波(세파)
婆(**女**; 할미) – 老婆(노파), 老婆心(노파심), 媒婆(매파), 産婆(산파)
破(**石**; 깨다; 완료하다) – 破格(파격), 破壞(파괴), 破局(파국); 看破(간파), 讀破(독파)
坡(**土**; 고개)
頗(**頁**; 치우치다; 매우) – 偏頗(편파); 頗多(파다)
跛(**足**; 절뚝발이) – 跛行(파행)

何; 어찌 하 62

何

어찌 하

何(하)의 자형(字形)은 본래 '한 사람(人)이 어깨에 무엇인가 메고 있는 모양'으로 '짊어지다(메다)'라는 뜻을 나타내었다. 후에 어깨 위에 있던 물건이 可(가)로 바뀌어 발음을 나타낸다. 何(하)가 '어찌'라는 뜻으로 사용하게 되자, 본래 뜻인 '짊어지다'는 현재 '荷(하)'자를 사용하고 있다.

※ 자형(字形)의 변천은 대략 다음과 같다.

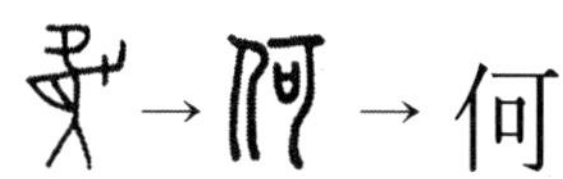

※ 자음(字音)의 변화는 대략 다음과 같다.

可(가)가 포함되어 있는 글자들은 대략 '가'·'하'·'아' 세 가지 발음이 난다. 이 세 가지 발음은 모두 중성(中聲)이 'ㅏ'이고, '가'와 '하'는 초성(初聲) 'ㄱ'과 'ㅎ'의 발음부위까지 같다.

가 – 可(口; 옳다; 동의하다; 가히) – 可決(가결), 可否(가부); 不可(불가), 認可(인가); 可憐(가련)

苛(艹=艸; 독하다) – 苛斂誅求(가렴주구), 苛酷(가혹)

訶(言; 꾸짖다)

呵(口; 꾸짖다; 웃음소리) – 양심(良心)의 呵責(가책); 呵呵大笑(가가대소)

哥(口; 노래–歌의 고자(古字); 형)

歌(欠; 노래) – 歌曲(가곡), 歌詞(가사), 凱歌(개가), 四面楚歌(사면초가)

軻(車; 차축), 珂(王=玉; 옥이름), 柯(木; 가지)

하 – 河(氵=水; 강) – 河口(하구), 河馬(하마), 渡河(도하), 山河(산하), 銀河(은하), 運河(운하)

何(人; 어찌; 어느; 아무런) – 何如間(하여간), 何必(하필); 何時(하시); 何等(하등); 幾何(기하)

荷(艹=艸; 연꽃; 메다) – 荷葉(하엽); 荷役(하역), 荷重(하중), 負荷(부하), 賊反荷杖(적반하장)

아 – 阿(阝=阜; 아첨하다) – 阿附(아부), 阿諂(아첨); 阿膠(아교), 阿片(아편)

夾

낄 협

夾의 자형(字形)은 본래 '두 사람(人)이 가운데 있는 사람(大)의 양쪽에서 팔을 부축하고(끼고) 있는 모양'으로 '끼다'라는 의미를 나타내었다. 현재는 '끼다'라는 의미로 주로 '挾'을 사용한다. 이는 동작을 나타내는 '扌(手)'를 '夾'에 더한 것이 의미를 더욱 분명하게 시각적으로 나타낼 수 있기 때문이다.

※ 자형(字形)의 변천은 대략 다음과 같다.

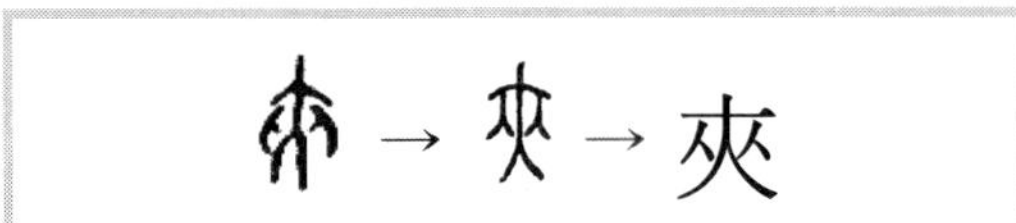

※ 자음(字音)의 변화는 대략 다음과 같다.

夾(협)이 포함되어 있는 글자들은 거의 '협' 발음이 난다.

협 – 夾(**大**; 끼다. 부축하다)

峽(**山**; 골짜기) – 峽谷(협곡), 海峽(해협)

俠(亻=**人**; 의협심이 많음) – 俠客(협객), 義俠心(의협심), 武俠(무협)영화

狹(犭=**犬**; 좁다) – 狹小(협소), 狹心症(협심증), 狹義(협의)

挾(扌=**手**; 끼다) – 挾攻(협공), 挾雜(협잡)군

莢(艹=**艸**; 꼬투리) – 莢果(협과–꼬투리로 맺히는 열매. 콩과 식물의 열매)

鋏(**金**; 부젓가락)

浹(氵=**水**; 두루 미치다)

陜(阝=**阜**; 좁다)

篋(**竹**; 상자)

頰(**頁**; 뺨)

虹의 자형(字形)은 본래 '무지개 모양'을 그대로 그린 상형문자(象形文字)이었으나, 후에는 자형(字形)이 변화하여, 虫 훼(현재는 일반적으로 '충'이라 읽지만, 본래 발음은 '훼'로서 '뱀' 모양[]으로 '살무사'라는 뜻이다)를 부수(部首)로 하고 工(공)으로 그 자음(字音)을 나타내는 구조(형성자形聲字)로 바뀌었다.

虹

무지개 홍

※ 자형(字形)의 변천은 대략 다음과 같다.

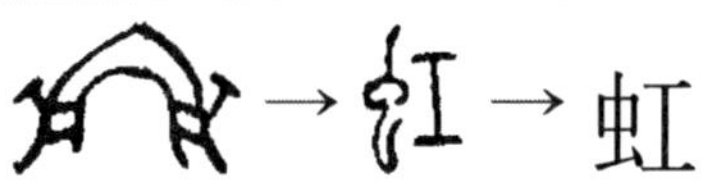

※ 자음(字音)의 변화는 대략 다음과 같다.

工(공)이 포함되어 있는 글자들은 대략 '공'·'홍'·'강'·'항' 네 가지 발음이 난다. 각각 아무 상관없는 발음 같지만, '공'과 '홍'은 중성(中聲) 'ㅗ'와 종성(終聲) 'ㅇ'이 같고, 네 가지 발음의 종성(終聲)은 모두 'ㅇ'이다.

공 – 工(**工**; 장인. 공업) – 工事(공사), 工業(공업), 工藝(공예), 工作(공작)
功(**力**; 공적) – 功過(공과), 功德(공덕), 功勞(공로), 功績(공적)
攻(**攵=攴**; 공격하다) – 攻擊(공격), 攻略(공략), 攻勢(공세). 攻守(공수)
貢(**貝**; 바치다) – 貢獻(공헌), 朝貢(조공)
空(**穴**; 비다. 하늘) – 空間(공간), 空軍(공군), 空氣(공기), 空洞化(공동화)
控(**扌=手**; 당기다; 고하다) – 控除(공제); 控訴(공소)
恐(**心**; 두렵다; 으르다) – 恐水病(공수병), 恐怖(공포), 惶恐(황공); 恐喝(공갈)

공 – 鞏(革; 묶다) – 鞏固(공고)히 하다

홍 – 紅(糸; 붉다) – 紅蔘(홍삼), 紅疫(홍역), 紅一點(홍일점), 紅潮(홍조)

虹(虫; 무지개) – 虹蜺門(홍예문), 虹彩(홍채)

訌(言; 말싸움하다) – 內訌(내홍)

鴻(鳥; 큰 기러기)

汞(水; 수은)

강 – 江(氵=水; 강) – 江南(강남), 江村(강촌), 江湖(강호), 渡江(도강)

腔(⺼=肉; 빈속) – 口腔(구강), 腹腔(복강), 鼻腔(비강)

항 – 項(頁; 목덜미) – 項目(항목), 事項(사항), 條項(조항)

肛(⺼=肉; 똥구멍) – 肛門(항문), 脫肛(탈항)

缸(缶; 항아리) – 缸(항)아리, 魚缸(어항)

漢字이야기

chapter. 2

單語(단어)

001

架 空

시렁 가　　빌 공

자형(字形)

1. 架(가)는 형성자(形聲字)로서 자형 구조는 상하구조◓라고 볼 수 있다. 위에는 발음을 나타내는 加(더할 가)가 있고, 아래에는 포괄적인 뜻을 나타내는 부수(部首) 木(나무 목)으로 구성되어 있다.
2. 空(공)은 형성자(形聲字)로서 자형 구조는 상하구조◒라고 볼 수 있다. 위에는 포괄적인 뜻을 나타내는 부수(部首) 穴(구멍 혈)이 있고, 아래에는 발음을 나타내는 工(장인 공)으로 구성되어 있다.

자의(字意)

架(가)는 '나무(木목)로 만든 시렁' 을 말하는데, 이 '시렁' 은 '방이나 마루의 벽에 건너질러 달아매어 물건을 얹어 놓는 넓고 긴 나무쪽' 을 말한다고 한다. 이 '시렁' 은 대개 가로 건너질러 있게 되어, 架(가)에는 '건너지르다' 라는 뜻이 있다. 그러므로 '架空(가공)' 은 '공중에 건너지르다' 라는 뜻이다. 또 '架空(가공)' 에는 '터무니없다' 라는 뜻도 있는데, 이는 아마도 '공중에 건너질러 있다' 는 것은 근거 없이 매달려 있는 것이므로 믿을 수 없다 '라고 생각되어 이런 뜻까지 파생된 것 같다.

* '공중에 건너지르다' 라는 뜻으로 사용된 단어에는 架空索道(가공삭도)=高架索道(고가삭도), 架空鐵道(가공철도)=高架鐵道(고가철도) 등

이 있다.

* '터무니없다' 라는 뜻으로 사용된 단어에는 架空人物(가공인물) 架空妄想(가공망상) 등이 있다.

■ **동음이의어(同音異義語)**

可恐(가공) – 두려워할 만하다

加工(가공) – '공을 더하다' 즉 '기술이나 힘' 을 더한다는 뜻이다.

■ **동음자(同音字)**

· **加-(가)**

加(더하다), 架(시렁), 駕(타다), 迦(부처이름), 茄(가지), 嘉(아름답다), 伽(절), 袈(가사), 跏(책상다리하다), 枷(칼), 痂(딱지)

002

架 橋

가설할 가 　 다리 교

자형(字形)

1. 架(가)는 형성자(形聲字)로서 자형 구조는 상하구조◓라고 볼 수 있다. 위에는 발음을 나타내는 加(더할 가)가 있고, 아래에는 포괄적인 뜻을 나타내는 부수(部首) 木(나무 목)으로 구성되어 있다.
2. 橋(교)는 형성자(形聲字)로서 자형 구조는 좌우구조◑라고 볼 수 있다. 왼쪽에는 포괄적인 뜻을 나타내는 부수(部首) 木(나무 목)이 있고, 오른쪽에는 발음을 나타내는 喬(높을 교)로 구성되어 있다.

자의(字意)

架橋(가교)는 橋梁(교량)을 架設(가설)한다는 것으로 '다리를 놓다' 라는 뜻이다. 지금은 서로 떨어져 있는 것을 이어 주는 사물이나 사실을 말한다.

- 활용(活用)

架(木; 시렁, 틀; 건너지르다) – 書架(서가), 十字架(십자가: 십자 모양의 형틀); 架設(가설)하다

橋(木; 다리) – 橋脚(교각), 橋頭堡(교두보: 전쟁에서 교량을 확보하기 위하여 교량의 주변에 쌓은 보루(堡壘)), 橋梁(교량), 烏鵲橋(오작교), 陸橋(육교), 鐵橋(철교)

■ 동음이의어(同音異義語)

假橋(가교) – '가짜 다리' 즉 임시로 놓은 다리를 말한다.

■ 동음자(同音字)

· **喬–(교)**

喬(높다); 橋(다리); 嶠(뾰족하게 높다); 蕎(메밀); 轎(가마)

嬌(아리땁다) – 嬌態(교태)부리다, 愛嬌(애교)를 떨다

僑(타향에 임시로 살다) – 華僑(화교), 僑胞(교포)

矯(바로잡다) – 矯正(교정)하다

驕(교만하다) – 驕慢(교만)하다

· 叚–(가)(하)

가 – 假(거짓) – 假建物(가건물), 假面(가면)

暇(겨를) – 餘暇(여가), 休暇(휴가)

하 – 霞(노을); 鰕(새우)

蝦(새우) – 大蝦(대하)

瑕(티) – 瑕疵(하자)

遐(멀다) – 임금이 昇遐(승하)하시다

003

袈 裟

가사 가　　가사 사

자형(字形)

1. 袈(가)는 형성자(形聲字)로서 자형 구조는 상하구조◓라고 볼 수 있다. 위에는 발음을 나타내는 加(더할 가)가 있고, 아래에는 포괄적인 뜻을 나타내는 부수(部首) 衣(옷 의)가 있다.
2. 裟(사)는 형성자(形聲字)로서 자형 구조는 상하구조◓라고 볼 수 있다. 위에는 발음을 나타내는 沙(모래 사)가 있고, 아래에는 포괄적인 뜻을 나타내는 부수(部首) 女(계집 녀)가 있다.

자의(字意)

袈裟(가사)는 범어(梵語) Kasāya를 음역(音譯)한 것으로, 장삼(長衫) 위에 왼쪽 어깨에서 오른쪽 겨드랑이 밑으로 걸쳐 입는 법의(法衣)를 말한다.

■ 동음이의어(同音異義語)

家事(가사) – 집안 일. → 家事勞動(가사노동), 家事事件(가사사건), 家事調停(가사조정)

假死(가사) – 거짓 죽음 즉, 한동안 의식이 없어지고 호흡과 맥이 멎어, 죽은 것같이 된 상태를 말한다. → 假死狀態(가사상태)

歌詞(가사) – 노래 말 즉, 곡조에 따라 하는 말.

歌辭(가사) – 고려 말엽에 나타난 한국의 전통적인 장편 운문(韻文).

■ 동음자(同音字)

· 家 – (가)

家(집) – 家家戶戶(가가호호), 家系(가계), 家計簿(가계부), 家業(가업)

嫁(시집가다) – 改嫁(개가)

稼(심다) – 稼動(가동) – 일하다, 稼動率(가동률)

· 司 – (사)

司(맡다) – 司令官(사령관), 司法機關(사법기관), 司祭(사제), 司會(사회)

祠(사당) – 祠堂(사당)

詞(말씀) – 感歎詞(감탄사), 代名詞(대명사), 弔詞(조사)=弔辭(조사), 品詞(품사)

飼(먹이다) – 飼料(사료), 飼育(사육), 放飼(방사)

嗣(잇다) – 後嗣(후사)

伺(엿보다)

004

可 鎔

옳을 가　　　녹일 용

자형(字形)

1. 可(가)는 본래 형성자(形聲字)로서 자형 구조는 좌우구조◑라고 하고, 왼쪽에는 포괄적인 뜻을 나타내는 부수(部首) 口(입 구)가 있고, 오른쪽에는 발음을 나타내는 丂(가)가 있었다고 한다. 그러나 현재는 그 발음 요소를 알아 볼 수 없게 변했으므로 형성자라고 할 수 없다.

   可(가)가 '가' 라는 발음으로 읽히는 글자로는 呵(꾸짖을 가), 歌(노래 가), 苛(매울 가) 등이 있다.

   口(구)의 본래 자형은 '입 모양[]' 으로 대부분 '입' 과 관련이 있는 뜻을 나타낸다. 예를 들면, 呑(삼킬 탄), 吹(불 취), 味(맛 미), 哺(먹을 포) 등이 있다.

2. 鎔(용)은 형성자(形聲字)로서 자형 구조는 좌우구조◑라고 볼 수 있다. 왼쪽에는 포괄적인 뜻을 나타내는 부수(部首) 金(쇠 금)이 있고, 오른쪽에는 발음을 나타내는 容(얼굴 용)이 있다.

   容(용)이 '용' 이라는 발음으로 읽히는 글자로는 溶(녹일 용), 蓉(연꽃 용) 등이 있다.

   金(금)의 본래 자형은 '주물(鑄物)을 붓는 모형(模型)과 쇳물이 흐르는 모양[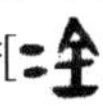]' 으로 대부분 '금속' 과 관련이 있는 뜻을 나타낸다. 예를 들면, 鍼(한의에서 사용하는 침 침), 針(바늘 침), 銀(은 은), 鍛(쇠 불릴 단) 등이 있다.

자의(字意)

可鎔(가용)은 '녹일 수 있는' 즉 '금속이 비교적 낮은 온도에서도 잘 녹는' 이라는 뜻이다.

■ 동음이의어(同音異義語)

可溶(가용) – 액체에 잘 녹는

可容人口(가용인구) – '포용 가능한 인구' 라는 뜻으로, 식량 소비 면에서 볼 때 지구상에서 '부양이 가능한 인구' 라는 뜻이다.

可用(가용) – '사용 가능한'

家用(가용) – 집안 살림에서 쓰이는 것.

005

肝: 간 간 膽: 쓸개 담

肝 膽

간 간　　쓸개 담

자형(字形)

1. 肝(간)은 형성자(形聲字)로서 자형 구조는 좌우구조◑라고 볼 수 있다. 왼쪽에는 포괄적인 뜻을 나타내는 부수(部首) 月(肉고기 육)이 있고, 오른쪽에는 발음을 나타내는 干(방패 간)이 있다.
   干(간)이 '간' 이라는 발음으로 읽히는 글자로는 奸(범할 간), 竿(장대 간), 杆(나무 이름 간), 刊(책 펴낼 간), 幹(줄기 간) 등이 있다.
   月(육)의 본래 자형은 '고기 덩이 모양[]' 으로 대부분 '신체 부위' 또는 '살' 과 관련이 있는 뜻을 나타낸다. 예를 들면, 肩(어깨 견), 肢(사지 지), 肺(허파 폐), 膀(오줌통 방), 胱(오줌통 광), 腸(창자 장) 등이 있다.
2. 膽(담)은 형성자(形聲字)로서 자형 구조는 좌우구조◑라고 볼 수 있다. 왼쪽에는 포괄적인 뜻을 나타내는 부수(部首) 月(肉고기 육)이 있고, 오른쪽에는 발음을 나타내는 詹(이를 첨)이 있다.
   詹(첨)이 '담' 이라는 발음으로 읽히는 글자로는 擔(멜 담), 澹(담박할 담), 憺(편안할 담) 등이 있고, '첨' 이라는 발음으로 읽히는 글자로는 瞻(볼 첨) 등이 있고, '섬' 이라는 발음으로 읽히는 글자로는 贍(넉넉할 섬) 등이 있다.

자의(字意)

肝膽(간담)은 '간과 쓸개' 또는 속마음을 말한다. 예) 간담이 서늘하다.

肝膽相照(간담상조): '간과 쓸개조차도 서로에게 내비칠' 것처럼 서로 마음을 내보이며 친하게 지냄.

■ 동음이의어(同音異義語)

懇談(간담) – '성의를 다하여 말하다' 즉 부드러운 분위기에서 서로의 마음을 터놓고 이야기하는 것을 말한다. → 간담회(懇談會)

006 間; 사이 간 選; 가릴 선

間 選
사이 간 가릴 선

자형(字形)

1. 間(간)은 본래 閒(한)의 속자(俗字)이었다고 한다. 閒(한)은 '달(月)빛이 새어 들어오는 문(門)틈'으로 '틈'이라는 뜻을 나타내다가, 나중에는 달(月)빛이 햇(日)빛으로 바뀌었다. 현재는 '사이' '틈'이라는 뜻으로 일반적으로 間(간)을 사용한다. 間(간)은 門(문 문)과 日(해 일)로 구성된 내외구조의 회의자(會意字)이다. 間(간)의 본래 의미는 '사이' '틈'이고, 여기에서 '이간질하다(사이를 두게 하다)' 등의 뜻으로 확대된 것 같다.

   間(간)이 '간'이라는 발음으로 읽히는 글자로는 簡(대쪽 간), 癇(간질 간), 澗(산골물 간), 磵(澗과 同字) 등이 있다.

   門(문)의 본래 자형은 '두 짝으로 된 문의 모양[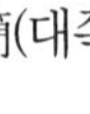]'으로 대부분 '문' 또는 '집'과 관련이 있는 뜻을 나타낸다. 예를 들면, 開(열 개), 閉(닫을 폐), 閤(쪽문 합), 閥(기둥 벌), 闕(대궐문 궐), 關(빗장 관), 閣(다락집 각) 등이 있다.

2. 選(선)은 형성자(形聲字)로서 자형 구조는 좌우구조◑라고 볼 수 있다. 왼쪽에는 포괄적인 뜻을 나타내는 부수(部首) 辶(辵 쉬엄쉬엄 갈 착)이 있고, 오른쪽에는 발음을 나타내는 巽(손괘 손)이 있다. 選(선)의 본래 의미는 '동작성'과 관계있는 '가리다'라는 뜻을 나타낸다.

巽(손)이 '선' 이라는 발음으로 읽히는 글자로는 襈(서두를 선) 등이 있고, '찬' 이라는 발음으로 읽히는 글자로는 撰(지을 찬), 饌(반찬 찬) 등이 있다.

辶(착)의 본래 자형은 '彳(척)' 과 '止(지)' 로 구성되어 있다. '彳(척)' 은 본래 '사거리 모양[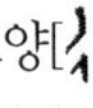]' 을 그린 '行(행)' 의 약자(略字)이었고, 止(지)의 본래 자형은 '세 개의 발가락과 발바닥 모양[]' 을 나타내었다. 이 모두가 '움직임' 과 관련 있어 辶(착)은 대부분 '동작' 과 관련 있는 뜻을 나타낸다. 예를 들면, 迫(닥칠 박), 迷(헤맬 미), 追(쫓을 추), 進(나아갈 진), 退(물러날 퇴), 遠(멀 원), 近(가까울 근) 등이 있다.

자의(字意)

間選(간선)은 '간접으로 뽑다' 즉 '간접 선거' 의 준말이다. 피선거인을 선거할 선거 위원을 선거하고 그 선거 위원이 피선거인을 선거하는 제도를 말한다. → 직접선거(直接選擧)

■ 동음이의어(同音異義語)

幹線(간선) – '줄기가 되는 선' 즉 중심이 되는 도로나 철도를 말한다.
→ 간선도로(幹線道路)

間 紙

사이 간　　　종이 지

자형(字形)

1. 間(간)은 본래 閒(한)의 속자(俗字)이었다고 한다. 閒(한)은 '달(月)빛이 새어 들어오는 문(門)틈'으로 '틈'이라는 뜻을 나타내다가, 나중에는 달(月)빛이 햇(日)빛으로 바뀌었다. 현재는 '사이' '틈'이라는 뜻으로 일반적으로 間(간)을 사용한다. 間(간)은 門(문 문)과 日(해 일)로 구성된 내외구조의 회의자(會意字)이다. 間(간)의 본래 의미는 '사이' '틈'이고, 여기에서 '이간질하다(사이를 두게 하다)' 등의 뜻으로 확대된 것 같다.
   間(간)이 '간'이라는 발음으로 읽히는 글자로는 簡(대쪽 간), 癇(간질 간), 澗(산골물 간) 등이 있다.
   門(문)의 본래 자형은 '두 짝으로 된 문의 모양[]'으로 대부분 '문' 또는 '집'과 관련이 있는 뜻을 나타낸다. 예를 들면, 開(열 개), 閉(닫을 폐), 閤(쪽문 합), 閥(기둥 벌), 闕(대궐문 궐), 關(빗장 관), 閣(다락집 각) 등이 있다.
2. 紙(지)는 형성자(形聲字)로서 자형 구조는 좌우구조◑라고 볼 수 있다. 왼쪽에는 포괄적인 뜻을 나타내는 부수(部首) 糸(가는 실 사{멱})가 있고, 오른쪽에는 발음을 나타내는 氏(씨 씨)가 있다. 紙(지)는 주로 식물성 섬유로 얇고 판판하게 만든 물건을 말하는데, 처음에는 아

마도 천에 가까운 상태이어서 糸(사)를 부수로 삼았던 것 같다.

氏(씨)가 '지' 라는 발음으로 읽히는 글자로는 祗(공경할 지), 砥(숫돌 지), 舐(핥을 지) 등이 있고, '기' 라는 발음으로 읽히는 글자로는 祇(토지의 신 기{마침 지}), 蚔(청개구리 기), 衹(가사 기) 등이 있다.

糸(사)의 본래 자형은 '실타래 모양[]' 으로 대부분 '실(줄, 옷감)' → '물들이다(색깔)' 과 관련이 있는 뜻을 나타낸다. 예를 들면, 纖(가는 줄 섬), 維(바 유), 綱(벼리 강), 網(그물 망), 綿(솜 면), 緖(실마리 서) 등이 있다.

자의(字意)

間紙(간지)는 책이나 문서 사이에 넣거나, 책장 사이에 끼워 넣은 얇은 종이나 따로 인쇄된 쪽을 말한다.

■ 동음이의어(同音異義語)

干支(간지) – 천간(天干)과 지지(地支) 즉 십간(十干)과 십이지(十二支)를 말한다.

008 甘; 달 감 味; 맛 미

甘 味

달감　　　맛미

자형(字形)

1. 甘(감)은 본래 '입(口) 속에 무엇(一)인가 물고 있는 모양'으로 '달다'라는 뜻을 나타내는 상형자(象形字)이었다. 현재는 자형이 변화하여 口(입 구)의 모양을 알아 볼 수 없게 되었다. 甘(감)은 제 부수(部首)인데, 의미상 관련 있는 글자로는 甛(달 첨)밖에 없다.
   甘(감)이 '감'이라는 발음으로 읽히는 글자로는 柑(홍귤나무 감), 疳(감질 감), 紺(감색 감), 嵌(산 깊을 감) 이 있고, '겸'이라는 발음으로 읽히는 글자로는 箝(재갈 먹일 겸), 鉗(형틀 칼 겸) 등이 있다.
2. 味(미)는 형성자(形聲字)로서 자형 구조는 좌우구조◐라고 볼 수 있다. 왼쪽에는 포괄적인 뜻을 나타내는 부수(部首) 口(입 구)가 있고, 오른쪽에는 발음을 나타내는 未(아닐 미)가 있다. 味(미)의 본래 뜻은 '맛'이다. 그래서 맛을 보는 기관(器官)인 '입'을 나타내는 '口(구)'를 부수(部首)로 하고 있다.
   未(미)가 '미'라는 발음으로 읽히는 글자로는 菋(오미자 미) 등이 있고, '매'라는 발음으로 읽히는 글자로는 昧(새벽 매), 魅(도깨비 매), 妹(누이 매), 寐(잠잘 매) 등이 있다.
   口(구)의 본래 자형은 '입 모양[]'으로 대부분 '입'이나 '소리'와 관련이 있는 뜻을 나타낸다. 예를 들면, 呑(삼킬 탄), 吹(불 취), 哺

(먹을 포), 咆(으르렁거릴 포), 哮(으르렁거릴 효), 呻(끙끙거릴 신), 吟(읊을 음), 唱(노래 창) 등이 있다.

자의(字意)

甘味(감미)는 '단 맛'을 말한다. → 감미(甘味)로운 음악, 감미료(甘味料)

■ 동음이의어(同音異義語)

甘美(감미) – 달콤하고 좋은 느낌을 말한다.

009

監; 볼 감 査; 조사할 사

監 査

볼 감 　　 조사할 사

자형(字形)

1. 監(감)은 본래 '사람(人인)이 눈(臣신)으로 그릇(皿명)에 담긴 물(一)에 얼굴을 비추어 보는 모양'으로 '보다'라는 뜻을 나타내는 회의자(會意字)이었다. 현재는 자형이 변화하여 본래의 상형적인 모습을 알아볼 수 없게 되었다.
   監(감)이 '감'이라는 발음으로 읽히는 글자로는 鑑(거울 감) 이 있고, '함'이라는 발음으로 읽히는 글자로는 艦(싸움배 함), 檻(우리 함) 등이 있고, '람'이라는 발음으로 읽히는 글자로는 藍(쪽 람), 濫(퍼질 람), 籃(바구니 람), 覽(볼 람), 襤(누더기 람) 등이 있다.
   皿(명)의 본래 자형은 '그릇 모양[]'으로 대부분 '그릇'과 관련이 있는 뜻을 나타낸다. 예를 들면, 盒(합 합), 盆(동이 분), 盃(杯잔 배), 盞(잔 잔), 盈(그릇을 채울 영), 盛(그릇에 담을 성) 등이 있다.
2. 査(사)는 형성자(形聲字)로서 자형 구조는 상하구조◒라고 볼 수 있다. 위에는 포괄적인 뜻을 나타내는 부수(部首) 木(나무 목)이 있고, 아래에는 발음을 나타내는 且(또 차)가 있다. 査(사)의 본래 의미는 부수 木(목)과 관련있는 '문을 닫아 통행을 저지하는 나무 난간'이다. 여기에서 다시 '조사하다' 등의 뜻으로 확대되어 사용되고 있다.
   且(차)가 '사'라는 발음으로 읽히는 글자로는 渣(찌끼 사), 柤(난간 사)

등이 있고, '조' 라는 발음으로 읽히는 글자로는 助(도울 조), 組(조직할 조), 祖(조상 조), 租(세금 조), 粗(거칠 조), 阻(험할 조), 俎(도마 조) 등이 있다.

木(목)의 본래 자형은 '나무의 뿌리와 가지 모양[]'으로 대부분 '나무'와 관련이 있는 뜻을 나타낸다. 예를 들면, 本(뿌리 본), 植(나무를 심다 식), 楓(단풍나무 풍), 機(나무로 만든 틀 기) 등이 있다.

자의(字意)

監査(감사) - 법적 권한이 있는 기관에서 감독(監督)하고 조사(調査)하다.

■ 동음이의어(同音異義語)

監事(감사) - 감독하고 조사하는 직책을 맡은 사람.

監司(감사) - 조선 때에 각 도의 정사를 맡던 높은 관리 즉 관찰사(觀察使)를 말한다.

感謝(감사) - 고마움.

感 想

느낄 감　　생각할 상

자형(字形)

1. 感(감)은 형성자(形聲字)로서 자형 구조는 상하구조◓라고 볼 수 있다. 위에는 발음을 나타내는 咸(함)이 있고, 아래에는 포괄적인 뜻을 나타내는 부수(部首) 心(마음 심)이 있다. 感(감)의 본래 뜻은 '느끼다'이다. 그래서 '심리적인 작용'과 관계 있는 뜻을 나타내는 '心(심)'을 부수(部首)로 하고 있다.

   咸(함)이 '감'이라는 발음으로 읽히는 글자로는 減(덜 감), 憾(섭섭할 감) 등이 있고, '함'이라는 발음으로 읽히는 글자로는 喊(소리칠 함), 緘(봉할 함), 鹹(짤 함) 등이 있다.

   心(심)의 본래 자형은 '심장의 모양[]'으로 대부분 '심리적인 작용'과 관련이 있는 뜻을 나타낸다. 예를 들면, 愛(사랑 애), 惜(아낄 석), 愁(시름 수), 惱(괴로워할 뇌) 등이 있다.

2. 想(상)은 형성자(形聲字)로서 자형 구조는 상하구조◓라고 볼 수 있다. 위에는 발음을 나타내는 相(서로 상)이 있고, 아래에는 포괄적인 뜻을 나타내는 부수(部首) 心(마음 심)이 있다.

   相(상)이 '상'라는 발음으로 읽히는 글자로는 箱(상자 상), 霜(서리 상), 孀(과부 상), 廂(행랑 상), 湘(강 이름 상) 등이 있다.

자의(字意)

感想(감상) - 마음속에서 느끼어 일어나는 생각.

■ 동음이의어(同音異義語)

感傷(감상) - 슬픈 느낌.

鑑賞(감상) - 예술 작품을 음미하며 이해하고 즐기다.

011

監; 볼 감 空; 다스릴 수

監 修

볼 감　　　다스릴 수

자형(字形)

1. 監(감)은 본래 '사람(人인)이 눈(臣신)으로 그릇(皿명)에 담긴 물(一)에 얼굴을 비추어 보는 모양'으로 '보다'라는 뜻을 나타내는 회의자(會意字)이었다. 현재는 자형이 변화하여 본래의 상형적인 모습을 알아볼 수 없게 되었다.

   監(감)이 '감'이라는 발음으로 읽히는 글자로는 鑑(거울 감) 이 있고, '함'이라는 발음으로 읽히는 글자로는 艦(싸움배 함), 檻(우리 함) 등이 있고, '람'이라는 발음으로 읽히는 글자로는 藍(쪽 람), 濫(퍼질 람), 籃(바구니 람), 覽(볼 람), 襤(누더기 람) 등이 있다.

   皿(명)의 본래 자형은 '그릇 모양[]'으로 대부분 '그릇'과 관련이 있는 뜻을 나타낸다. 예를 들면, 盒(합 합), 盆(동이 분), 盃(杯잔 배), 盞(잔 잔), 盈(그릇을 채울 영), 盛(그릇에 담을 성) 등이 있다.

2. 修(수)는 형성자(形聲字)로서 자형 구조는 대략 상하구조◓라고 볼 수 있다. 본래 위에는 발음을 나타내는 攸(바 유)가 있고, 아래에는 포괄적인 뜻을 나타내는 彡(터럭 삼)이 있다. 그러나 修(수)는 현재 부수 人(인)에 포함되어 있다.

   攸가 '수'라는 발음으로 읽히는 글자로는 脩(포 수) 등이 있고, '유'라는 발음으로 읽히는 글자로는 悠(멀 유) 등이 있다.

監修(감수) – 서적을 편찬하는 것을 지도 · 감독함.

■ 동음이의어(同音異義語)

甘受(감수) – 괴롭거나 힘든 일을 달게 받아들이다.

減收(감수) – 수확(收穫)이 줄어들다. 예) 농림부 "휴~ 쌀 생산 줄었네" / 경지면적 · 일조량 줄어 올 4.5% 減收예상 / 재고 · 입쌀에 더한 공급과다 걱정 덜어 / 농민들 "소비도 줄어 값폭락 못 막을 것"(한국아이닷컴[한국일보], 김신영 기자 ddalgi@hk.co.kr, 입력시간 : 2005/10/06 19:48)

減壽(감수) – 수명이 줄어들다. 예) 십년감수(十年減壽)했다.

012

鑑: 거울 감 識: 알 식

鑑 識

거울 감　　　알 식

자형(字形)

1. 鑑(감)은 형성자(形聲字)로서 자형 구조는 좌우구조◑라고 볼 수 있다. 왼쪽에는 포괄적인 뜻을 나타내는 부수(部首) 金(쇠 금)이 있고, 오른쪽에는 발음을 나타내는 監(볼 감)이 있다. 鑑(감)의 본래 뜻은 '보는(監) 데에 사용하는 쇠(金)로 만든 물건' 즉 '거울'이다.
   監(감)이 '감'이라는 발음으로 읽히는 글자로는 礛(숫돌 감) 이 있고, '함'이라는 발음으로 읽히는 글자로는 艦(싸움배 함), 檻(우리 함) 등이 있고, '람'이라는 발음으로 읽히는 글자로는 藍(쪽 람), 濫(퍼질 람), 籃(바구니 람), 覽(볼 람), 襤(누더기 람) 등이 있다.
   金(금)의 본래 자형은 '주물(鑄物)을 붓는 모형(模型)과 쇳물이 흐르는 모양[]'으로 대부분 '쇠'나 '광물'과 관련이 있는 뜻을 나타낸다. 예를 들면, 針(바늘 침), 鉛(납 연), 銀(은 은), 銅(구리 동) 등이 있다.
2. 識(식)은 형성자(形聲字)로서 자형 구조는 좌우구조◑라고 볼 수 있다. 왼쪽에는 포괄적인 뜻을 나타내는 부수(部首) 言(말씀 언)이 있고, 오른쪽에는 발음을 나타내는 戠(찰진 흙 시)가 있다.
   戠(시)가 '식'이라는 발음으로 읽히는 글자로는 蘵(쓴너삼 식) 등이 있고, '직'이라는 발음으로 읽히는 글자로는 織(짤 직), 蟙(박쥐 직) 등이 있고, '치'라는 발음으로 읽히는 글자로는 熾(성할 치), 幟(기치) 등이 있다.

자의(字意)

鑑識(감식) – 감정하여 식별하다.

- 동음이의어(同音異義語)

  減食(감식) – 식사의 양을 줄이다.

013 憾; 원망할 감 情; 뜻 정

憾 情

원망할 감　　　뜻 정

자형(字形)

1. 憾(감)은 형성자(形聲字)로서 자형 구조는 좌우구조◑라고 볼 수 있다. 왼쪽에는 포괄적인 뜻을 나타내는 부수(部首) 忄(心마음 심)이 있고, 오른쪽에는 발음을 나타내는 咸(다 함)이 있다.
   咸(함)이 '감' 이라는 발음으로 읽히는 글자로는 減(덜 감), 感(느낄 감) 등이 있고, '함' 이라는 발음으로 읽히는 글자로는 喊(소리칠 함), 緘(봉할 함), 鹹(짤 함) 등이 있다.
   心(심)의 본래 자형은 '심장의 모양[]' 으로 대부분 '심리적인 작용' 과 관련이 있는 뜻을 나타낸다. 예를 들면, 愛(사랑 애), 惜(아낄 석), 愁(시름 수), 惱(괴로워할 뇌) 등이 있다.
2. 情(정)은 형성자(形聲字)로서 자형 구조는 좌우구조◑라고 볼 수 있다. 왼쪽에는 포괄적인 뜻을 나타내는 忄(心마음 심)이 있고, 오른쪽에는 발음을 나타내는 靑(푸를 청)이 있다.
   靑(청)이 '정' 이라는 발음으로 읽히는 글자로는 睛(눈동자 정), 靜(고요할 정), 精(자세할 정), 靖(편안할 정), 瀞(맑을 정) 등이 있고, '청' 이라는 발음으로 읽히는 글자로는 淸(맑을 청), 請(청할 청), 晴(갤 청), 鯖(청어 청), 菁(우거질 청) 등이 있다.

자의(字意)

憾情(감정) – 남에 대하여 불만을 품거나 원망하거나 언짢게 여기는 마음. 예) 감정(憾情)을 품다(풀다). 너 나한테 감정(憾情) 있냐?

■ 동음이의어(同音異義語)

感情(감정) – 마음에 일어나는 느낌.

鑑定(감정) – 사물의 값어치를 살펴서 판정함.

014 强; 굳셀 강 勸; 권할 권

强 勸

굳셀 강　　권할 권

자형(字形)

1. 强(강)은 형성자(形聲字)로서 자형 구조는 좌·상하(左·上下)구조라고 볼 수 있다. 왼쪽과 오른쪽 위부분에는 발음을 나타내는 弘(넓을 홍)이 있고, 오른쪽 아래 부분에는 포괄적인 뜻을 나타내는 부수(部首) 虫(벌레 충{훼})가 있다.
   弘(홍)이 '강'이라는 발음으로 읽히는 글자로는 犟(고집셀 강) 등이 있고, '홍'이라는 발음으로 읽히는 글자로는 泓(깊을 홍) 등이 있다.
   虫(충)의 본래 자형은 '살무사의 머리와 꼬리 모양[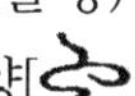]'으로 虺(살무사 훼)의 본자이다. 대부분 '파충류' 또는 '벌레'와 관련이 있는 뜻을 나타낸다. 예를 들면, 蛇(뱀 사), 蛙(개구리 와), 蟾(두꺼비 섬), 蝦(두꺼비 하), 蟹(게 해), 蝴(나비 호), 蟬(매미 선), 螢(개똥벌레 형) 등이 있다.
2. 勸(권)은 형성자(形聲字)로서 자형 구조는 좌우구조◐라고 볼 수 있다. 왼쪽에는 발음을 나타내는 雚(황새 관)이 있고, 오른쪽에는 포괄적인 뜻을 나타내는 力(힘 력)이 있다.
   雚(관)이 '권'이라는 발음으로 읽히는 글자로는 權(저울추 권) 등이 있고, '관'이라는 발음으로 읽히는 글자로는 灌(물 댈 관), 罐(두레박 관), 觀(볼 관) 등이 있고, '환'이라는 발음으로 읽히는 글자로는 歡

(기뻐할 환) 등이 있다.

자의(字意)

强勸(강권) – 억지로 권하다. 예) 술을 강권(强勸)하는 사회

■ 동음이의어(同音異義語)

强權(강권)[–꿘ㄴ] – 강제(强制)하는 권력. 예) 강권통치(强權統治), 강권(强權)을 발동하다.

015

剛; 굳셀 강 斷; 끊을 단

剛 斷

굳셀 강 끊을 단

자형(字形)

1. 剛(강)은 형성자로서 자형구조는 좌우구조◐이다. 왼쪽에는 발음을 나타내는 岡(산등성이 강)이 있고, 오른쪽에는 포괄적인 뜻을 나타내는 부수 刀(칼 도)가 있다. 刀(도)의 본래 자형은 '칼 모양[]'으로 대부분 '칼'이나 칼의 용도인 '베다, 자르다' 등과 관련이 있는 뜻을 나타낸다.
2. 斷(단)은 회의자로서 자형구조는 좌우구조이다. 왼쪽은 현재는 사용되지 않는 글자인데 '칼(刀도)로 실(幺요)을 자르는 모양'으로 絕(절)자라고 한다. 오른쪽에는 포괄적인 뜻을 나타내는 부수 斤(도끼 근)이 있다. 斤(근)의 본래 자형은 '도끼 모양[]'으로 대부분 '도끼'나 도끼의 용도인 '끊다'와 관련이 있는 뜻을 나타낸다.

자의(字意)

剛斷(강단)–단단하고 야무진 성질.

- 동음이의어(同音異義語)

  講壇(강단)–강의나 연설을 할 때 올라서는 약간 높게 만든 자리.

■ 동음자(同音字)

· 岡-(강)

강- 綱(벼리 강): 行動綱領(행동강령)

鋼(강철 강): 鋼鐵(강철)

崗(岡 '산등성이 강' 의 俗字), 堈(언덕 강) 등

016

强 盛

굳셀 강 성할 성

자형(字形)

1. 强(강)은 형성자로서 본래 자형구조는 좌 · 상하구조라고 한다. 왼쪽과 오른쪽 윗부분에는 발음을 나타내는 弘(넓을 홍)이 있고, 오른쪽 아랫부분에는 뜻을 나타내는 부수 虫(벌레 충)이 있다. 强(강)은 본래 '쌀벌레' 라는 뜻이었으나 현재는 '강하다' 라는 뜻으로 사용되고 있으며, 부수도 弓(활 궁)으로 변했다. 弓(활 궁)의 본래 자형은 '시위가 풀어져 있는 활의 모양[]' 으로 대부분 '활' 과 관련이 있는 뜻을 나타낸다.
2. 盛(성)은 형성자로서 자형구조는 상하구조◓이다. 위에는 발음을 나타내는 成(성)이 있고, 아래에는 뜻을 나타내는 皿(그릇 명)이 있다. 皿(명)의 본래 자형은 '그릇 모양[]' 으로 대부분 '그릇' 과 관련이 있는 뜻을 나타낸다.

자의(字意)

强盛(강성)– 세력이 강하고 왕성하다.

- 동음이의어(同音異義語)
  强性(강성)– 거세고 공격적인 성격.

鋼; 강철 강 板; 널빤지 판 017

鋼 板

강철 강　　널빤지 판

자형(字形)

1. 鋼(강)은 형성자로서 자형 구조는 좌우구조◑이다. 왼쪽에는 뜻을 나타내는 부수 金(쇠 금)이 있고, 오른쪽에는 발음을 나타내는 岡(산등성이 강)이 있다. 金(금)의 본래 자형은 '주물(鑄物)을 붓는 모형(模型)과 쇳물이 흐르는 모양[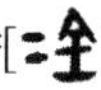]'으로 대부분 '쇠'나 '광물'과 관련이 있는 뜻을 나타낸다.
2. 板(판)은 형성자로서 자형 구조는 좌우구조다. 왼쪽에는 뜻을 나타내는 부수 木(나무 목)이 있고, 오른쪽에는 발음을 나타내는 反(되돌릴 반)이 있다. 木(목)의 본래 자형은 '나무의 뿌리와 가지 모양[]'으로 대부분 '나무'와 관련이 있는 뜻을 나타낸다.

자의(字意)

鋼板(강판)- 강철판.

■ 동음이의어(同音異義語)

薑板(강판)- 과일·무 등의 즙을 내거나 잘게 가는 데 쓰는 부엌용 기구.

降板(강판)- 야구에서 투수가 공을 잘 던지지 못해 경기에서 물러나는 일.

018 槪: 대개 개 觀: 볼 관

槪 觀

대개 개　　　볼 관

자형(字形)

1. 槪(개)는 형성자로서 자형 구조는 좌우구조◐이다. 왼쪽에는 포괄적인 뜻을 나타내는 부수 木(나무 목)이 있고, 오른쪽에는 발음을 나타내는 旣(이미 기)가 있다. 槪(개)는 부수 '나무 木'과 관계있는 '평미레'가 본뜻이다. 木(목)의 본래자형은 '나무의 뿌리와 가지 모양[]'으로 대부분 '나무'와 관련이 있는 뜻을 나타낸다.
2. 觀(관)은 형성자로서 자형 구조는 좌우구조◐이다. 왼쪽에는 발음을 나타내는 雚(황새 관)이 있고, 오른쪽에는 포괄적인 뜻을 나태나는 見(볼 견)이 있다. 見(견)의 본래 자형은 '사람의 눈과 무릎 꿇고 앉아 있는 모양[]'으로 대부분 '보다'와 관련이 있는 뜻을 나타낸다.

자의(字意)

槪觀(개관)– 대강 살펴보다.

- 동음이의어(同音異義語)

開館(개관)– 박물관 등의 시설을 신설하고 그 업무를 시작함.

■ 동음자(同音字)

· **旣(기)-(개)**

慨(분개할 개): 感慨無量(감개무량)하다

漑(물 댈 개): 灌漑用水(관개용수)

拒 否

막을 거　　아닐 부

자형(字形)

1. 拒(거)는 형성자로서 자형구조는 좌우구조◑이다. 왼쪽에는 포괄적인 뜻을 나타내는 부수 手(손 수)가 있고, 오른쪽에는 발음을 나타내는 巨(클 거)가 있다. 手(수)의 본래 자형은 '다섯 손가락의 모양[]'으로 대부분 '동작'과 관련이 있는 뜻을 나타낸다.
2. 否(부)는 형성자로서 자형구조는 상하구조◓이다. 위에 발음을 나타내는 不(아닐 불)이 있고, 아래에는 포괄적인 뜻을 나타내는 부수 口(구)가 있다. 口(구)의 본래 자형은 '입 모양[]'으로 대부분 '입'과 관련이 있는 뜻을 나타낸다.

자의(字意)

拒否(거부)– 받아들이지 않고 물리치다.

- 동음이의어(同音異義語)
  巨富(거부)– 아주 큰 부자.

■ 동음자(同音字)

· 巨(거)

거 – 距(떨어질 거): 距離(거리)

炬(횃불 거), 鋸(톱 거), 渠(도랑 거) 등

冷 情
찰 랭 심정 정

자형(字形)

1. 冷(랭)은 형성자(形聲字)로서 자형 구조는 좌우구조◑라고 볼 수 있다. 왼쪽에는 포괄적인 뜻을 나타내는 부수(部首) 冫(얼음 빙)이 있고, 오른쪽에는 발음을 나타내는 令(명령 령)이 있다.
2. 情(정)은 형성자(形聲字)로서 자형 구조는 좌우구조◑라고 볼 수 있다. 왼쪽에는 포괄적인 뜻을 나타내는 부수(部首) 忄[心(마음 심)][1]이 있고, 오른쪽에는 발음을 나타내는 靑(푸를 청)이 있다.

자의(字意)

冷情(냉정) – 매정하고 쌀쌀하다.
– 冷情(냉정)하게 拒絕(거절)하다. 冷情(냉정)한 얼굴

- 동음이의어(同音異義語)

冷靜(냉정) – 感情(감정)에 左右(좌우)되지 않고 차분한 것을 말한다.
– 冷靜(냉정)하게 判斷(판단)하다. 冷靜(냉정)을 되찾다.

1 心(마음 심) → 想(생각할 상); 忄 → 情(뜻 정); ⺗ → 恭(공손할 공)

■ 동음자(同音字)

· 令- (령)

領(頁; 옷깃>중요한 부분; 다스리다) - 領袖會談(영수회담), 行動綱領(행동강령); 領土(영토), 領海(영해)

嶺(山; 재) - 嶺南(영남), 嶺東(영동)

玲(王=玉; 옥소리) - 玲瓏(영롱)

齡(齒; 나이) - 妙齡(묘령), 老齡(노령), 年齡(연령)

零(雨; 떨어지다; 적다; 영) - 零落(영락); 零細民(영세민); 零度(영도) 零上(영상), 零下(영하)

鈴(방울 령{영}; 金-총13획; ling) - 搖鈴(요령-손에 쥐고 흔들어 소리 내는 방울 모양의 종)

伶(亻=人; 영리하다) - 伶俐(영리)하다

怜(忄=心; 영리하다) - 怜悧(영리)하다

囹(囗; 옥) - 囹圄(영어-감옥)의 몸이 되다

羚(羊; 영양) - 羚羊(영양)

翎(羽; 깃)

笭(竹; 도꼬마리)

岺(山; 재)

聆(耳; 듣다)

021

露; 이슬 로 宿; 묵을 숙

露 宿

이슬 로 묵을 숙

자형(字形)

1. 露(로)는 형성자(形聲字)로서 자형 구조는 상하구조◒라고 볼 수 있다. 위에는 포괄적인 뜻을 나타내는 부수(部首) 雨(비 우)가 있고, 아래에는 발음을 나타내는 '路(길 로)' 가 있다. 본래 뜻은 雨(우)와 관련 있는 '이슬' 이라는 뜻인데, 밖에서 자면 이슬을 맞게 되므로 '한데' 또는 '위를 가리지 않은 곳' 등의 뜻으로도 사용된다.

   雨(우)의 본래 자형은 '하늘에서 빗방울이 떨어지는 모양[]' 으로 대부분 '기상(氣象)' 과 관련이 있는 뜻을 나타낸다. 예를 들면, 雲(구름 운), 震(천둥소리 진), 霧(안개 무) 등이 있다.

2. 宿(숙)은 회의자(會意字)로서 자형 구조는 상하구조◒라고 볼 수 있다. '집(宀 면)에서 사람(亻 인)이 자리(百백)에 누워 있는 모양' 으로 위에는 포괄적인 뜻을 나타내는 부수(部首) 宀(집 면)이 있고, 아래에는 발음을 나타내는 요소가 있다고 하나 현재는 그 자형을 알아 볼 수 없게 변화하였다.

   宀(면)의 본래 자형은 '집의 지붕과 외벽의 모양[]' 으로 대부분 '집' 과 관련이 있는 뜻을 나타낸다. 예를 들면, 寄(머무를 기), 寓(머무를 우), 客(손 객), 家(집 가) 등이 있다.

자의(字意)

露宿(노숙)은 '집밖에서 이슬 맞으며 자다' 즉, 한데서 자는 것을 말한다.
→ 露宿者(노숙자)

■ 동음이의어(同音異義語)

老熟(노숙) – '오래되어 숙달되다' 즉 오랜 경험이 있어 숙련되어 있다는 것을 말한다.

老宿(노숙) – 학식이 높고 견문이 넓은 사람. 오래 수행(修行)하여 불도(佛道)에 지식이 많은 스님.

■ 활용(活用)

露(雨; 이슬, 바깥; 드러내다) – 露天劇場(노천극장), 露店商人(노점상인); 露出(노출), 暴露(폭로)하다, 綻露(탄로)나다

宿(宀; 묵다; 오랜) – 宿泊(숙박), 寄宿舍(기숙사), 宿所(숙소); 宿願(숙원), 宿敵(숙적), 宿患(숙환)

綠 化

초록빛 록 될 화

자형(字形)

1. 綠(록)은 형성자(形聲字)로서 자형 구조는 좌우구조◑라고 볼 수 있다. 왼쪽에는 포괄적인 뜻을 나타내는 부수(部首) 糸(가는 실 사{멱})가 있고, 오른쪽에는 발음을 나타내는 彔(나무 깎을 록)이 있다.
   彔(록)이 '록' 이라는 발음으로 읽히는 글자로는 錄(기록할 록), 碌(돌 모양 록), 祿(복 록), 菉(조개풀 록) 등이 있다.
   糸(사)의 본래 자형은 '실타래 모양[]' 으로 대부분 '실(줄, 옷감)' → '물들이다(색깔)' 과 관련이 있는 뜻을 나타낸다. 예를 들면, 纖(가는 줄 섬), 維(바 유), 綱(벼리 강), 網(그물 망), 綿(솜 면), 緖(실마리 서), 紅(붉을 홍), 綠(초록빛 록), 紺(감색 감), 紫(자주빛 자), 絳(진홍 강) 등이 있다.
2. 化(화)는 형성자(形聲字)로서 자형 구조는 좌우구조◑라고 볼 수 있다. 왼쪽에는 포괄적인 뜻을 나타내는 부수(部首) 亻(人사람 인)이 있고, 오른쪽에는 발음을 나타내는 匕(화)가 있다.
   化(화)가 '화' 라는 발음으로 읽히는 글자로는 貨(재화 화), 花(꽃 화), 靴(신 화) 등이 있고, '와' 라는 발음으로 읽히는 글자로는 訛(그릇될 와) 등이 있다.

자의(字意)

綠化(녹화)는 '푸르게 만드는 것' 즉 산이나 들에 나무를 심어 푸르게 만드는 것을 말한다. → 산림녹화(山林綠化)

- 동음이의어(同音異義語)

錄畫(녹화) – '화면을 기록하다' 즉 실제 장면을 나중에 볼 수 있도록 비디오테이프에 기록해 두는 것을 말한다.

023

論; 말할 론 告; 알릴 고

論 告

말할 론　　알릴 고

자형(字形)

1. 論(론)은 형성자(形聲字)로서 자형 구조는 좌우구조◑라고 볼 수 있다. 왼쪽에는 포괄적인 뜻을 나타내는 부수(部首) 言(말씀 언)이 있고, 오른쪽에는 발음을 나타내는 侖(둥글 륜)이 있다. 論(론)의 본래 의미는 아마도 言(언)과 관련 있는 '말하다' 이고, 여기에서 '논하다' '견해' 등의 뜻으로 확대된 것 같다.

   侖(륜)이 '론' 이라는 발음으로 읽히는 글자로는 惀(생각할 론) 등이 있고, '륜' 이라는 발음으로 읽히는 글자로는 倫(인륜 륜), 輪(바퀴 륜), 淪(잔물결 륜), 綸(낚싯줄 륜) 등이 있다.

   言(언)의 본래 자형은 '악기를 입에 물고 있는 모양[]' 으로 '(말)소리' 를 나타낸다. 대부분 '말' 과 관련이 있는 뜻을 나타낸다. 예를 들면, 講(설명할 강), 謳(노래할 구), 譏(나무랄 기), 談(말씀 담) 등이 있다.

2. 告(고)는 본래 '희생(犧牲)할 소(牛)를 바치고 아뢰다(口)' 라는 뜻을 의미하며, 牛(소 우)와 口(입 구)로 구성된 상하구조의 회의자(會意字)이다. 告(고)의 본래 의미는 아마도 口(구)와 관련 있는 '아뢰다' 이고, 여기에서 '알리다' '소송하다' 등의 뜻으로 확대된 것 같다.

   告(고)가 '고' 라는 발음으로 읽히는 글자로는 誥(고할 고) 등이 있고,

'호' 라는 발음으로 읽히는 글자로는 浩(클 호), 晧(밝을 호), 皓(흴 호) 등이 있다.

口(구)의 본래 자형은 '입 모양[]' 으로 대부분 '입' 과 관련이 있는 뜻을 나타낸다. 예를 들면, 咆(으르렁거릴 포), 哮(으르렁거릴 효), 呻(끙끙거릴 신), 吟(읊을 음), 唱(노래 창), 哺(먹을 포) 등이 있다.

자의(字意)

論告(논고)는 '자기의 의견을 말하여 알리다' 즉 공판 절차의 하나로 검사가 법정에서 피고의 범죄 사실과 법률 적용에 관하여 의견을 진술하고 형벌을 요구하는 것을 말한다.

- 동음이의어(同音異義語)

論考=論攷(논고) - '견해(見解)와 고찰(考察)' 어떤 주제에 대한 견해를 고찰하여 밝히는 것을 말한다.

024 論: 말할 론 議: 의논할 의

論 議

말할 론 의논할 의

자형(字形)

1. 論(론)은 형성자(形聲字)로서 자형 구조는 좌우구조◑라고 볼 수 있다. 왼쪽에는 포괄적인 뜻을 나타내는 부수(部首) 言(말씀 언)이 있고, 오른쪽에는 발음을 나타내는 侖(둥글 륜)이 있다. 論(론)의 본래 의미는 아마도 言(언)과 관련 있는 '말하다' 이고, 여기에서 '논하다' '견해' 등의 뜻으로 확대된 것 같다.

   侖(륜)이 '론' 이라는 발음으로 읽히는 글자로는 惀(생각할 론) 등이 있고, '륜' 이라는 발음으로 읽히는 글자로는 倫(인륜 륜), 輪(바퀴 륜), 淪(잔물결 륜), 綸(낚싯줄 륜) 등이 있다.

   言(언)의 본래 자형은 '악기를 입에 물고 있는 모양[]' 으로 '(말)소리' 를 나타낸다. 대부분 '말' 과 관련이 있는 뜻을 나타낸다. 예를 들면, 講(설명할 강), 謳(노래할 구), 譏(나무랄 기), 談(말씀 담) 등이 있다.

2. 議(의)는 형성자(形聲字)로서 자형 구조는 좌우구조◑라고 볼 수 있다. 왼쪽에는 포괄적인 뜻을 나타내는 부수(部首) 言(말씀 언)이 있고, 오른쪽에는 발음을 나타내는 義(옳을 의)가 있다. 아마도 '옳은 것(義)을 찾기 위해 토론하는 것(言)' 이 議(의)가 아닐까 생각된다.

   義(의)가 '의' 라는 발음으로 읽히는 글자로는 儀(거동 의), 蟻(개미

의), 艤(배 댈 의) 등이 있고, '희' 라는 발음으로 읽히는 글자로는 羲(숨 희), 犧(희생 희), 曦(햇빛 희) 등이 있다.

자의(字意)

論議(논의)는 어떤 문제에 대해 서로 의견을 말하고 토의하는 것을 말한다.

■ 동음이의어(同音異義語)

論意(논의) - 바로 논지(論旨)를 말한다. 즉 논하는 말이나 글의 기본적 요지나 취지를 말한다.

025 籠; 대그릇 롱 球; 공 구

籠 球

대그릇 롱　　공 구

자형(字形)

1. 籠(롱)은 형성자(形聲字)로서 자형 구조는 상하구조◒라고 볼 수 있다. 위에는 포괄적인 뜻을 나타내는 부수(部首) 竹(대 죽)이 있고, 아래에는 발음을 나타내는 龍(용 룡)이 있다. 籠(롱)의 본래 의미는 아마도 竹(죽)과 관련 있는 '대나무로 만든 바구니' 이고, 여기에서 '새장' '둘러 싸다' 등의 뜻으로 확대된 것 같다.

   龍(룡)이 '롱' 이라는 발음으로 읽히는 글자로는 聾(귀머거리 롱), 瀧(비 올 롱), 朧(흐릿할 롱), 瓏(옥소리 롱), 壟(언덕 롱) 등이 있다.

   竹(죽)의 본래 자형은 '대나무의 모양[]' 으로 대부분 '대나무' 또는 '管(관) 이나 관악기(管樂器)' 와 관련이 있는 뜻을 나타낸다. 예를 들면, 筍(죽순 순), 簡(대쪽 간), 筆(붓 필), 箭(화살 전), 管(붓대 관), 笙(생황 생), 笛(피리 적) 등이 있다.

2. 球(구)는 형성자(形聲字)로서 자형 구조는 좌우구조◑라고 볼 수 있다. 왼쪽에는 포괄적인 뜻을 나타내는 부수(部首) 玉(옥 옥)이 있고, 오른쪽에는 발음을 나타내는 求(구할 구)가 있다. 球(구)의 본래 의미는 玉(옥)과 관련 있는 '아름다운 옥' 인데, 나중에는 '둥근물체' 를 나타내는 뜻으로 주로 사용되고 있다.

   求(구)가 '구' 라는 발음으로 읽히는 글자로는 救(건질 구), 裘(갖옷

구), 毬(공 구), 逑(짝 구), 銶(끌 구), 絿(급박할 구) 등이 있다.

玉(옥)의 본래 자형은 '옥을 줄에 꿰어 놓은 모양[]'으로 王(왕)과 자형이 유사하였다. 후에 혼동을 피하기 위하여 王에 한 점을 더하여 王(왕)과 구분하여 사용하고 있으나, 부수로 사용될 때에는 본래 자형인 王으로 사용된다. 대부분 '옥'이나 '옥과 같은 보석이나 단단하고 투명한 물체'와 관련이 있는 뜻을 나타낸다. 예를 들면, 瑕(옥의 티 하), 理(옥을 다스릴 리), 珍(보배 진), 珠(진주 주), 琉(유리 류), 璃(유리 리) 등이 있다.

자의(字意)

籠球(농구)는 basket ball을 의역한 단어이다. basket은 '바구니'로서 籠(대그릇 롱)으로 의역하였다. 참고로 중국에서는 籃(바구니 람)으로 의역하여 籃球라고 한다.

■ 동음이의어(同音異義語)

農具(농구) – 농사(農事)를 짓는데 사용하는 도구(道具)를 말한다.

農 機

농사 농　　　틀 기

자형(字形)

1. 農(농)은 회의자(會意字)로서 자형 구조는 상하구조라고 볼 수 있다. 본래 자형은 농기구인 辰(신)과 '두 손으로 밭을 정리하고 있는 모양'이었으나 현재 윗부분은 曲(곡)과 같은 모양으로 바뀌었다.

   農(농)이 '농'이라는 발음으로 읽히는 글자로는 膿(고름 농), 濃(짙을 농) 등이 있다.

   辰(신)의 본래 자형은 '조개로 만든 농기구의 모양[]'이다. 부수 辰(신)에는 農(농) 외에 이러한 의미와 관련 있는 글자는 없다.

2. 機(기)는 형성자(形聲字)로서 자형 구조는 좌우구조◑라고 볼 수 있다. 왼쪽에는 포괄적인 뜻을 나타내는 부수(部首) 木(나무 목)이 있고, 오른쪽에는 발음을 나타내는 幾(기미 기)가 있다. 機(기)의 본래 의미는 木(나무 목)과 관련 있는 '나무로 만든 베틀'인데, 나중에는 '기계' '기회' 등의 뜻으로 확대되어 사용되고 있다.

   幾(기)가 '기'라는 발음으로 읽히는 글자로는 畿(경기 기), 饑(주릴 기), 譏(나무랄 기) 등이 있다.

   木(목)의 본래 자형은 '나무의 뿌리와 가지 모양[]'으로 대부분 '나무'와 관련이 있는 뜻을 나타낸다. 예를 들면, 本(뿌리 본), 植(나무를 심다 식), 楓(단풍나무 풍), 極(용마루 극), 楊(버들 양), 槪(평미

레 개), 樹(나무 수), 橘(귤나무 귤) 등이 있다.

자의(字意)

農機(농기) – 농사 질 때 사용하는 농기계(農機械)를 말한다.

■ 동음이의어(同音異義語)

農器(농기) – 농사를 짓는 데에 쓰이는 도구. 즉 농기구(農器具), 농구(農具)를 말한다.

農期(농기) – 농사철.

弄氣(농기)[농:끼] – 말이나 행동 따위에서 엿보이는 실없고 장난스러운 기미.

→ 농기 어린 목소리/농기가 섞인 어조로 말하다. (≪표준국어대사전≫)

斷 想

끊을 단 생각할 상

자형(字形)

1. 斷(단)은 회의자(會意字)로서 자형 구조는 좌우구조◐라고 볼 수 있다. 왼쪽은 현재는 사용되지 않는 글자인데 '칼(刀도)로 실(幺 요)을 자르는 모양'으로 絕(절)자라고 한다. 오른쪽에는 포괄적인 뜻을 나타내는 부수(部首) 斤(도끼 근)이 있다.
2. 想(상)은 형성자(形聲字)로서 자형 구조는 상하구조◓라고 볼 수 있다. 위에는 발음을 나타내는 相(서로 상)이 있고, 아래에는 포괄적인 뜻을 나타내는 부수(部首) 心(마음 심)이 있다.

자의(字意)

斷想(단상) – 斷(단)은 '끊어지다'에서 '끊어진 것' 즉 '조각'을 의미한다. 斷想(단상)이란 바로 때에 따라 떠오르는 단편적(斷片的)인 생각을 말한다.

■ 동음이의어(同音異義語)

壇上(단상) – 연단(演壇)이나 교단(教壇), 강단(講壇)의 위를 말한다.

■ 동음자(同音字)

· **相 – (상)**

相(目; 서로; 보다; 정승) – 相見禮(상견례), 相關關係(상관관계); 觀相(관상)[2]보다; 宰相(재상)

想(心; 생각하다) – 想像(상상), 假想(가상), 瞑想(명상), 理想(이상)

箱(竹; 상자) – 箱子(상자)

霜(雨; 서리) – 霜降(상강), 秋霜(추상) 같은 호령, 온갖 風霜(풍상)을 다 겪다

孀(女; 과부)

廂(广; 곁방)

湘(氵=水; 물이름)

2 觀象(관상) : 천문(天文)이나 기상(氣象)을 관측하는 일.

028 黨; 무리 당 職; 벼슬 직

黨 職

무리 당 벼슬 직

자형(字形)

1. 黨(당)은 형성자(形聲字)로서 자형 구조는 상하구조◓라고 볼 수 있다. 위에는 발음을 나타내는 '尙(숭상할 상)'이 있고, 아래에는 포괄적인 뜻을 나타내는 부수(部首) 黑(검을 흑)이 있다.
   尙(상)이 '당'이라는 발음으로 읽히는 글자로는 堂(집 당), 當(당할 당), 棠(팥배나무 당), 螳(사마귀 당) 등이 있다.
   黑(흑)의 본래 자형은 '아래쪽은 불꽃(炎)이 위로는 연통(囗)으로 연기가 빠져나가고 남은 그을음(丶) 모양[]'으로 대부분 '검은 색' 또는 '좋지 않은 일'과 관련이 있는 뜻을 나타낸다. 예를 들면, 墨(먹 묵), 點(점 점), 黥(얼굴에 글자를 새기는 형벌 경), 黜(물리칠 출) 등이 있다.
2. 職(직)은 형성자(形聲字)로서 자형 구조는 좌우구조◑라고 볼 수 있다. 왼쪽에는 포괄적인 뜻을 나타내는 부수(部首) 耳(귀 이)가 있고, 오른쪽에는 발음을 나타내는 戠(찰진 흙 시)가 있다.
   戠(시)가 '직'이라는 발음으로 읽히는 글자로는 織(짤 직) 등이 있고, '식'이라는 발음으로 읽히는 글자로는 識(알 식) 등이 있다.
   耳(이)의 본래 자형은 '귀 모양[]'으로 대부분 '소리'와 관련이 있는 뜻을 나타낸다. 예를 들면, 聞(들을 문), 聲(소리 성), 聽(들을 청),

聾(귀머거리 롱) 등이 있다.

자의(字意)

黨職(당직)은 黨(당)에서 맡은 직책을 말한다.

■ 동음이의어(同音異義語)

當直(당직) – '번(番-차례로 당직이나 숙직하는 일)할 때가 되다' 즉 숙직(宿直)이나 일직(日直) 따위의 당번(當番)이 되는 것이나 사람을 말한다.

029 大; 큰 대 空; 벼리 강

大 綱

큰 대　　　벼리 강

자형(字形)

1. 大(대)는 본래 '사람이 두 팔과 두 다리를 넓게 펴고 서있는 모양[]'으로 '크다'라는 뜻을 나타내고 있다.

   大(대)가 '태'라는 발음으로 읽히는 글자로는 太(클 태), 汰(물에 일을 태) 등이 있다.

   부수(部首) 大(대)에 포함되어 있는 글자는 대부분 '크다'라는 의미상의 관련성보다는 '사람의 모양'과 관계가 있다. 예를 들면, 夫(부: 성인 남자가 머리에 비녀를 꼽고 있는 모습), 天(천: 한 획이 사람의 머리 부분을 지시하고 있다), 夾(협: 한 사람이 양쪽에 사람을 끼고 있다), 央(앙: 한 사람이 무엇인가 정 가운데로 균형을 잡아 메고 있다) 등이 있다.

2. 綱(강)은 형성자(形聲字)로서 자형 구조는 좌우구조◑라고 볼 수 있다. 왼쪽에는 포괄적인 뜻을 나타내는 부수(部首) 糸(가는 실 사{멱})이 있고, 오른쪽에는 발음을 나타내는 岡(산등성이 강)이 있다. 綱(강)의 본래 의미는 '실(밧줄)'과 관계있는 '벼리'라는 뜻이고, 여기에서 '벼리'가 그물을 총괄하듯이 사물을 총괄하고 규제하는 '법칙·도덕·규율' 등의 뜻으로 확대되었다.

   岡(강)이 '강'이라는 발음으로 읽히는 글자로는 鋼(강철 강), 崗(岡

'산등성이 강' 의 俗字), 堈(언덕 강), 剛(굳셀 강) 등이 있다.

糸(사)의 본래 자형은 '실타래 모양[]' 으로 대부분 '실(줄, 옷감)' →'물들이다(색깔)' 과 관련이 있는 뜻을 나타낸다. 예를 들면, 繫(맬 계), 繭(고치 견), 繡(수 수), 繩(줄 승), 繕(기울 선) 등이 있다.

자의(字意)

大綱(대강) - 대강령(大綱領)의 준말. 일의 중요한 것만 따낸 부분. 내용의 큰 줄거리. 세밀하지 않은 정도로(대강대강 보다).

■ 동음이의어(同音異義語)

代講(대강) - '대신(代身) 강의(講義)하다' 즉 남을 대신해서 강연이나 강의하는 것을 말한다.

030

代: 대신할 대 辯: 말 잘할 변

代 辯

대신할 대　　말 잘할 변

자형(字形)

1. 代(대)는 형성자(形聲字)로서 자형 구조는 좌우구조◑라고 한다. 그러나 현재 발음으로 볼 때 代(대)는 오른쪽에 발음을 나타내는 弋(주살 익)과 현격한 발음 차이가 있어 발음을 나타내는 요소로 보기는 어려울 것 같다. 왼쪽에는 포괄적인 뜻을 나타내는 부수(部首) 人(사람 인)이 있다.

   代(대)가 '대' 라는 발음으로 읽히는 글자로는 貸(빌릴 대), 垈(터 대), 袋(자루 대), 黛(눈썹먹 대), 岱(대산 대) 등이 있다.

   人(인)의 본래 자형은 '사람이 옆으로 서있는 모양[]' 으로 대부분 '사람' 과 관련이 있는 뜻을 나타낸다. 예를 들면, 僧(중 승), 侶(짝 려), 傭(품팔이 용), 僕(종 복), 傀(꼭두각시 괴), 儡(꼭두각시 뢰) 등이 있다.

2. 辯(변)은 형성자(形聲字)로서 자형 구조는 내외구조◘라고 볼 수 있다. 안쪽에는 포괄적인 뜻을 나타내는 부수(部首) 言(말씀 언)이 있고, 바깥쪽에는 발음을 나타내는 辡(죄인 서로 송사할 변)이 있다.

   辡(변)이 '변' 이라는 발음으로 읽히는 글자로는 辨(분별할 변), 辮(땋을 변) 등이 있고, '판' 이라는 발음으로 읽히는 글자로는 辦(힘쓸 판), 瓣(외씨 판) 등이 있다.

자의(字意)

代辯(대변) – '대신 말하다' 라는 뜻이다. → 대변인(代辯人), 대변지(代辯紙)

■ 동음이의어(同音異義語)

貸邊(대변) – 복식 부기에서 장부의 계정 구좌의 오른편에 있는 부분을 말한다. 자산과 비용이 증가하면 차변(借邊)에, 부채와 자본, 수익이 증가하면 대변(貸邊)에 기록한다. ↔ 借邊(차변)

大便(대변) – 糞(똥 분)은 쌀(米)을 다르게(異) 한 것으로 또 屎(똥 시)는 사람(尸)의 엉덩이 부분에 똥(米)이 있는 것으로 해석하여 자형 구조에서 그 의미를 알 수 있으나, 便(변)은 자형 구조에서 '똥' 이란 뜻을 찾아보기 어렵다. 다만 大便(대변)은 '크게 편한 것' 小便(소변)은 '조금 편한 것' 에서 나중에 便(변)이 대소변을 의미하게 된 것 같다.

031 臺; 무대 대 詞; 말씀 사

臺 詞

무대 대　　말씀 사

자형(字形)

1. 臺(대)는 본래 형성자(形聲字)라고 하나, 현재 자형 구조로는 발음을 나타내는 요소를 분석해낼 수 없다. 臺(대)는 상하구조◓로서 대략 아래에는 至(이를 지)가 있고, 그 위에는 高(높을 고)가 있었다고 하나 현재 자형으로는 알아 볼 수 없다. 臺(대)의 본래 뜻은 '흙을 높이 쌓아서 사방을 관망할 수 있게 만든 곳'을 말한다. 여기에서 '높은 곳' 즉 '누대(樓臺)'나 '무대(舞臺)'라는 뜻이 파생되었다. 현재 臺(대)는 부수 至(지)에 포함되어 있다.

   臺(대)가 '대'라는 발음으로 읽히는 글자로는 擡(들어 올릴 대) 등이 있다.

   至(지)의 본래 자형은 '화살(矢)촉이 땅(一)위에 꽂혀 있는 모양(자형의 맨 아래 획 一을 제외한 나머지 부분이 화살 모양이다)[]'으로 '도달하다'라는 의미를 나타낸다. 이 부수에 포함된 글자들은 대부분 '이르다'라는 뜻을 나타낸다. 예를 들면, 致(이를 치), 臻(이를 진) 등이 있다.

2. 詞(사)는 형성자(形聲字)로서 자형 구조는 좌우구조◑라고 볼 수 있다. 왼쪽에는 포괄적인 뜻을 나타내는 부수(部首) 言(말씀 언)이 있고, 오른쪽에는 발음을 나타내는 司(맡을 사)가 있다. 詞(사)의 본래

뜻은 '말'이다.

司(사)가 '사'라는 발음으로 읽히는 글자로는 祠(사당 사), 伺(엿볼 사), 嗣(이을 사), 飼(먹일 사) 등이 있다.

자의(字意)

臺詞(대사) – 배우가 무대 위에서 하는 대화(對話)·독백(獨白)·방백(傍白) 등을 통틀어 하는 말이다.

■ 동음이의어(同音異義語)

大事(대사) – '큰 일' 즉 중대한 일이나 혼인 같은 집안의 큰일을 말한다.

大使(대사) – 외국(外國)에 파견되어 자국(自國)의 의사를 나타내며 국가의 원수와 그 권위를 대표하는 외교관을 말한다.

代謝(대사) – 물질대사(物質代謝)·신진대사(新陳代謝)의 준말. 생물학에서 생명을 유지하기 위하여 생물체가 필요한 것을 섭취하고 불필요한 것을 몸 밖으로 내보내는 일을 말한다. 여기에서 謝(사)의 의미는 '갈아들다(다른 사람이나 물건이 새로 들다)'라는 뜻이다.

大師(대사) – 고승(高僧)을 높여 부르는 말이다.

032

代; 대신할 대 置; 둘 치

代 置

대신할 대　　둘 치

자형(字形)

1. 代(대)는 형성자(形聲字)로서 자형 구조는 좌우구조◑라고 한다. 그러나 현재 발음으로 볼 때 代(대)는 오른쪽에 발음을 나타내는 弋(주살 익)과 현격한 발음 차이가 있어 발음을 나타내는 요소로 보기는 어려울 것 같다. 왼쪽에는 포괄적인 뜻을 나타내는 부수(部首) 人(사람 인)이 있다.

   代(대)가 '대' 라는 발음으로 읽히는 글자로는 貸(빌릴 대), 垈(터 대), 袋(자루 대), 黛(눈썹먹 대), 岱(대산 대) 등이 있다.

   人(인)의 본래 자형은 '사람이 옆으로 서있는 모양[]' 으로 대부분 '사람' 과 관련이 있는 뜻을 나타낸다. 예를 들면, 僧(중 승), 侶(짝 려), 傭(품팔이 용), 僕(종 복), 傀(꼭두각시 괴), 儡(꼭두각시 뢰) 등이 있다.

2. 置(치)는 형성자(形聲字)로서 자형 구조는 상하구조◒라고 볼 수 있다. 위에는 포괄적인 뜻을 나타내는 罒(网 그물 망)이 있고, 아래에는 발음을 나타내는 直(곧을 직)이 있다.

   直(직)이 '치' 라는 발음으로 읽히는 글자로는 値(값 치) 등이 있고, '식' 이라는 발음으로 읽히는 글자로는 植(심을 식), 殖(번성할 식), 埴(찰흙 식{치}) 등이 있다.

网(망)의 본래 자형은 '그물의 모양[]'으로 대부분 '그물'과 관련이 있는 뜻을 나타낸다. 예를 들면, 羅(새그물 라), 罕(그물 한), 羈(굴레 기) 등이 있다.

자의(字意)

代置(대치) - 다른 것으로 대신하여 바꾸어 놓다.

- 동음이의어(同音異義語)

對峙(대치) - 서로 마주하고 우뚝 서있다. 즉 서로 맞버티고 있다는 뜻이다.

033 屠; 잡을 도 殺; 죽일 살

屠 殺

잡을 도 죽일 살

자형(字形)

1. 屠(도)는 형성자(形聲字)로서 자형 구조는 대략 상하구조◒라고 볼 수 있다. 아래쪽에는 발음을 나타내는 者(놈 자)가 있고, 위쪽에는 포괄적인 뜻을 나타내는 부수(部首) 尸(주검 시)가 있다.
   者(자)가 '도' 라는 발음으로 읽히는 글자로는 都(도읍 도), 賭(걸 도), 堵(담 도), 睹(볼 도), 覩(볼 도) 등이 있고, '자' 라는 발음으로 읽히는 글자로는 煮(삶을 자) 등이 있다.
   尸(시)의 본래 자형은 '사람이 앉아 있는 모양[]' 으로 '시동(尸童: 제사 때 신을 대신하여 앉아 있는 아이)' 을 의미한다고 한다. 보통 尸(시)는 '시체' 보다는 '사람' 과 관련있는 뜻을 나타낸다. 예를 들면, 尾(꼬리 미), 尿(사람의 오줌 뇨), 居(사람이 살다 거), 屋(사람이 사는 집 옥), 屎(사람의 똥 시), 屍(죽은 사람 시) 등이 있다.
2. 殺(살)은 형성자(形聲字)로서 殳(창 수)가 발음을 나타내는 요소라고 하나 현재는 자음(字音)의 차이가 심하게 되어 형성자로 보기가 어렵다. 殺(살)은 의미에 따라 두 가지 발음으로 구분하여 사용된다. '삭감하다' 나 '빠르다' 라는 뜻일 때는 '쇄' 로 읽는다. 예를 들면 '相殺(상쇄)하다', '殺到(쇄도)하다' 등이 있다. '죽이다' 라는 뜻일 때는 '살' 로 읽는다.

殳(수)의 본래 자형은 '손으로 창을 잡고 있는 모양[]' 인데 대부분 '동작' 과 관련이 있는 뜻을 나타낸다. 예를 들면, 毁(헐 훼), 毆(때릴 구) 등이 있다.

자의(字意)

屠殺(도살) – 짐승을 잡아 죽이다. 사람을 마구 죽이다. → 屠殺場(도살장)

■ 동음이의어(同音異義語)

盜殺(도살) – 허가 없이 가축을 몰래 죽이다.

034 都; 도읍 도 是; 옳을 시

都 是

도읍 도 옳을 시

자형(字形)

1. 都(도)는 형성자(形聲字)로서 자형 구조는 좌우구조◐라고 볼 수 있다. 왼쪽에는 발음을 나타내는 者(놈 자)가 있고, 오른쪽에는 포괄적인 뜻을 나타내는 부수(部首) 阝(邑고을 읍)이 있다.

   者(자)가 '도' 라는 발음으로 읽히는 글자로는 屠(잡을 도), 賭(걸 도), 堵(담 도), 睹(볼 도), 覩(볼 도) 등이 있고, '자' 라는 발음으로 읽히는 글자로는 煮(삶을 자) 등이 있다.

   邑(읍)의 본래 자형은 '한 지역을 나타내는 口 아래에 무릎 꿇고 앉아 있는 사람(巴)의 모양[]' 으로 '사람이 모여 사는 곳' 이라는 뜻을 나타낸다. 예를 들면, 邦(나라 방), 郡(고을 군), 都(도읍 도), 鄧(나라 이름 등), 鄭(나라 이름 정) 등이 있다.

2. 是(시)는 본래 日(해 일)과 正(바를 정)으로 구성된 회의자(會意字)로서 부수(部首) 日(일)에 속해있다. 본래 뜻은 '해(日)는 사사로움 없이 정직하게(正) 만물을 비친다' 라고 한다. 그러나 현재는 正(바를 정)이 疋(발 소)로 변화되었다.

   是(시)가 '시' 라는 발음으로 읽히는 글자로는 匙(숟가락 시) 등이 있고, '제' 라는 발음으로 읽히는 글자로는 題(표제 제), 提(들 제), 堤(방죽 제), 醍(맑은 술 제) 등이 있다.

日(일)의 본래 자형은 '둥근 해의 모양[]'으로 대부분 '시간' 또는 '빛'과 관련이 있는 뜻을 나타낸다. 예를 들면, 早(새벽 조), 旦(아침 단), 旬(열흘 순), 春(봄 춘), 時(때 시), 昏(어두울 혼), 昧(새벽 매), 暖(따뜻할 난) 등이 있다.

자의(字意)

都是(도시) – 아무리 해도, 도무지, 전혀. → 도시(都是) 알 수가 없다.

- 동음이의어(同音異義語)

都市(도시) – 상공업을 중심으로 한 경제 및 행정 · 문화 · 교통망 등의 중심지가 되며, 인구와 시설이 집중되어 있는 지역.

圖示(도시) – 그림이나 도식(圖式)으로 나타내다.

035

搗; 찧을 도 精; 찧을 정

搗 精

찧을 도　　　찧을 정

자형(字形)

1. 搗(도)는 형성자(形聲字)로서 자형 구조는 좌우구조◑라고 볼 수 있다. 왼쪽에는 포괄적인 뜻을 나타내는 부수(部首) 扌(手손 수)가 있고, 오른쪽에는 발음을 나타내는 島(섬 도)가 있다.
   島(조)가 '도'라는 발음으로 읽히는 글자로는 島(섬 도), 嶋(島와 同字) 등이 있다.
   手(수)의 본래 자형은 '다섯 손가락의 모양[]'으로 대부분 '동작'과 관련이 있는 뜻을 나타낸다. 예를 들면, 把(잡을 파), 握(쥘 악), 打(칠 타), 擊(부딪칠 격), 投(던질 투), 擲(던질 척) 등이 있다.
2. 精(정)은 형성자(形聲字)로서 자형 구조는 좌우구조◑라고 볼 수 있다. 왼쪽에는 포괄적인 뜻을 나타내는 米(쌀 미)가 있고, 오른쪽에는 발음을 나타내는 靑(푸를 청)이 있다.
   靑(청)이 '정'이라는 발음으로 읽히는 글자로는 睛(눈동자 정), 靜(고요할 정), 情(뜻 정), 靖(편안할 정), 瀞(맑을 정) 등이 있고, '청'이라는 발음으로 읽히는 글자로는 淸(맑을 청), 請(청할 청), 晴(갤 청), 鯖(청어 청), 菁(우거질 청) 등이 있다.
   米(미)의 본래 자형은 '벼에 달려 있는 쌀알의 모양[]'으로 대부분 '쌀'이나 '곡식'과 관련이 있는 뜻을 나타낸다. 예를 들면, 粉(가

루 분), 粒(쌀알 립), 粥(죽 죽), 粟(조 속), 糧(양식 량), 糊(풀 호) 등이 있다.

자의(字意)

搗精(도정) - 곡식을 찧거나 껍질을 벗기는 일.

■ 동음이의어(同音異義語)

道程(도정) - 여행의 경로나 일정.

道政(도정) - 도(道)의 행정(行政).

036

倒: 거꾸로될 도 錯: 섞일 착

倒 錯

거꾸로될 도　　섞일 착

자형(字形)

1. 倒(도)는 형성자(形聲字)로서 자형 구조는 좌우구조◑라고 볼 수 있다. 왼쪽에는 포괄적인 뜻을 나타내는 부수(部首) 亻(人(사람 인)이 있고, 오른쪽에는 발음을 나타내는 到(이를 도)가 있다. 또 到(도)의 발음을 나타내는 요소는 刂(刀칼 도)이고 至(이를 지)는 뜻을 나타낸다.
2. 錯(착)은 형성자(形聲字)로서 자형 구조는 좌우구조◑라고 볼 수 있다. 왼쪽에는 포괄적인 뜻을 나타내는 金(쇠 금)이 있고, 오른쪽에는 발음을 나타내는 昔(예 석)이 있다.
   昔(석)이 '착' 이라는 발음으로 읽히는 글자로는 斮(벨 착) 등이 있고, '석' 이라는 발음으로 읽히는 글자로는 惜(아낄 석) 등이 있다.
   金(금)의 본래 자형은 '주물(鑄物)을 붓는 모형(模型)과 쇳물이 흐르는 모양[]' 으로 대부분 '쇠' 나 '광물' 과 관련이 있는 뜻을 나타낸다. 예를 들면, 針(바늘 침), 鉛(납 연), 銀(은 은), 銅(구리 동) 등이 있다.

자의(字意)

倒錯(도착) – 거꾸로 되다. 정신이 이상하게 되어 일상적인 행동 규범에 맞지 않는 것.

▪ 동음이의어(同音異義語)

到着(도착) – 목적지에 다다르다.

037

桃; 복숭아나무 도 花; 꽃 화

桃 花

복숭아나무 도　　꽃 화

자형(字形)

1. 桃(도)는 형성자(形聲字)로서 자형 구조는 좌우구조◑라고 볼 수 있다. 왼쪽에는 포괄적인 뜻을 나타내는 부수(部首) 木(나무 목)이 있고, 오른쪽에는 발음을 나타내는 兆(조짐 조)가 있다.
   兆(조)가 '도' 라는 발음으로 읽히는 글자로는 挑(돋울 도), 逃(달아날 도), 跳(뛸 도) 등이 있고, '조' 라는 발음으로 읽히는 글자로는 眺(바라볼 조), 窕(정숙할 조) 등이 있다.
   木(목)의 본래 자형은 '나무의 뿌리와 가지 모양[]' 으로 대부분 '나무' 와 관련이 있는 뜻을 나타낸다. 예를 들면, 本(뿌리 본), 植(나무를 심다 식), 楓(단풍나무 풍), 極(용마루 극), 楊(버들 양), 槪(평미레 개), 樹(나무 수), 橘(귤나무 귤) 등이 있다.
2. 花(화)는 형성자(形聲字)로서 자형 구조는 상하구조◒라고 볼 수 있다. 위에는 포괄적인 뜻을 나타내는 '++(艸풀 초)' 가 있고, 아래에는 발음을 나타내는 '化(화할 화)' 가 있다.
   化(화)가 '화' 라는 발음으로 읽히는 글자로는 貨(재화 화), 靴(신 화) 등이 있고, '와' 라는 발음으로 읽히는 글자로는 訛(그릇될 와) 등이 있다.
   ++(초)의 본래 자형은 '풀의 모양[]' 으로 대부분 '식물' 과 관련

이 있는 뜻을 나타낸다. 예를 들면, 芒(까끄라기 망), 英(꽃부리 영), 茶(차 차), 荷(연 하) 등이 있다.

자의(字意)

桃花(도화) - 복숭아꽃.

▪ 동음이의어(同音異義語)

圖畵(도화) - 그림.

038

憧: 그리워할 동 憬: 그리워할 경

憧 憬

그리워할 동 그리워할 경

자형(字形)

1. 憧(동)은 형성자(形聲字)로서 자형 구조는 좌우구조◑라고 볼 수 있다. 왼쪽에는 포괄적인 뜻을 나타내는 부수(部首) 忄(心마음 심)이 있고, 오른쪽에는 발음을 나타내는 童(아이 동)이 있다.
   童(동)이 '동' 이라는 발음으로 읽히는 글자로는 瞳(눈동자 동) 등이 있고, '당' 이라는 발음으로 읽히는 글자로는 撞(칠 당), 幢(기 당) 등이 있고, '종' 이라는 발음으로 읽히는 글자로는 鐘(쇠북 종) 등이 있다.
   心(심)의 본래 자형은 '심장의 모양[]' 으로 대부분 '심리적인 작용' 과 관련이 있는 뜻을 나타낸다. 예를 들면, 愛(사랑 애), 惜(아낄 석), 愁(시름 수), 惱(괴로워할 뇌) 등이 있다.
2. 憬(경)은 형성자(形聲字)로서 자형 구조는 좌우구조◑라고 볼 수 있다. 왼쪽에는 포괄적인 뜻을 나타내는 부수(部首) 忄(心마음 심)이 있고, 오른쪽에는 발음을 나타내는 景(볕 경)이 있다. 또한 景(경)의 발음을 나타내는 요소는 京(서울 경)이다.
   京(경)이 '경' 이라는 발음으로 읽히는 글자로는 鯨(고래 경), 倞(굳셀 경), 暻(밝을 경) 등이 있고, '량' 이라는 발음으로 읽히는 글자로는 涼(서늘할 량), 諒(살펴 알 량) 등이 있다.

자의(字意)

憧憬(동경) – 마음 속으로 그리워하다.

▪ 동음이의어(同音異義語)

東經(동경) – 영국의 그리니치를 지나는 본초(本初) 자오선(子午線)을 0도로 하여 동쪽으로 180도까지의 사이에 있는 경선(經線)을 말한다.

東京(동경) – 일본의 수도(首都).

銅鏡(동경) – 구리로 만든 거울.

東 歐

동녘 동 구라파 구

자형(字形)

1. 東(동)은 본래 '자루의 위와 아래가 묶여져 있는 자루의 모양[]' 이었으나, 현재 자형은 마치 木(나무 목)과 日(해 일)로 구성된 글자처럼 보인다. 그래서 '아침에 해(日)가 동쪽에서 떠서 나무(木)위에 걸쳐 있는 모양' 으로 '동쪽' 이라는 의미를 나타낸다고 설명하는 사람도 있다. 木(목)의 본래 자형은 '나무의 뿌리와 가지 모양[]' 으로 대부분 '나무' 와 관련이 있는 뜻을 나타낸다.
2. 歐(구)는 형성자로 자형구조는 좌우구조◐이다. 왼쪽에는 발음을 나타내는 區(지경 구)가 있고, 오른쪽에는 뜻을 나타내는 부수 欠(하품 흠)이 있다. 欠(흠)의 본래 자형은 '사람(人)이 입(口)를 벌리고 있는 모양[]' 으로 대부분 '입' 과 관련이 있는 뜻을 나타내는 부수(部首)이다.

자의(字意)

東歐(동구)- 동부 유럽

- **동음이의어(同音異義語)**
  洞口(동구)- 동네 어귀.

■ 동음자(同音字)

· **東-(동)**

凍(얼 동): 凍傷(동상)

棟(용마루 동): 棟梁(동량) = 기둥과 들보.

棟樑之材(동량지재): 기둥이나 들보가 될 만한 훌륭한 인재라는 뜻

· **區-(구)**

毆(때릴 구): 毆打(구타)

驅(몰 구): 언어 驅使力(구사력)

軀(몸 구): 巨軀(거구), 老軀(노구)

嶇(험할 구): 崎嶇(기구)한 운명

嘔(게울 구): 嘔吐(구토)

謳(노래할 구): 謳歌(구가)하다

鷗(갈매기 구)

040 動; 움직일 동 機; 틀 기

動 機

움직일 동　　　틀 기

자형(字形)

1. 動(동)은 형성자로 자형구조는 좌우구조◐이다. 왼쪽에는 발음을 나타내는 重(중)이 있고, 오른쪽에는 뜻을 나타내는 부수 力(힘 력)이 있다. 力(력)의 자형은 '쟁기 모양[]'으로 대부분 '힘을 쓰다' 또는 '동작'과 관련이 있는 뜻을 나타낸다.
2. 機(기)는 형성자로 자형구조는 좌우구조◑이다. 왼쪽에는 뜻을 나타내는 부수 木(나무 목)이 있고, 오른쪽에는 발음을 나타내는 幾(기미 기)가 있다. 機(기)의 본래 의미는 '나무로 만든 베틀'인데, 나중에는 '기계' '기회' 등의 뜻으로 확대되어 사용되고 있다. 木(목)은 대부분 '나무'와 관련이 있는 뜻을 나타낸다.

자의(字意)

動機(동기)– 사람으로 하여금 행동을 일으키게 하는 심리적인 요인.

- 동음이의어(同音異義語)

  同期(동기)– 같은 시기, 동기생.

  同氣(동기)– 형제자매.

冬期(동기)- 겨울철.

銅器(동기)- 구리로 만든 그릇.

■ 동음자(同音字)

· **重-(종)(동)**

종 - 種(씨 종): 種類(종류)
腫(부스럼 종): 腦腫瘍(뇌종양)
鍾(술잔 종), 踵(발꿈치 종) 등

동 - 董(감독할 동): 骨董品(골동품)

· **幾-(기)**

기 - 畿(경기 기): 京畿道(경기도)
饑(주릴 기): 饑餓(기아)
譏(나무랄 기) 등

銅 賞

구리 동 상줄 상

자형(字形)

1. 銅(동)은 형성자로서 자형구조는 좌우구조◑이다. 왼쪽에는 뜻을 나타내는 부수 金(쇠 금)이 있고, 오른쪽에는 발음을 나타내는 同(한가지 동)이 있다. 金(금)의 자형은 '주물(鑄物)을 붓는 모형(模型)과 쇳물이 흐르는 모양[ ]'으로 대부분 '쇠'나 '광물'과 관련이 있는 뜻을 나타낸다.
2. 賞(상)은 형성자로서 자형구조는 상하구조◓이다. 위에는 발음을 나타내는 尙(오히려 상)이 있고, 아래에는 뜻을 나타내는 부수 貝(조개 패)가 있다. 貝(패)의 본래 자형은 '조개의 모양[ ]'으로 대부분 '돈'과 관련이 있는 뜻을 나타낸다.

자의(字意)

銅賞(동상)- '금 · 은 · 동'으로 상의 등급을 매길 때의 3등상.

■ 동음이의어(同音異義語)

銅像(동상)- 청동으로 만든 사람의 형상.

凍傷(동상)- 심한 추위로 피부가 얼어서 생긴 상처.

■ 동음자(同音字)

· **同-(동)**

洞(골 동; 밝을 통): 洞事務所(동사무소); 洞察力(통찰력)
桐(오동나무 동): 梧桐(오동)나무
胴(큰창자 동): 胴體着陸(동체착륙)

· **尙-(상)(장)(당)**

상 – 裳(치마 상): 衣裳(의상), 同價紅裳(동가홍상)
常(항상 상): 恒常(항상)
償(갚을 상): 賠償(배상), 報償請求權(보상청구권), 被害補償(피해보상)
嘗(맛볼 상): 臥薪嘗膽(와신상담)

장 – 掌(장): 拍掌大笑(박장대소)

당 – 當(당할 당): 當面課題(당면과제)
黨(무리 당): 黨首(당수)
棠(팥배나무 당): 海棠花(해당화)
螳(사마귀 당): 螳螂(당랑)
螳螂拒轍(당랑거철): '사마귀가 수레바퀴를 막으려고 하는 것' 처럼 자기의 힘은 헤아리지 않고, 강한 상대나 되지 않을 일에 덤벼드는 무모한 행동을 비유적으로 이르는 말

042

動; 움직일 동 線; 줄 선

動 線

움직일 동 줄 선

자형(字形)

1. 動(동)은 형성자(形聲字)로서 자형구조는 좌우구조◐이다. 왼쪽에는 발음을 나타내는 重(중)이 있고, 오른쪽에는 포괄적인 뜻을 나타내는 부수 力(힘 력)이 있다. 力(력)의 본래 자형은 '쟁기(농기구)모양[]'으로 대부분 '힘을 쓰다' 또는 '동작'과 관련이 있는 뜻을 나타낸다.
2. 線(선)은 본래 형성자로서 자형 구조는 좌우구조◑이다. 글자의 왼쪽에는 포괄적인 뜻을 나타내는 부수 糸(가는 실 사{멱})가 있고, 오른쪽에는 발음을 나타내는 泉(천)이 있다. 糸(사)의 본래 자형은 '실타래 모양[]'으로 대부분 '실(줄, 옷감)' -> '물들이다(색깔)'과 관련이 있는 뜻을 나타낸다.

자의(字意)

動線(동선)- 어떤 일을 할 때 몸이 주로 움직이는 거리와 방향.

- 동음이의어(同音異義語)

銅線(동선)- 구리줄.

動; 움직일 동 搖; 흔들릴 요 043

動 搖

움직일 동 흔들릴 요

자형(字形)

1. 動(동)은 형성자로서 자형구조는 좌우구조◐이다. 왼쪽에는 발음을 나타내는 重(중)이 있고, 오른쪽에는 뜻을 나타내는 부수 力(힘 력)이 있다. 力(력)의 본래 자형은 '쟁기(농기구)모양[]'으로 대부분 '힘을 쓰다' 또는 '동작'과 관련이 있는 뜻을 나타낸다.
2. 搖(요)는 형성자로서 자형구조는 좌우구조◑이다. 왼쪽에는 포괄적인 뜻을 나타내는 부수 手(손 수)가 있고, 오른쪽에는 발음을 나타내는 요소 䍃(질그릇 요)가 있다. 手(수)는 좌우구조에서는 자형을 扌(수)로 변화시켜 사용한다. 手(수)의 본래 자형은 '다섯 손가락 모양[]'으로 대부분 '동작'과 관련이 있는 뜻을 나타낸다.

자의(字意)

動搖(동요)– 물체나 마음이 흔들리고 움직이다.

- 동음이의어(同音異義語)

  童謠(동요)– 어린아이들이 부르는 노래나 시.

■ 동음자(同音字)

· 䍃(요)

謠(노래 요): 歌謠(가요)

遙(멀 요): 遙遠(요원)

瑤(아름다운 옥 요), 繇(역사 요) 등

魔 力

마귀 마　　힘 력

자형(字形)

1. 魔(마)는 형성자(形聲字)로서 자형 구조는 상하구조◓라고 볼 수 있다. 위에는 발음을 나타내는 麻(삼 마)가 있고, 아래에는 포괄적인 뜻을 나타내는 부수(部首) 鬼(귀신 귀)가 있다.
2. 力(력)의 본래 자형(字形)은 '쟁기(농기구) 모양[]'이라고 한다.

자의(字意)

魔力(마력) – 魔術(마술) 같은 想像(상상)을 超越(초월)하는 이상한 힘. 남의 마음을 사로잡거나 眩惑(현혹)시키는 야릇한 힘.

■ 동음이의어(同音異義語)

馬力(마력) – 말 한 마리의 힘에 해당하는 일의 양. 동력(動力)을 재는 단위의 일종.

■ 동음자(同音字)

· **麻 – (마)**

麻(麻; 삼) – 麻衣(마의), 大麻草(대마초)

魔(鬼; 마귀; 마술) – 魔鬼(마귀), 病魔(병마), 惡魔(악마); 魔力(마력),

魔法(마법)

摩(手; 비비다; 가까이 가다) – 摩擦(마찰), 按摩(안마); 摩天樓(마천루)

磨(石; 갈다) – 硏磨材(연마재), 技術練磨(기술연마), 磨耗(마모)되다, 磨崖佛(마애불), 切磋琢磨(절차탁마)

痲(疒; 저리다; 홍역) – 痲痺(마비), 痲醉藥(마취약); 痲疹(마진)

· **馬 – (마)**

馬(馬; 말) – 馬脚(마각)을 드러내다, 馬廏間(마구간), 馬夫(마부), 馬術(마술), 鞍馬(안마)

瑪(玉; 마노) – 瑪瑙(마노)

碼(石; 나루터)

埋 葬

묻을 매　　장사지낼 장

자형(字形)

1. 埋(매)는 형성자(形聲字)로서 자형 구조는 좌우구조◑라고 하고, 왼쪽에는 포괄적인 뜻을 나타내는 부수(部首) 土(흙 토)가 있고, 오른쪽에는 발음을 나타내는 里(마을 리)가 있다고 한다.
   里(리)가 '매'라는 발음으로 읽히는 글자로는 薶(메울 매), 霾(흙비 올 매) 등이 있고, 里(리)가 '리'라는 발음으로 읽히는 글자로는 貍(살쾡이 리), 裏(속 리), 理(다스릴 리), 鯉(잉어 리) 등이 있다.
   土(토)의 본래 자형은 '땅(一)위에 흙덩이가 있는 모양[]'으로 대부분 '흙'과 관련이 있는 뜻을 나타낸다. 예를 들면, 坡(고개 파), 培(흙을 북돋울 배), 基(터 기), 塊(흙덩이 괴) 등이 있다.
2. 葬(장)은 형성자(形聲字)로서 자형 구조는 내외구조◘라고 볼 수 있다. 안에는 포괄적인 뜻을 나타내는 '死(죽을 사)'가 있고, 밖에는 발음을 나타내는 '茻(잡풀 우거질 망)'이 있다. 그러나 葬(장)의 부수는 자형이 변화하여 현재 편의상 ++(초)를 사용하고 있다.
   死(사)의 본래 자형은 '시체(歹 부서진 뼈 알) 앞에 사람(匕)이 무릎 꿇고 있는 모양'이다.

자의(字意)

埋葬(매장)은 '묻어 장사지내다' 즉 '송장을 땅에 묻는 것'을 말한다. 또 어떤 사람을 사회나 조직에서 활동하지 못하게 묻어버리는 행위 즉 몰아내거나 따돌리는 것을 말한다.

■ 동음이의어(同音異義語)

埋藏(매장) – '묻혀 저장되어 있다' 즉 '지하자원이 땅속에 묻혀 있다'는 것을 말한다. 또 본래 유능한 인재나 가치 있는 물건이 제 가치를 인정받지 못하고 있는 것을 말한다.

賣場(매장) – '파는 장소' 즉 '상품을 파는 곳'을 말한다.

萌; 싹 맹 芽; 싹 아 **046**

萌 芽

싹 맹　　싹 아

자형(字形)

1. 萌(맹)은 형성자(形聲字)로서 자형 구조는 상하구조◒라고 볼 수 있다. 위에는 포괄적인 뜻을 나타내는 '艹(艸풀 초)'가 있고, 아래에는 발음을 나타내는 '明(밝을 명)'이 있다.
   明(명)이 '맹'이라는 발음으로 읽히는 글자로는 盟(맹세할 맹) 등이 있다.
   艹(초)의 본래 자형은 '풀의 모양[]'으로 대부분 '식물'과 관련이 있는 뜻을 나타낸다. 예를 들면, 芒(까끄라기 망), 花(꽃 화), 英(꽃부리 영), 茶(차 차), 荷(연 하) 등이 있다.
2. 芽(아)는 형성자(形聲字)로서 자형 구조는 상하구조◒라고 볼 수 있다. 위에는 포괄적인 뜻을 나타내는 '艹(艸풀 초)'가 있고, 아래에는 발음을 나타내는 '牙(어금니 아)'가 있다.
   牙(아)가 '아'라는 발음으로 읽히는 글자로는 雅(바를 아), 鴉(갈가마귀 아), 訝(의아할 아) 등이 있다.

자의(字意)

萌芽(맹아)는 '새싹'을 말한다. '싹'은 씨나 줄기에서 처음 나오는 어린

잎이나 줄기를 말한다. 그래서 萌芽(맹아)는 '처음' '시초' 등을 의미하기도 한다.

→ 맹아기(萌芽期) – 사물이 비롯되는 때

▪ **동음이의어(同音異義語)**

盲啞(맹아) – 장님과 벙어리를 말한다.

盲啞學校(맹아학교): 장님, 벙어리, 귀머거리를 대상으로 특수 교육을 하는 학교.

※ 聾盲啞(농맹아) – 귀머거리와 장님과 벙어리

盲兒(맹아) – 눈이 먼 아이를 말한다.

▪ **동음자(同音字)**

· **牙 – (아)**

雅(隹; 바르다; 우아하다) – 雅樂(아악) ; 高雅(고아), 端雅(단아), 優雅(우아), 雅量(아량)

鴉(鳥; 까마귀; 검다) – 鴉片(아편)

訝(言; 괴이하게 여기다) – 疑訝(의아)

免 狀

면할 면 문서 장

자형(字形)

1. 免(면)은 兔(=兎=兔, 토끼 토)에서 '토끼의 발'에 해당하는 한 점이 없는 자형으로 '토끼의 발이 보이지 않게 되다'에서 '달아나다' '벗어나다'라는 뜻을 나타낸다고 한다. 免(면)은 현재 자형에 근거하여 부수(部首) 儿(인)에 포함되어 있다.

   免(면)이 '면'이라는 발음으로 읽히는 글자로는 勉(힘쓸 면), 冕(면류관 면) 등이 있고, '만'이라는 발음으로 읽히는 글자로는 晩(저물 만), 娩(해산할 만), 挽(당길 만), 輓(끌 만) 등이 있다.

   儿(인)의 본래 자형은 '사람의 다리 부분의 모양'이지만 이 부수에 속해 있는 글자를 보면 兕(외뿔소 시)와 같이 '짐승의 다리'를 나타내는 글자들도 있다. 이 부수에 속해 있는 글자들은 대부분이 자형과 관계있을 뿐 의미상 관계는 거의 없다.

2. 狀(장)은 형성자(形聲字)로서 자형 구조는 좌우구조◐라고 볼 수 있다. 왼쪽에는 발음을 나타내는 '爿(나무 조각 장)'이 있고, 오른쪽에는 포괄적인 뜻을 나타내는 '犬(개 견)'이 있다. 狀(상)의 본래 뜻은 '개의 모양'이라고 한다. 그래서 犬(견)을 부수로 하고 爿(장)은 단지 狀(상)의 발음만 나타내고 있을 뿐이다. 狀은 '모양'이라는 의미일 때는 '상'으로 읽고, '문서'라는 뜻일 때는 '장'으로 읽는다.

爿(장)이 '장' 이라는 발음으로 읽히는 글자로는 牆(담 장), 臧(착할 장), 贓(장물 장), 藏(감출 장), 臟(오장 장), 將(장차 장), 奬(권면할 장), 醬(젓갈 장), 漿(미음 장), 壯(씩씩할 장), 莊(풀 성할 장), 裝(꾸밀 장) 등이 있다.

犬(견)의 본래 자형은 '꼬리를 치켜세우고 있는 개의 옆모습[]' 이지만, 대부분 '길짐승' 을 나타내는 의미 요소로 사용된다. 예를 들면, 狗(개 구), 狐(여우 호), 獅(사자 사), 猪(돼지 저) 등이 있다.

자의(字意)

免狀(면장)[면:짱]은 면허장(免許狀)의 준말이다. 국가 기관에서 면허의 내용이나 사실을 적어서 내주는 문서를 말한다.

- 동음이의어(同音異義語)

面長(면장) - 면(面) 단위의 행정을 주관하는 책임자를 말한다.

免 職

면할 면 벼슬 직

자형(字形)

1. 免(면)은 兔(=兎=兔, 토끼 토)에서 '토끼의 발'에 해당하는 한 점이 없는 자형으로 '토끼의 발이 보이지 않게 되다'에서 '달아나다' '벗어나다'라는 뜻을 나타낸다고 한다. 免(면)은 현재 자형에 근거하여 부수(部首) 儿(인)에 포함되어 있다.

   免(면)이 '면'이라는 발음으로 읽히는 글자로는 勉(힘쓸 면), 冕(면류관 면) 등이 있고, '만'이라는 발음으로 읽히는 글자로는 晩(저물 만), 娩(해산할 만), 挽(당길 만), 輓(끌 만) 등이 있다.

   儿(인)의 본래 자형은 '사람의 다리 부분의 모양'이지만 이 부수에 속해 있는 글자를 보면 兕(외뿔소 시)와 같이 '짐승의 다리'를 나타내는 글자들도 있다. 이 부수에 속해 있는 글자들은 대부분이 자형과 관계 있을 뿐 의미상 관계는 거의 없다.

2. 職(직)은 형성자(形聲字)로서 자형 구조는 좌우구조◑라고 볼 수 있다. 왼쪽에는 포괄적인 뜻을 나타내는 부수(部首) 耳(귀 이)가 있고, 오른쪽에는 발음을 나타내는 戠(찰진 흙 시)가 있다. 職(직)의 본래 의미는 '(귀로 듣고) 세밀하게 기록하다'라는 뜻이라고 한다. 후에 '직무' '직업' 등의 뜻으로 확대되어 사용되고 있다.

   戠(시)가 '직'이라는 발음으로 읽히는 글자로는 織(짤 직), 蟙(박쥐

직) 등이 있고, '식' 이라는 발음으로 읽히는 글자로는 識(알 식) 등이 있고, '치' 라는 발음으로 읽히는 글자로는 熾(성할 치), 幟(기 치) 등이 있다.

耳(이)의 본래 자형은 '귀의 모양[]' 으로 대부분 '귀' 또는 '듣다' '소리' 등과 관련이 있는 뜻을 나타낸다. 예를 들면, 聰(귀 밝을 총), 聾(귀머거리 롱), 聞(들을 문), 聽(들을 청), 聲(소리 성) 등이 있다.

자의(字意)

免職(면직)은 '직위에서 내치다' 즉 일하던 직위나 자리에서 물러나게 하는 것을 말한다.

■ 동음이의어(同音異義語)

綿織(면직) – 면직물(綿織物)의 준말로서 무명실로 짠 피륙을 말한다. → 견직물(絹織物)

銘 記

새길 명 기록할 기

자형(字形)

1. 銘(명)은 형성자(形聲字)로서 자형 구조는 좌우구조◐라고 볼 수 있다. 왼쪽에는 포괄적인 뜻을 나타내는 부수(部首) 金(쇠 금)이 있고, 오른쪽에는 발음을 나타내는 名(이름 명)이 있다. 銘(명)의 본래 의미는 '금석에 글을 새기다'이므로 金(금)을 부수로 한다.

   名(명)이 '명'이라는 발음으로 읽히는 글자로는 茗(차 싹 명), 酩(술 취할 명) 등이 있다.

   金(금)의 본래 자형은 '주물(鑄物)을 붓는 모형(模型)과 쇳물이 흐르는 모양[]'으로 대부분 '쇠'나 '광물'과 관련이 있는 뜻을 나타낸다. 예를 들면, 針(바늘 침), 鉛(납 연), 銀(은 은), 銅(구리 동) 등이 있다.

2. 記(기)는 형성자(形聲字)로서 자형 구조는 좌우구조◐라고 볼 수 있다. 왼쪽에는 포괄적인 뜻을 나타내는 부수(部首) 言(말씀 언)이 있고, 오른쪽에는 발음을 나타내는 己(자기 기)가 있다. 記(기)의 본래 의미는 '(말을) 기록하다'라는 뜻이다.

   己(기)가 '기'라는 발음으로 읽히는 글자로는 紀(벼리 기), 起(일어날 기), 忌(꺼릴 기), 杞(나무 이름 기) 등이 있다.

   言(언)의 본래 자형은 '악기를 입에 물고 있는 모양[]'으로 '소리'를 나타낸다. 대부분 '말'과 관련이 있는 뜻을 나타낸다. 예를 들면,

訓(가르칠 훈), 訟(송사할 송), 訥(말 더듬을 눌), 詞(말씀 사), 詠(읊을 영) 등이 있다.

자의(字意)

銘記(명기) – 마음속에 새기어 잊지 않고 기억하다.

- 동음이의어(同音異義語)

名器(명기) – 유명하고 훌륭한 악기(樂器).
名妓(명기) – 가무(歌舞)를 잘하고 용모가 뛰어난 이름난 기생(妓生).
明記(명기) – 분명하게 밝히어 적어 놓다.
明器(명기) – 무덤에 함께 묻기 위하여 만든 토기(土器).

名 門

이름 명 문 문

자형(字形)

1. 名(명)은 회의자(會意字)로서 자형 구조는 상하구조◓라고 볼 수 있다. 名(명)은 夕(저녁 석)과 口(입 구)로 구성되어 '저녁에 사람이 잘 보이지 않아 자기 이름을 상대방에게 알리는 것' 즉 '이름'을 나타내었다. 여기에서는 '이름난' 즉 '유명한' 이라는 의미로 사용되었다.
   名(명)이 '명' 이라는 발음으로 읽히는 글자로는 銘(새길 명), 茗(차 싹 명), 酩(술 취할 명) 등이 있다.
   口(구)의 본래 자형은 '입 모양[]' 으로 대부분 '입' 과 관련이 있는 뜻을 나타낸다. 예를 들면, 咆(으르렁거릴 포), 哮(으르렁거릴 효), 呻(끙끙거릴 신), 吟(읊을 음), 唱(노래 창), 哺(먹을 포) 등이 있다.
2. 門(문)의 본래 자형은 '두 짝으로 된 문의 모양[]' 으로 여기에서는 '집안' 이라는 의미로 사용되었다. 또 門(문)은 대부분 '문' 또는 '집' 과 관련이 있는 뜻을 나타낸다. 예를 들면, 開(열 개), 閉(닫을 폐), 閤(쪽문 합), 閥(기둥 벌), 闕(대궐문 궐), 關(빗장 관), 閣(다락집 각) 등이 있다.
   門(문)이 '문' 이라는 발음으로 읽히는 글자로는 聞(들을 문), 問(물을 문), 們(무리 문) 등이 있고, '민' 이라는 발음으로 읽히는 글자로는 悶(번민할 민), 閩(종족 이름 민) 등이 있다.

자의(字意)

名門(명문) – 훌륭하고 이름난 '가문' 이나 '학교' 를 의미한다.

- 동음이의어(同音異義語)

名文(명문) – 매우 잘 지어 유명한 문장.

明文(명문) – 뚜렷하게 규정된 법률의 문구(文句).

銘文(명문) – 돌이나 쇠붙이 위에 새긴 글.

命門(명문) – 사람의 가슴뼈 아래 한가운데의 오목하게 들어간 곳 즉 '명치' 를 말한다.

名 僧

이름 명 중 승

자형(字形)

1. 名(명)은 회의자(會意字)로서 자형 구조는 상하구조◓라고 볼 수 있다. 名(명)은 夕(저녁 석)과 口(입 구)로 구성되어 '저녁에 사람이 잘 보이지 않아 자기 이름을 상대방에게 알리는 것' 즉 '이름'을 나타내었다. 여기에서는 '이름난' 즉 '유명한'이라는 의미로 사용되었다.
   名(명)이 '명'이라는 발음으로 읽히는 글자로는 銘(새길 명), 茗(차 싹 명), 酩(술 취할 명) 등이 있다.
   口(구)의 본래 자형은 '입 모양[]'으로 대부분 '입'과 관련이 있는 뜻을 나타낸다. 예를 들면, 咆(으르렁거릴 포), 哮(으르렁거릴 효), 呻(끙끙거릴 신), 吟(읊을 음), 唱(노래 창), 哺(먹을 포) 등이 있다.
2. 僧(승)은 본래 형성자(形聲字)로서 자형 구조는 좌우구조◑라고 볼 수 있다. 왼쪽에는 포괄적인 뜻을 나타내는 부수(部首) 人(사람 인)이 있고, 오른쪽에는 발음을 나타내는 曾(일찍 증)이 있다.
   曾(증)이 '증'이라는 발음으로 읽히는 글자로는 增(불을 증), 贈(보낼 증), 憎(미워할 증), 繒(비단 증), 甑(시루 증) 등이 있다.
   人(인)의 본래 자형은 '사람이 옆으로 서있는 모양[]'으로 대부분 '사람'과 관련이 있는 뜻을 나타낸다. 예를 들면, 他(남 타), 伴(짝 반), 侶(짝 려), 伯(맏 백), 佝(꼽추 구), 僂(꼽추 루), 侏(난장이 주) 등이 있다.

자의(字意)

名僧(명승) – 학덕이 높아 이름난 스님.

- 동음이의어(同音異義語)

名勝(명승) – 경관이 아름다워 이름난.

名 匠

이름 명　　장인 장

자형(字形)

1. 名(명)은 회의자(會意字)로서 자형 구조는 상하구조◓라고 볼 수 있다. 名(명)은 夕(저녁 석)과 口(입 구)로 구성되어 '저녁에 사람이 잘 보이지 않아 자기 이름을 상대방에게 알리는 것' 즉 '이름'을 나타내었다. 여기에서는 '이름난' 즉 '유명한'이라는 의미로 사용되었다.
   名(명)이 '명'이라는 발음으로 읽히는 글자로는 銘(새길 명), 茗(차 싹 명), 酩(술 취할 명) 등이 있다.
   口(구)의 본래 자형은 '입 모양[]'으로 대부분 '입'과 관련이 있는 뜻을 나타낸다. 예를 들면, 咆(으르렁거릴 포), 哮(으르렁거릴 효), 呻(끙끙거릴 신), 吟(읊을 음), 唱(노래 창), 哺(먹을 포) 등이 있다.
2. 匠(장)은 회의자(會意字)로서 자형 구조는 내외구조라고 볼 수 있다. 匠(장)은 바로 도끼(斤)로 상자(匚 방)를 만드는 사람을 말한다.
   匚(방)의 본래 자형은 '네모난 용기의 모양[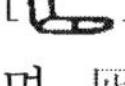]'으로 대부분 '그릇'과 관련이 있는 뜻을 나타낸다. 예를 들면, 匜(대야 이), 匱(함 궤) 등이 있다.

자의(字意)

名匠(명장) – 이름난 장인(匠人).

- 동음이의어(同音異義語)
  名將(명장) – 이름난 장수(將帥).

謀: 꾀할 모 議: 의논할 의 053

謀 議

꾀할 모　　의논할 의

자형(字形)

1. 謀(모)는 형성자(形聲字)로서 자형 구조는 좌우구조◑라고 볼 수 있다. 왼쪽에는 포괄적인 뜻을 나타내는 부수(部首) 言(말씀 언)이 있고, 오른쪽에는 발음을 나타내는 某(아무 모)가 있다.
   某(모)가 '매' 라는 발음으로 읽히는 글자로는 媒(중매 매), 煤(그을음 매)가 있다.
   言(언)의 본래 자형은 '악기를 입에 물고 있는 모양[]' 으로 본래 '소리' 를 나타내다가 나중에는 '사람의 말' 로 의미가 확대되어 사용하고 있다. 또한 言(언)은 대부분 '말' 과 관련이 있는 뜻을 나타낸다. 예를 들면, 記(기록할 기), 譏(나무랄 기), 訟(송사할 송), 訥(말 더듬을 눌), 訴(하소연 할 소) 등이 있다.
2. 議(의)는 형성자(形聲字)로서 자형 구조는 좌우구조◑라고 볼 수 있다. 왼쪽에는 포괄적인 뜻을 나타내는 부수(部首) 言(말씀 언)이 있고, 오른쪽에는 발음을 나타내는 義(옳을 의)가 있다. 아마도 '옳은 것(義)을 찾기 위해 토론하는 것(言)' 이 議(의)가 아닐까 생각된다.
   義(의)가 '의' 라는 발음으로 읽히는 글자로는 儀(거동 의), 蟻(개미 의), 艤(배 댈 의) 등이 있고, '희' 라는 발음으로 읽히는 글자로는 羲(숨 희), 犧(희생 희), 曦(햇빛 희) 등이 있다.

자의(字意)

謀議(모의) – 일을 계획하여 서로 의논하다.

- 동음이의어(同音異義語)

  模擬(모의) – 실제와 비슷한 형식과 내용으로 모방하다.

蒙 昧

어두울 몽　　어두울 매

자형(字形)

1. 蒙(몽)은 형성자(形聲字)로서 자형 구조는 상하구조◒라고 볼 수 있다. 위에는 포괄적인 뜻을 나타내는 '艹(艸풀 초)'가 있고, 아래에는 발음을 나타내는 冡(덮어쓸 몽)이 있다.
   冡(몽)이 '몽'이라는 발음으로 읽히는 글자로는 朦(흐릴 몽) 등이 있다.
   艹(초)의 본래 자형은 '풀의 모양[ψψ]'으로 대부분 '식물'과 관련이 있는 뜻을 나타낸다. 예를 들면, 芒(까끄라기 망), 花(꽃 화), 英(꽃부리 영), 茶(차 차), 荷(연 하) 등이 있다.
2. 昧(매)는 형성자(形聲字)로서 자형 구조는 좌우구조◑라고 볼 수 있다. 왼쪽에는 포괄적인 뜻을 나타내는 부수(部首) 日(해 일)이 있고, 오른쪽에는 발음을 나타내는 未(아닐 미)가 있다.
   未(미)가 '매'라는 발음으로 읽히는 글자로는 魅(도깨비 매), 妹(누이 매), 寐(잠잘 매) 등이 있고, '미'라는 발음으로 읽히는 글자로는 味(맛 미), 味(오미자 미) 등이 있다.
   日(일)의 본래 자형은 '둥근 해의 모양[⊖]'으로 대부분 '시간' 또는 '빛'과 관련이 있는 뜻을 나타낸다. 예를 들면, 早(새벽 조), 旦(아침 단), 旬(열흘 순), 春(봄 춘), 時(때 시), 昏(어두울 혼), 昧(새벽 매), 暖(따뜻할 난) 등이 있다.

자의(字意)

蒙昧(몽매) – 사리에 어둡고 어리석다. 예) 무지몽매(無知蒙昧)

- 동음이의어(同音異義語)

夢寐(몽매) – 잠을 자며 꿈을 꾸다.

無 辜

없을 무　　허물 고

자형(字形)

1. 無(무)는 본래 '손에 무엇인가 들고 춤추고 있는 모양[ ]'으로 舞(춤출 무)의 본래 글자이다. 현재 자형 구조는 상하구조◓로 아래쪽에 灬(화)를 부수로 하고 있으나, 본래 의미와 아무런 의미상 관계가 없다.
   無(무)가 '무'라는 발음으로 읽히는 글자로는 舞(춤출 무), 撫(어루만질 무), 蕪(거칠어질 무), 憮(어루만질 무) 등이 있다.
2. 辜(고)는 형성자(形聲字)로서 자형 구조는 상하구조◓라고 볼 수 있다. 위에는 발음을 나타내는 古(옛 고)가 있고, 아래에는 포괄적인 뜻을 나타내는 부수(部首) 辛(매울 신)이 있다.
   古(고)가 '고'라는 발음으로 읽히는 글자로는 姑(고모 고), 枯(마를 고), 故(옛 고), 沽(팔 고), 固(굳을 고), 錮(땜질할 고), 痼(고질 고) 등이 있고, '호'라는 발음으로 읽히는 글자로는 胡(턱밑살 호), 蝴(나비 호), 糊(풀 호), 湖(호수 호), 瑚(산호 호), 葫(마늘 호) 등이 있다.
   辛(신)의 본래 자형은 '윗부분에 날이 있는 칼의 모양[ ]'으로 대부분 '죄(를 다스릴 때 사용하는 칼)'와 관련이 있는 뜻을 나타내지만, 이 부수에 속하는 글자 중에는 이러한 의미를 나타내는 글자가 매우 적다. 예를 들면, 辟(다스릴 벽), 辣(매울 랄) 등이 있다.

자의(字意)

無辜(무고) – 아무런 잘못이 없다.

- 동음이의어(同音異義語)

  誣告(무고) – 없는 사실을 거짓으로 꾸며 남을 고소하다.

  舞鼓(무고) – 춤을 추며 치던 큰 북.

  無故(무고) – 아무 탈이 없음.

無 教

없을 무 가르칠 교

자형(字形)

1. 無(무)는 본래 '손에 무엇인가 들고 춤추고 있는 모양[]'으로 舞(춤출 무)의 본래 글자이다. 현재 자형 구조는 상하구조로 아래쪽에 灬(화)를 부수로 하고 있으나, 본래 의미와 아무런 의미상 관계가 없다.
2. 敎(교)는 본래 '산가지(爻)를 가지고 셈을 아이(子)에게 회초리를 들고(攵=攴) 가르치는 모습'이라고 한다. 현재는 자형이 변화하여 형성자(形聲字)로서 자형 구조는 좌우구조◐이다. 왼쪽에는 발음을 나타내는 孝(효도 효)가 있고, 오른쪽에는 포괄적인 뜻을 나타내는 부수(部首) 攴(칠 복)이 있다. 攴(복)의 본래 자형은 '손(又)에 막대기(卜)를 들고 있는 모양[]'으로 본래 '치다'라는 의미로 동작과 관련된 뜻을 나타낸다.

자의(字意)

無教(무교)– 종교가 없는 것.

- 동음이의어(同音異義語)
  巫教(무교)– 무속의 종교.

■ 동음자(同音字)

· **孝-(효)(교)**

효 - 效(본받을 효): 效果(효과)

哮(으르렁거릴 효): 咆哮(포효)

酵(술밑 효): 醱酵(발효)

교 - 敎(가르침 교)

霧; 안개 무 散; 흩을 산 **057**

霧 散

안개 무　　　흩을 산

자형(字形)

1. 霧(무)는 형성자(形聲字)로서 자형구조는 상하구조◒이다. 위에는 포괄적인 뜻을 나타내는 雨(비 우)가 있고, 아래에는 발음을 나타내는 務(무)가 있다. 雨(우)의 본래 자형은 '하늘에서 빗방울이 떨어지는 모양[, ]'으로 대부분 '기상(氣象)'과 관련이 있는 뜻을 나타낸다.
2. 散(산)은 본래 형성자라고 하나 현재 자형으로는 발음을 나타내는 요소를 찾아낼 수 없다. 자형 구조는 좌우구조로 단지 攴(칠 복)으로 동작을 나타내고 있다. 攴(복)의 본래 자형은 '손(又)에 막대기(卜)를 들고 있는 모양[]'으로 본래 '치다'라는 동작과 관련된 뜻을 나타낸다.

자의(字意)

霧散(무산)- 안개가 걷히듯 흩어져 사라지다.

- 동음이의어(同音異義語)

無産(무산)- 재산이 없는.

058

無; 없을 무 緣; 인연 연

無 緣

없을 무　　　인연 연

자형(字形)

1. 無(무)는 본래 '손에 무엇인가 들고 춤추고 있는 모양[]'으로 舞(춤출 무)의 본래 글자이다. 현재 자형 구조는 상하구조로 아래쪽에 灬(화)를 부수로 하고 있으나, 본래 의미와 아무런 의미상 관계가 없다.
2. 緣(연)은 형성자로서 자형구조는 좌우구조◑이다. 왼쪽에는 포괄적인 뜻을 나타내는 부수 糸(사는 실 사{멱})이 있고, 오른쪽에는 발음을 나타내는 彖(판단할 단)이 있다. 彖(단)이 '연'이라는 발음으로 읽히는 글자로는 椽(서까래 연)등이 있다. 糸(사)의 본래 자형은 '실타래 모양[]'으로 대부분 '실(줄, 옷감)' -> '물들이다(색깔)'과 관련이 있는 뜻을 나타낸다.

자의(字意)

無緣(무연)- 인연이 없음.

- 동음이의어(同音異義語)

無煙(무연)- 연기가 나지 않는.

無鉛(무연)- 휘발유에 납의 성분이 들어 있지 않은.

舞 踊

춤출 무　　　춤출 용

자형(字形)

1. 舞(무)는 형성자로서 자형구조는 상하구조◓이다. 위에는 발음을 나타내는 無(없을 무)가 있고, 아래에는 포괄적인 뜻을 나타내는 부수 舛(어그리질 천)이 있다. 舛(천)의 본래 자형은 '양발이 서로 반대 방향으로 있는 모양[]'으로 '어그러지다'라는 뜻을 나타내고 있으나, 이 부수에 속한 글자 중 이와 관련된 글자가 없다.
2. 踊(용)은 형성자로서 자형구조는 좌우구조◑이다. 왼쪽에는 포괄적인 뜻을 나타내는 부수 足(발 족)이 있고, 오른쪽에는 발음을 나타내는 甬(길 용)이 있다.
   足(족)의 본래 자형은 '발의 모양[]'으로 대부분 '발'이나 '동작'과 관련이 있는 뜻을 나타낸다.

자의(字意)

舞踊(무용)- 춤.

- 동음이의어(同音異義語)
  武勇(무용)- 무예와 용맹.
  無用(무용)- 쓸모없음.

060

問; 물을 문 安; 편안할 안

問 安

물을 문　　　편안할 안

자형(字形)

1. 問(문)은 형성자로서 자형구조는 대략 상하구조◓이다. 위에는 발음을 나타내는 門(문 문)이 있고, 아래에는 포괄적인 뜻을 나타내는 부수 口 (구)가 있다. 口(구)의 본래 자형은 '입 모양[]'으로 대부분 '입'과 관련이 있는 뜻을 나타낸다.
2. 安(안)은 본래 '여자(女)가 집(宀)안에 있는 모양'으로 '(여자가 집에 있으면)편안하다'라는 뜻을 의미하며, 女(계집 녀)와 宀(집 면)으로 구성된 회의자이다. 宀(면)의 본래 자형은 '집의 지붕과 외벽(外壁)의 모양[]'으로 대부분 '집'과 관련된 뜻을 나타낸다. 예를 들면, 宅(집 택), 宇(집 우),宙(집 주), 宮(집 궁),室(집 실)등이 있다.

자의(字意)

問安(문안)- 웃어른에게 안부를 여쭙다.

■ 동음이의어(同音異義語)

文案(문안)- 문서나 문장의 초안.

叛; 배반할 반 起; 일어날 기 061

叛 起

배반할 반　　　일어날 기

자형(字形)

1. 叛(반)은 형성자(形聲字)로서 자형 구조는 좌우구조◐라고 볼 수 있다. 왼쪽에는 발음을 나타내는 半(반 반)이 있고, 오른쪽에는 뜻과 발음을 나타내는 反(뒤집을 반)이 있다. 이 글자의 부수(部首)는 又(또 우)이다. 又(우)의 본래 자형은 '오른 손 모양[]'을 나타낸다.
2. 起(기)는 형성자(形聲字)로서 자형 구조는 좌우구조◑라고 볼 수 있다. 왼쪽에는 포괄적인 뜻을 나타내는 부수(部首) 走(달릴 주)가 있고, 오른쪽에는 발음을 나타내는 己(자기 기)가 있다.

자의(字意)

叛起(반기)는 '배반하여 일어나다' 즉, 어떤 체제를 무너뜨리기 위해서 반란을 일으키는 것을 말한다. → 반기(叛起)하다

- 동음이의어(同音異義語)

反旗(반기) – '반대 깃발' 즉 반대 의사를 나타내는 행동이나 표시를 말한다.
→ 반기(反旗)를 들다

半期(반기) – 한 기간의 절반을 말한다.
→ 上半期(상반기), 下半期(하반기), 前半期(전반기), 後半期(후반기)

半旗(반기) – '반쯤 내려 다는 깃발' 즉 조의(弔意)를 표하기 위하여 깃대 끝에서 기폭(旗幅)만큼 내려 다는 국기를 말한다.

飯; 밥 반 酒; 술 주 062

飯 酒

밥 반　　술 주

자형(字形)

1. 飯(반)은 형성자(形聲字)로서 자형 구조는 좌우구조◑라고 볼 수 있다. 왼쪽에는 포괄적인 뜻을 나타내는 부수(部首) 食(밥 식)이 있고, 오른쪽에는 발음을 나타내는 反(되돌릴 반)이 있다.
   反(반)이 '반' 이라는 발음으로 읽히는 글자로는 叛(배반할 반), 返(돌아올 반) 등이 있다.
   食(식)의 본래 자형은 '밥을 담은 밥그릇과 뚜껑의 모양[]' 으로 대부분 '밥' 또는 '먹는 것' 과 관련이 있는 뜻을 나타낸다. 예를 들면, 飢(주릴 기), 飮(마실 음), 飽(배부를 포), 饅(만두 만) 등이 있다.
2. 酒(주)는 형성자(形聲字)로서 자형 구조는 좌우구조◑라고 볼 수 있다. 왼쪽에는 포괄적인 뜻을 나타내는 부수(部首) 氵(水물 수)가 있고, 오른쪽에는 발음을 나타내는 酉(열 번째 십이지 유)가 있다. 그러나 酒자는 ≪說文解字(설문해자)≫부터 현재 우리나라, 대만에 이르기까지 모두 부수 酉(유)에 속해 있고, 오직 중국에서 출판된 ≪現代漢語詞典(현대한어사전)≫에서만 氵(수)와 酉(유) 두 부수에 속해 있다. 본 책에서는 形符(형부)와 聲符(성부)라는 구조로 보아 氵(수)를 部首(부수)로 보고 酉(유)를 聲符(성부)로 보는 것이 이해하기 편하므로 이를 따랐다.
   酉(유)가 '추' 라는 발음으로 읽히는 글자로는 醜(추할 추), 酋(두목

추) 등이 있고, 酋(추)가 '유'라는 발음으로 읽히는 글자로는 猶(오히려 유), 猷(꾀할 유), 楢(졸참나무 유) 등이 있다.

水(수)의 본래 자형은 '흘러가는 냇물의 모양[]'으로 대부분 '물' 또는 '액체 상태'와 관련이 있는 뜻을 나타낸다. 예를 들면, 液(진액), 深(물이 깊을 심), 淺(물이 얕을 천), 海(바다 해), 浮(물에 뜰 부), 浴(목욕할 욕) 등이 있다.

자의(字意)

飯酒(반주)는 '밥 먹을 때 마시는 술'을 말한다.

- 동음이의어(同音異義語)

  伴奏(반주) – 노래나 연주를 돕기 위하여 악기로 보조를 맞추는 것을 말한다.

發 光

필발 빛광

자형(字形)

1. 發(발)은 본래 형성자(形聲字)로서 부수(部首)는 弓(활 궁)이며 발음을 나타내는 요소는 癹(짓밟을 발)이라고 한다. 그러나 현재 發(발)은 부수(部首) 癶(등질 발)에 속해 있으므로 상하구조◓라고 볼 수 있다. 위에는 발음을 나타내는 '癶(등질 발)' 이 있고, 아래에는 포괄적인 뜻을 나타내는 '弓(궁)' 이 있다. 發(발)의 본래 뜻은 아마도 '활(弓)' 과 관계있는 '활을 쏘다' 이고, 여기에서 '떠나다' 등의 뜻이 파생된 것 같다.

   發(발)이 '발' 이라는 발음으로 읽히는 글자로는 撥(퉁길 발), 醱(술빚을 발), 潑(뿌릴 발) 등이 있다.

   弓(궁)의 본래 자형은 '시위가 풀어져 있는 활의 모양[]' 으로 대부분 '활' 과 관련이 있는 뜻을 나타낸다. 예를 들면, 引(활을 당길 인), 弦(시위 현), 弧(활 호), 弩(쇠뇌 노), 彈(탄알을 쏘는 활 탄) 등이 있다.
2. 光(광)은 본래 '사람(儿)이 불(火)을 머리 위에 높게 들고 있는 모양[]' 으로 火(불 화)와 儿(사람 인)으로 구성된 회의자(會意字)◓이다. 그러나 현재는 자형(字形)을 분석할 수 없을 정도로 많이 변화하였다.

   光(광)이 '광' 이라는 발음으로 읽히는 글자로는 胱(오줌통 광) 등이 있고, '황' 이라는 발음으로 읽히는 글자로는 恍(황홀할 황), 晃(밝을 황) 등이 있다.

儿(인)의 본래 자형은 '사람의 다리 부분의 모양' 으로 자형의 일부가 대부분 '사람의 다리 부분' 을 나타낸다. 예를 들면, 兄(맏 형), 兒(아이 아) 등이 있다. 그러나 儿(인) 부수에는 대부분 본래 의미와 상관없이 현재 자형에 근거하여 글자를 나열하고 있다.

자의(字意)

發光(발광)은 '빛을 발한다' 는 뜻이다.
→ 발광체(發光體) – 스스로 빛을 발하는 물체.

- 동음이의어(同音異義語)

發狂(발광) – 병(病)으로 미친 증세가 일어나다. 또는 미친 듯이 날뛰는 것을 말한다.

發; 일어날 발 祥; 조짐 상 **064**

發 祥

일어날 발　　　조짐 상

자형(字形)

1. 發(발)은 본래 형성자(形聲字)로서 부수(部首)는 弓(활 궁)이며 발음을 나타내는 요소는 癹(짓밟을 발)이라고 한다. 그러나 현재 發(발)은 부수(部首) 癶(등질 발)에 속해 있으므로 상하구조◒라고 볼 수 있다. 위에는 발음을 나타내는 '癶(등질 발)' 이 있고, 아래에는 포괄적인 뜻을 나타내는 '弓(궁)' 이 있다.
   發(발)이 '발' 이라는 발음으로 읽히는 글자로는 撥(퉁길 발), 醱(술 빚을 발), 潑(뿌릴 발) 등이 있다.
   弓(궁)의 본래 자형은 '시위가 풀어져 있는 활의 모양[]' 으로 대부분 '활' 과 관련이 있는 뜻을 나타낸다. 예를 들면, 弧(활 호), 彈(탄알을 쏘는 활 탄), 張(활에 시위를 얹을 장), 引(당길 인) 등이 있다.
2. 祥(상)은 형성자(形聲字)로서 자형 구조는 좌우구조◑라고 볼 수 있다. 왼쪽에는 포괄적인 뜻을 나타내는 '示(보일 시)' 가 있고, 오른쪽에는 발음을 나타내는 '羊(양 양)' 이 있다. 祥(상)의 본래 뜻은 '길조(吉兆)' 라고 한다. 그래서 祥(상)은 제단(祭壇)을 의미하는 '示(시)' 를 부수(部首)로 하고, '羊(양)' 은 발음만 나타내고 있을 뿐만 아니라 상서(祥瑞)로운 동물로서 그 의미까지 나타내고 있는 것 같다.
   羊(양)이 '상' 이라는 발음으로 읽히는 글자로는 詳(자세할 상), 翔(빙

빙 돌아 날 상), 庠(학교 상) 등이 있고, '양' 이라는 발음으로 읽히는 글자로는 洋(바다 양), 養(기를 양), 樣(모양 양), 恙(근심 양), 痒(앓을 양) 등이 있다.

示(시)의 본래 자형은 '제단(祭壇)의 모양' 으로 대부분 神(신)이나 제사(祭祀)와 관련이 있는 뜻을 나타낸다. 예를 들면, 社(토지의 신 사), 祀(제사 사), 祝(빌 축), 祠(사당 사), 禍(재화 화), 福(복 복) 이 있다.

자의(字意)

發祥(발상)은 본래 '상서로운 조짐이 일어나다' 라는 뜻에서 '조짐' 은 '시작을 알리는 것' 으로 '어떤 일이 처음으로 일어나다' 라는 뜻으로 사용되고 있다.

→ 발상지(發祥地)

■ 동음이의어(同音異義語)

發想(발상) – '생각을 일으키다' 즉 어떤 생각을 해내는 것을 말한다.

發 疹

일어날 발 홍역 진

자형(字形)

1. 發(발)은 본래 형성자(形聲字)로서 부수(部首)는 弓(활 궁)이며 발음을 나타내는 요소는 癹(짓밟을 발)이라고 한다. 그러나 현재 發(발)은 부수(部首) 癶(등질 발)에 속해 있으므로 상하구조◓라고 볼 수 있다. 위에는 발음을 나타내는 '癶(등질 발)'이 있고, 아래에는 포괄적인 뜻을 나타내는 '弓(궁)'이 있다.

   發(발)이 '발'이라는 발음으로 읽히는 글자로는 撥(퉁길 발), 醱(술 빚을 발), 潑(뿌릴 발) 등이 있다.

   弓(궁)의 본래 자형은 '시위가 풀어져 있는 활의 모양[]'으로 대부분 '활'과 관련이 있는 뜻을 나타낸다. 예를 들면, 弧(활 호), 彈(탄알을 쏘는 활 탄), 張(활에 시위를 얹을 장), 引(당길 인) 등이 있다.

2. 疹(진)은 형성자(形聲字)로서 자형 구조는 내외구조◆라고 볼 수 있다. 바깥쪽에는 포괄적인 뜻을 나타내는 '疒(병들어 기댈 녁)'이 있고, 안쪽에는 발음을 나타내는 요소가 있다. 疹(진)의 본래 뜻은 '좁쌀 같이 작은 종기가 많이 나는 병'이라고 한다.

   疹(진)의 안쪽 부분이 '진'이라는 발음으로 읽히는 글자로는 珍(보배 진), 診(볼 진), 殄(다힐 진), 袗(홑옷 진) 등이 있고, '삼'이라는 발음으로 읽히는 글자로는 參(석 삼), 滲(스밀 삼), 蔘(인삼 삼) 등이 있고,

'참' 이라는 발음으로 읽히는 글자로는 慘(참혹할 참), 㾪(놀라서 떨 참) 등이 있다.

疒(녁)의 본래 자형은 '사람이 침대(爿장)에 누워 땀을 뻘뻘 흘리고 있는 모양[ ]'이었는데, 후에 자형이 침대(爿)와 한 획(一)으로 간단하게 변화하였다. 현재 자형은 한 획(一)이 亠로 바뀌었다. 이 부수는 대부분 '病(병)'과 관련이 있는 뜻을 나타낸다. 예를 들면, 疾(병 질), 病(병 병), 疫(염병 역), 疵(흠 자), 痕(흉터 흔), 疼(아플 동), 痛(아플 통), 瘍(종기 양) 등이 있다.

자의(字意)

發疹(발진) – 열이나 약물, 감염 등으로 인해 피부 부위에 작은 종기가 돋는 질환. 또는 그런 상태. 예) 피부발진(皮膚發疹)

■ 동음이의어(同音異義語)

發進(발진) – 군함, 비행기, 로켓 등이 기지를 출발하여 나아가는 것을 말한다.

發振(발진) – 전기 진동을 일으키는 것을 말한다. → 발진기(發振器)

發; 일어날 발 效; 본받을 효 **066**

發 效

일어날 발 본받을 효

자형(字形)

1. 發(발)은 본래 형성자(形聲字)로서 부수(部首)는 弓(활 궁)이며 발음을 나타내는 요소는 癹(짓밟을 발)이라고 한다. 그러나 현재 發(발)은 부수(部首) 癶(등질 발)에 속해 있으므로 상하구조◓라고 볼 수 있다. 위에는 발음을 나타내는 '癶(등질 발)' 이 있고, 아래에는 포괄적인 뜻을 나타내는 '弓(궁)' 이 있다.
   發(발)이 '발' 이라는 발음으로 읽히는 글자로는 撥(퉁길 발), 醱(술 빚을 발), 潑(뿌릴 발) 등이 있다.
   弓(궁)의 본래 자형은 '시위가 풀어져 있는 활의 모양[]' 으로 대부분 '활' 과 관련이 있는 뜻을 나타낸다. 예를 들면, 弧(활 호), 彈(탄알을 쏘는 활 탄), 張(활에 시위를 얹을 장), 引(당길 인) 등이 있다.
2. 效(효)는 형성자(形聲字)로서 자형 구조는 좌우구조◐라고 볼 수 있다. 왼쪽에는 발음을 나타내는 交(사귈 교)가 있고, 오른쪽에는 포괄적인 뜻을 나타내는 부수(部首) 攵(攴칠 복)이 있다. 效(효)의 본래 의미는 '본받다' 이므로 동작을 의미하는 攴(복)을 부수로 한다.
   交(교)가 '교' 라는 발음으로 읽히는 글자로는 校(학교 교), 較(견줄 교), 絞(목맬 교), 狡(교활할 교), 蛟(교룡 교), 郊(성 밖 교) 등이 있고, '효' 라는 발음으로 읽히는 글자로는 詨(부르짖을 효) 등이 있다.

攴(복)의 본래 자형은 '손(又)에 막대기(卜)를 들고 있는 모양[]'으로 본래 '치다' 라는 의미로 동작과 관련된 뜻을 나타낸다. 예를 들면, 攻(칠 공), 放(놓을 방), 散(흩을 산), 敲(두드릴 고), 敷(펼 부), 斂(거둘 렴) 등이 있다.

자의(字意)

發效(발효) – 효력(效力)을 나타내다.

- 동음이의어(同音異義語)

  醱酵(발효) – 효모나 곰팡이 등의 작용으로 유기물이 분해 또는 산화하여 화학적으로 변화하는 현상을 말한다.

防; 막을 방 空; 빌 공 067

防 空
막을 방 빌 공

자형(字形)

1. 防(방)은 본래 형성자(形聲字)로서 자형 구조는 좌우구조◑라고 볼 수 있다. 왼쪽에는 포괄적인 뜻을 나타내는 부수(部首) 阝(阜언덕 부)가 있고, 오른쪽에는 발음을 나타내는 方(모 방)이 있다. 防(방)의 본래 의미는 阜(언덕 부)와 관련 있는 '둑' 인데, 나중에는 '막다' 등의 뜻으로 확대되어 사용되고 있다.
   方(방)이 '방' 이라는 발음으로 읽히는 글자로는 放(놓을 방), 妨(방해할 방), 房(방 방), 紡(자을 방), 訪(찾을 방), 芳(꽃다울 방), 傍(곁 방), 肪(기름 방), 倣(본뜰 방), 榜(방써붙일 방) 등이 있다.
   阜(부)의 본래 자형은 '흙으로 만든 계단의 모양[阝]' 으로 대부분 '높은 곳' 이나 '계단' 과 관련이 있는 뜻을 나타낸다. 예를 들면, 陵(큰 언덕 릉), 陸(뭍 륙), 隆(높을 륭), 階(섬돌 계), 陛(섬돌 폐), 除(섬돌 제) 등이 있다.
2. 空(공)은 형성자(形聲字)로서 자형 구조는 상하구조◒라고 볼 수 있다. 위에는 포괄적인 뜻을 나타내는 부수(部首) 穴(구멍 혈)이 있고, 아래에는 발음을 나타내는 工(장인 공)으로 구성되어 있다.
   工(공)이 '공' 이라는 발음으로 읽히는 글자로는 攻(칠 공), 功(공 공), 貢(바칠 공), 恐(두려울 공), 鞏(묶을 공) 등이 있고, '홍' 이라는 발음으로 읽히는 글자로는 紅(붉을 홍), 訌(어지러울 홍), 鴻(큰 기러기 홍) 등이 있고, '강' 이라는 발음으로 읽히는 글자로는 江(강 강), 腔(빈 속 강) 등이 있고, '항' 이라는 발음으로 읽히는 글자로는 項(목 항), 肛(똥구멍 항), 缸(항아리 항) 등이 있다.

穴(혈)의 본래 자형은 '움집의 모양[]' 으로 '구멍' 이나 '동굴' 과 관련 있는 뜻을 나타낸다. 예를 들면, 窓(창 창), 穿(구멍을 뚫을 천), 窺(구멍으로 엿볼 규), 窟(굴 굴), 窯(기와 굽는 가마 요) 등이 있다.

자의(字意)

防空(방공) – 적이 하늘을 통하여 항공기나 미사일로 공격하는 것을 막다.

■ 동음이의어(同音異義語)

防共(방공) – 공산주의 세력을 막다.

放; 놓을 방 免; 면할 면 068

放 免

놓을 방　　면할 면

자형(字形)

1. 放(방)은 본래 형성자(形聲字)로서 자형 구조는 좌우구조◐라고 볼 수 있다. 왼쪽에는 발음을 나타내는 方(모 방)이 있고, 오른쪽에는 포괄적인 뜻을 나타내는 부수(部首) 攵(攴칠 복)이 있다.

   方(방)이 '방' 이라는 발음으로 읽히는 글자로는 防(둑 방), 妨(방해할 방), 房(방 방), 紡(자을 방), 訪(찾을 방), 芳(꽃다울 방), 傍(곁 방), 肪(기름 방), 倣(본뜰 방), 榜(방써붙일 방) 등이 있다.

   攴(복)의 본래 자형은 '손(又)에 막대기(卜)를 들고 있는 모양[]'으로 본래 '치다' 라는 의미로 동작과 관련된 뜻을 나타낸다. 예를 들면, 攻(칠 공), 散(흩을 산), 敲(두드릴 고), 敷(펼 부), 斂(거둘 렴) 등이 있다.

2. 免(면)은 兔(=兎=兔, 토끼 토)에서 '토끼의 발' 에 해당하는 한 점이 없는 자형으로 '토끼의 발이 보이지 않게 되다' 에서 '달아나다' '벗어나다' 라는 뜻을 나타낸다고 한다. 免(면)은 현재 자형에 근거하여 부수(部首) 儿(인)에 포함되어 있다.

   免(면)이 '면' 이라는 발음으로 읽히는 글자로는 勉(힘쓸 면), 冕(면류관 면) 등이 있고, '만' 이라는 발음으로 읽히는 글자로는 晩(저물 만), 娩(해산할 만), 挽(당길 만), 輓(끌 만) 등이 있다.

   儿(인)의 본래 자형은 '사람의 다리 부분의 모양' 이지만 이 부수에 속해 있는 글자를 보면 兕(외뿔소 시)와 같이 '짐승의 다리'를 나타내는 글자들도 있다. 이 부수에 속해 있는 글자들은 대부분이 자형과 관계 있을 뿐 의미상 관계는 거의 없다.

자의(字意)

放免(방면) – 얽매인 상태에서 풀어주다.

- 동음이의어(同音異義語)

  方面(방면) – 어떤 장소나 지역이 있는 방향. 또는 분야.

傍 白

곁 방 사뢸 백

자형(字形)

1. 傍(방)은 본래 형성자(形聲字)로서 자형 구조는 좌우구조◑라고 볼 수 있다. 왼쪽에는 포괄적인 뜻을 나타내는 人(사람 인)이 있고, 오른쪽에는 발음을 나타내는 旁(두루 방)이 있다.
   旁(방)이 '방' 이라는 발음으로 읽히는 글자로는 榜(방써붙일 방), 膀(오줌통 방), 謗(헐뜯을 방), 滂(비 퍼부을 방), 磅(돌 떨어지는 소리 방) 등이 있다.
   人(인)의 본래 자형은 '사람이 옆으로 서있는 모양[]' 으로 대부분 '사람' 과 관련이 있는 뜻을 나타낸다. 예를 들면, 僧(중 승), 侶(짝 려), 傭(품팔이 용), 僕(종 복), 傀(꼭두각시 괴), 儡(꼭두각시 뢰) 등이 있다.
2. 白(백)은 본래 '엄지손가락 모양[]' 으로 '맏' 이라는 뜻이었는데, 후에 白(백)이 '희다' 라는 뜻으로 사용하게 되자 白(백)에 人(인)을 더하여 '맏' 이라는 뜻을 나타내었다고 한다. 또 다른 설은 白(백)은 본래 '불꽃 모양' 으로 '희다' 가 본래 뜻이라고 한다. 白(백)은 대부분 '희다' 와 관련이 있는 뜻을 나타낸다. 예를 들면, 皎(흴 교), 皓(흴 호) 등이 있다.
   白(백)이 '백' 이라는 발음으로 읽히는 글자로는 百(일백 백), 伯(맏 백), 柏(나무 이름 백), 佰(일백 백), 帛(비단 백), 魄(넋 백) 등이 있다.

자의(字意)

傍白(방백) – 연극에서 연기자가 청중에게는 들리나 무대 위의 상대편 에게는 들리지 않는 것으로 간주하고 말하는 대사.

■ 동음이의어(同音異義語)

方伯(방백) – 나라의 한 지역을 다스리는 높은 관리.

放 飼

놓을 방　　　먹일 사

자형(字形)

1. 放(방)은 본래 형성자(形聲字)로서 자형 구조는 좌우구조◐라고 볼 수 있다. 왼쪽에는 발음을 나타내는 方(모 방)이 있고, 오른쪽에는 포괄적인 뜻을 나타내는 부수(部首) 攵(攴칠 복)이 있다.
   方(방)이 '방' 이라는 발음으로 읽히는 글자로는 防(둑 방), 妨(방해할 방), 房(방 방), 紡(자을 방), 訪(찾을 방), 芳(꽃다울 방), 傍(곁 방), 肪(기름 방), 倣(본뜰 방), 榜(방써붙일 방) 등이 있다.
   攴(복)의 본래 자형은 '손(又)에 막대기(卜)를 들고 있는 모양[]' 으로 본래 '치다' 라는 의미로 동작과 관련된 뜻을 나타낸다. 예를 들면, 攻(칠 공), 散(흩을 산), 敲(두드릴 고), 敷(펼 부), 斂(거둘 렴) 등이 있다.
2. 飼(사)는 형성자(形聲字)로서 자형 구조는 좌우구조◑라고 볼 수 있다. 왼쪽에는 포괄적인 뜻을 나타내는 부수(部首) 食(밥 식)이 있고, 오른쪽에는 발음을 나타내는 司(맡을 사)가 있다.
   司(사)가 '사' 라는 발음으로 읽히는 글자로는 祠(사당 사), 伺(엿볼 사), 嗣(이을 사), 詞(말씀 사) 등이 있다.
   食(식)의 본래 자형은 '밥을 담은 밥그릇과 뚜껑의 모양[]' 으로 대부분 '밥' 또는 '먹는 것' 과 관련이 있는 뜻을 나타낸다. 예를 들면, 飢(주릴 기), 飮(마실 음), 飽(배부를 포), 饅(만두 만) 등이 있다.

자의(字意)

放飼(방사) – 가축을 우리에 가두지 않고 놓아 먹이다.

- 동음이의어(同音異義語)

放射(방사) – 물체가 열이나 빛을 밖으로 내뿜는 것. 중앙의 한 점에서 바퀴살 모양으로 내뻗치다.

房事(방사) – '방안의 일' 로 남녀가 성교하는 일을 말한다.

放; 멋대로 할 방 恣; 방자할 자 **071**

放 恣

멋대로 할 방　　방자할 자

자형(字形)

1. 放(방)은 본래 형성자(形聲字)로서 자형 구조는 좌우구조◐라고 볼 수 있다. 왼쪽에는 발음을 나타내는 方(모 방)이 있고, 오른쪽에는 포괄적인 뜻을 나타내는 부수(部首) 攵(攴칠 복)이 있다.
   方(방)이 '방' 이라는 발음으로 읽히는 글자로는 防(둑 방), 妨(방해할 방), 房(방 방), 紡(자을 방), 訪(찾을 방), 芳(꽃다울 방), 傍(곁 방), 肪(기름 방), 倣(본뜰 방), 榜(방써붙일 방) 등이 있다.
   攴(복)의 본래 자형은 '손(又)에 막대기(卜)를 들고 있는 모양[]'으로 본래 '치다' 라는 의미로 동작과 관련된 뜻을 나타낸다. 예를 들면, 攻(칠 공), 散(흩을 산), 敲(두드릴 고), 敷(펼 부), 斂(거둘 렴) 등이 있다.
2. 恣(자)는 형성자(形聲字)로서 자형 구조는 상하구조◓라고 볼 수 있다. 위에는 발음을 나타내는 次(버금 차)가 있고, 아래에는 포괄적인 뜻을 나타내는 心(마음 심)이 있다.
   次(차)가 '자' 라는 발음으로 읽히는 글자로는 資(재물 자), 姿(맵시 자), 咨(물을 자), 諮(물을 자), 瓷(오지그릇 자), 茨(가시나무 자) 등이 있다.
   心(심)의 본래 자형은 '심장의 모양[]' 이다. 고대 중국인들은 아마도 사람의 마음은 가슴속에 있다고 생각했던 것 같다. 그래서 대부

분 '사람의 심리적인 작용'과 관련이 있는 뜻을 나타낸다. 예를 들면, 忌(꺼릴 기), 忍(참을 인), 忘(잊을 망), 怨(원망할 원), 忠(충성 충), 念(생각할 념), 急(급할 급) 등이 있다.

자의(字意)

放恣(방자) – 꺼리는 것이 없이 멋대로 굴다.

- 동음이의어(同音異義語)

房子(방자) – 조선 때 지방 관아에서 부리던 남자 하인.

賠; 물어줄 배 償; 갚을 상 072

賠 償

물어줄 배 갚을 상

자형(字形)

1. 賠(배)는 형성자로서 자형 구조는 좌우구조◐이다. 왼쪽에는 포괄적인 뜻을 나타내는 부수 貝(조개 패)가 있고, 오른쪽에는 발음을 나타내는 요소 咅(침 부)가 있다. 貝(패)의 본래 자형은 '조개모양[]'으로 '돈'과 관련이 있는 뜻을 나타낸다.
2. 償(상)은 형성자로서 자형 구조는 좌우구조◐이다. 왼쪽에는 포괄적인 뜻을 나타내는 부수 人(사람 인)이 있고, 오른쪽에는 발음을 나타내는 賞(상줄 상)이 있다. 人(인)의 본래 자형은 '사람이 옆으로 서있는 모양[]'이다. 하지만 부수 亻(인)에 속한 글자들은 반드시 '사람'과 관련이 있는 것 같지는 않다.

자의(字意)

賠償(배상)-손해를 갚아 주다.

- 동음이의어(同音異義語)
  拜上(배상)-삼가 올림. 흔히 편지 끝에 사용.

■ 동음자(同音字)

· 咅 - (부)(배)

부 - 部(거느릴 부): 部下(부하)

剖(쪼갤 부): 解剖(해부)

배 - 培(북돋울 배): 栽培(재배)

倍(곱 배): 倍數(배수)

陪(모실 배): 陪席(배석)

輩 出

무리 배　　　날 출

자형(字形)

1. 輩(배)는 형성자(形聲字)로서 자형구조는 상하구조◓이다. 위에는 발음을 나타내는 非(아닐 비)가 있고, 아래에는 포괄적인 뜻을 나타내는 부수(部首) 車(수레 차{거})가 있다. 輩(배)의 본래 뜻은 '수레의 행렬'을 의미한다. 車(거)는 수레[車의 金文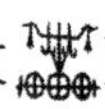]의 '바퀴 모양'으로 '수레'라는 의미로 사용되고 있다. 車(거)는 대부분 '수레'와 관련이 있는 뜻을 나타낸다. 예를 들면, 軌(수레바퀴 자국 궤), 軸(굴대 축), 載(수레에 실을 재), 輓(수레를 끌 만), 輪(바퀴 륜) 등이 있다.
2. 出(출)의 본래 자형은 '발(止)이 출구(口)의 위에 있는 모양[]'으로 '(출구에서)나오다'라는 뜻으로 사용되었다. 현재 자형은 많이 변화하여 그 본래 뜻을 알 수 없게 되었다.

자의(字意)

輩出(배출)－ 인재가 쏟아져 나오다.

■ 동음이의어(同音異義語)

排出(배출)－ 불필요한 물질을 밀어서 밖으로 내보내다.

■ 동음자(同音字)

· **非-(비)(배)**

비 - 緋(붉은비단 비): 緋緞(비단)

誹(헐뜯을 비): 誹謗(비방)

匪(비적 비): 武裝共匪(무장공비)

蜚(곤충이름 바퀴 비): 流言蜚語(유언비어)

翡(물총새 비): 翡翠(비취)색

菲(엷을 비), 扉(문짝 비), 斐(문채날 비) 등

배 - 排(밀칠 배): 排球(배구)

徘(노닐 배): 徘徊(배회)

俳(광대 배): 俳優(배우)

裵=裴(성씨 배): 裵裨將傳(배비장전)

白; 흰 백 球; 공 구 074

白 球

흰 백　　　공 구

자형(字形)

1. 白(백)은 본래 '엄지손가락 모양[]'으로 '맏'이라는 뜻이었는데, 후에 白(백)이 '희다'라는 뜻으로 사용하게 되자 白(백)에 人(인)을 더한 伯(백)이 '맏'이라는 뜻을 나타내었다고 한다. 또 다른 설은 白(백)은 본래 '불꽃 모양'으로 '희다'가 본래 뜻이라고 한다.
2. 球(구)는 형성자로서 자형구조는 좌우구조다. 왼쪽에는 뜻을 나타내는 부수 玉(옥 옥)이 있고, 오른쪽에는 발음을 나타내는 求(구할 구)가 있다. 球(구)의 본래 의미는 玉(옥)과 관련이 있는 '아름다운 옥'인데, 나중에는 '둥근 물체'를 나타내는 뜻으로 주로 사용되고 있다. 玉(옥)의 본래 자형은 '옥을 줄에 꿰어 놓은 모양[]'으로 후에 혼동을 피하기 위하여 한 점을 더했다.

자의(字意)

白球(백구)- 야구, 배구 등의 흰 공.

■ 동음이의어(同音異義語)

白狗(백구)-흰 강아지

白鷗(백구)– 갈매기
白駒(백구)– 흰 망아지

■ 동음자(同音字)

· **求–(구)**

구 – 救(구원할 구): 救助袋(구조대)
裘(갖옷 구), 毬(공 구), 逑(짝 구), 銶(끌 구), 絿(급박할 구) 등

壁; 벽 벽 紙; 종이 지 075

壁 紙

벽 벽　　　　종이 지

자형(字形)

1. 壁(벽)은 형성자로서 자형 구조는 상하구조◓이다. 위에는 발음을 나타내는 辟(임금 벽)이 있고, 아래에는 뜻을 나타내는 부수 土(흙 토)가 있다. 土(토)의 본래 자형은 '땅(一)위에 흙덩이가 있는 모양[]'으로 대부분 '흙'과 관련이 있는 뜻을 나타낸다.
2. 紙(지)는 형성자로서 자형 구조는 좌우구조◑이다. 왼쪽에는 포괄적인 뜻을 나타내는 부수 糸(가는 실 사{멱})가 있고, 오른쪽에는 발음을 나타내는 氏(씨 씨)가 있다. 紙(지)는 주로 식물성 섬유로 얇고 판판하게 만든 물건을 말한다. 糸(사)의 본래 자형은 '실타래 모양[]'으로 대부분 '실(줄, 옷감)' -> '물들이다(색깔)'와 관련이 있는 뜻을 나타낸다.

자의(字意)

壁紙(벽지)- 벽에 바르는 종이.

■ 동음이의어(同音異義語)

僻地(벽지)- 도시에서 멀리 떨어진 외진 곳

擘指(벽지)– 엄지손가락.

■ 동음자(同音字)

· 辟–**(벽)(피)**

벽 – 闢(열 벽): 天地開闢(천지개벽)

癖(버릇 벽): 酒癖(주벽), 盜癖(도벽)

霹(벼락 벽): 青天霹靂(청천벽력)

劈(쪼갤 벽): 新年(신년)의 劈頭(벽두)부터

僻(후미질 벽): 山間僻村(산간벽촌)

璧(둥근 옥 벽), 擘(엄지손가락 벽) 등

피 – 避(피할 피): 避難(피난)

病 苦

병 병　　　쓸 고

자형(字形)

1. 病(병)은 형성자로서 자형구조는 상하구조◒로 볼 수 있다. 안쪽에는 발음을 나타내는 丙(셋째 천간 병)이 있고, 바깥쪽에는 뜻을 나타내는 부수 疒(병들어 기댈 녁)이 있다. 疒(녁)의 본래 자형은 '사람(人)이 병이 나서 침대(爿 장)에 누워 땀을 뻘뻘 흘리고 있는 모양[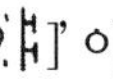]'이었는데, 후에 자형이 침대(爿)와 한 획(一)으로 간단하게 변화하였다.
2. 苦(고)는 형성자로서 자형구조는 상하구조◒이다. 위에는 포괄적인 뜻을 나타내는 '艸(풀 초)'가 있고, 아래에는 발음을 나타내는 '古(고)'가 있다. 자의는 본래 '씀바귀'라는 식물의 이름을 의미하였으나, 현재는 '쓰다'라는 의미로 사용되고 있다.

자의(字意)

病苦(병고)– 병으로 인한 고통.

- **동음이의어(同音異義語)**
  病故(병고)–병으로 인해 생기는 사고.

077

補; 기울 보 給; 넉넉할 급

補 給

기울 보 넉넉할 급

자형(字形)

1. 補(보)는 형성자로서 자형구조는 좌우구조◑이다. 왼쪽에는 포괄적인 뜻을 나타내는 부수 衣(옷 의)가 있고, 오른쪽에는 발음을 나타내는 甫(클 보)가 있다. 衣(의)의 본래 자형은 '윗옷의 모양[]'으로 '옷'이나 '옷감'과 관련 있는 뜻을 나타낸다.
2. 給(급)은 형성자로서 자형구조는 좌우구조◑이다. 왼쪽에는 포괄적인 뜻을 나타내는 부수 糸(가는 실 사{멱})가 있고, 오른쪽에는 발음을 나타내는 合(합할 합)이 있다. 糸(사)의 본래 자형은 '실타래 모양[]'으로 대부분 '실(줄, 옷감)->물들이다(색깔)'와 관련이 있는 뜻을 나타낸다.

자의(字意)

補給(보급)- 필요한 물자를 계속 대어 주는 것.

- 동음이의어(同音異義語)

  普及(보급)- 어떤 것을 골고루 여러 곳까지 미치게 퍼뜨리는 것.

■ 동음자(同音字)

· 合-(합)(답)(흡)

합 - 蛤(대합조개 합): 紅蛤(홍합), 大蛤(대합)

盒(합 합): 飯盒(반합), 粉盒(분합)

閤(쪽문 합): 閤下(합하)

哈(물고기 많은 모양 합) 등

답 - 答(대답 답): 默默不答(묵묵부답)

흡 - 洽(흡족할 흡): 洽足(흡족), 未洽(미흡)하다

恰(마치 흡): 恰似(흡사)하다

翕(합할 흡) 등

078 社; 단체 사 歌; 노래 가

社 歌

단체 사　　노래 가

자형(字形)

1. 社(사)는 회의자(會意字)로서 자형 구조는 좌우구조◑라고 볼 수 있다. 社(사)의 본래 뜻은 '土地(토지)의 神(신)'으로 土(흙 토)와 示(시)로 구성되어 있으며, 의미가 神(신)과 관련 있으므로 부수(部首) 示(시)에 속해 있다.
   示(시)의 본래 자형은 제단(祭壇)의 모양으로 대부분 神(신)과 관련이 있는 뜻을 나타내는 부수(部首)이다. 祭(제)자를 보면 示(시)가 祭壇(제단)의 모양이라는 것을 쉽게 알 수 있다. 祭(제)는 '⺼(육)'·'又(우)'·'示(시)'로 구성되어 있는데, '손(又)으로 고기(⺼)를 제단(示)에 바치는 모양[]'으로 '제사지내다'라는 뜻을 나타낸다.
2. 歌(가)는 형성자(形聲字)로서 자형 구조는 좌우구조◐라고 볼 수 있다. 왼쪽에는 발음을 나타내는 哥(형 가)가 있고, 오른쪽에는 포괄적인 뜻을 나타내는 부수(部首) 欠(하품 흠)이 있다.
   欠(흠)의 본래 자형은 '사람(人)이 입(口)을 벌리고 있는 모양[]'으로 대부분 '입'과 관련이 있는 뜻을 나타내는 부수(部首)이다. 예를 들면, 欺(기) - '(입을 벌려 말로) 속이다' '歎(탄) - (입을 벌리고) 감탄하다' '歡(환) - (입을 벌리고) 기뻐하다' 등이 있다.

자의(字意)

社歌(사가)는 '회사의 노래' 즉, 한 회사의 설립 이념(理念)이나 이상(理想)을 나타내는 노래를 말한다.

■ 동음이의어(同音異義語)

史家(사가) – 역사가(歷史家)의 준말이다.
→ 민족(民族) 사가(史家)

私家(사가) – 私(사)는 公的(공적)인 것과 상대되는 말로 個人的(개인적)인 것을 말한다. 私家(사가)는 일반적인 사람이 사는 집을 말한다.

斜 角

비낄 사　　뿔 각

자형(字形)

1. 斜(사)는 형성자(形聲字)로서 자형 구조는 좌우구조◐라고 볼 수 있다. 왼쪽에는 발음을 나타내는 余(나 여)가 있고, 오른쪽에는 포괄적인 뜻을 나타내는 부수(部首) 斗(말 두)가 있다.
   余(여)가 '사' 라는 발음으로 읽히는 글자로는 賒(외상으로 살 사)가 있고, 余(여)가 '서' 라는 발음으로 읽히는 글자로는 敍(차례 서), 徐(천천할 서) 등이 있고, 余(여)가 '여' 라는 발음으로 읽히는 글자로는 餘(남을 여), 艅(배 이름 여) 등이 있다.
   斗(두)의 본래 자형은 '술을 푸는 국자의 모양[]' 으로 대부분 '술' 또는 '되(됫박)' 과 관련이 있는 뜻을 나타낸다. 예를 들면, 斟(술 따를 짐), 料(되질할 료) 등이 있다.
2. 角(각)은 본래 짐승의 '뿔 모양[]' 으로 대부분 '뿔' 또는 '부딪치는 동작' 과 관련이 있는 뜻을 나타낸다. 예를 들면, 觴(뿔로 만든 잔 상), 觸(닿을 촉) 등이 있다.

자의(字意)

斜角(사각)은 '기울어진 각' 즉 직각(直角)이나 평각(平角)이 아닌 예각

(銳角)이나 둔각(鈍角)을 말한다.

■ 동음이의어(同音異義語)

四角(사각) – 네 개의 각(角)이나, 네 개의 각(角)을 가지고 있는 모양을 말한다. 즉 '네모'를 말한다. → 사각모(四角帽)

死角(사각) – '죽은(없는) 각(角)' 즉, 가까운 곳에 있으나 눈으로 보지 못하게 되어 있는 범위. 또는 射程距離(사정거리) 안에 있으면서도 어떤 장애물로 인해 적의 화력의 피해를 받지 않는 각도나 범위를 말한다. → 인권(人權)의 사각지대(死角地帶)

080

四 苦

넉 사　　쓸 고

자형(字形)

1. 四(사)는 본래 '코에서 콧물(바람)이 나오는 모양[]'을 그린 상형자(象形字)이다. 四(사)가 '숫자'로 사용하게 되자, 四(사)에 물을 의미하는 水를 더한 泗(사)로 '콧물'을 나타내고, 호흡기관인 입을 의미하는 口(구)를 더한 呬(숨을 내쉴 희)로 '숨을 내쉰다'는 뜻을 나타내게 되었다. 四(사)는 현재 부수 囗(에울 위)에 속해 있으나 의미상 아무런 관계가 없고, 단지 현재 자형에 근거하여 찾기 편하도록 囗(위) 부수에 나열하고 있다.

   四(사)가 '사'라는 발음으로 읽히는 글자로는 泗(물이름 사), 駟(네 필의 말 사), 柶(수저 사) 등이 있다.

   囗(위)의 본래 자형은 '둥그런 원 모양'으로 '일정한 경계내의 지역'을 의미한다. 예를 들면, 囚(가둘 수: 사람이 일정한 경계 내에 갇혀 있다), 圃(밭 포), 園(동산 원), 國(나라 국) 등이 있다.
2. 苦(고)는 형성자(形聲字)로서 자형 구조는 상하구조◒라고 볼 수 있다. 위에는 포괄적인 뜻을 나타내는 '艹(艸풀 초)'가 있고, 아래에는 발음을 나타내는 '古(고)'가 있다. 자의(字意)는 본래 '씀바귀'라는 식물의 이름을 의미하였으나, 현재는 '쓰다'라는 의미로 사용되고 있다.

   古(고)가 '고'라는 발음으로 읽히는 글자로는 姑(고모 고), 枯(마를

고), 故(옛 고), 沽(팔 고), 固(굳을 고), 錮(땜질할 고), 痼(고질 고) 등이 있다.

艹(초)의 본래 자형은 '풀의 모양[ψψ]'으로 대부분 '식물의 이름'과 관련이 있는 뜻을 나타낸다. 예를 들면, 芝(영지 지), 芙(부용 부), 蓉(연꽃 용), 蓬(쑥 봉), 蓮(연밥 련), 荷(연 하) 등이 있다.

자의(字意)

四苦(사고)는 불교(佛敎)에서 말하는 네 가지 고통(苦痛) 즉 생로병사(生老病死)를 말한다.

- 동음이의어(同音異義語)

事故(사고) – 뜻밖에 일어난 좋지 않은 일.

思考(사고) – 생각하고 궁리하는 것 즉 깊이 생각하는 것.
→ 사고방식(思考方式)

社告(사고) – 신문사에서 자기네 신문에 내는 광고.

史庫(사고) – 역사에 관한 기록 및 서적을 간직해두는 나라의 서고(書庫).

四庫(사고) – 중국 당(唐)나라 현종(玄宗) 때 장안(長安)과 낙양(洛陽)의 두 곳에 서적을 경 · 사 · 자 · 집(經 · 史 · 子 · 集)의 네 부분으로 대별하여 보존하던 곳집.
→ 사고전서(四庫全書)

081 沙; 모래 사 果; 실과 과

沙 果

모래 사　　실과 과

자형(字形)

1. 沙(사)는 형성자(形聲字)로서 자형 구조는 좌우구조◑라고 볼 수 있다. 왼쪽에는 포괄적인 뜻을 나타내는 '氵(水물 수)' 가 있고, 오른쪽에는 발음을 나타내는 '少(적을 소)' 가 있다. 沙(사)의 본래 뜻은 '모래' 라고 한다. 그래서 모래는 물가에 있으므로 '水(수)' 를 부수(部首)로 하기도 하고, 모래는 돌이 부서진 것이므로 石(석)을 부수로 하기도 한다.

   少(소)가 '사' 라는 발음으로 읽히는 글자로는 娑(춤출 사), 裟(가사 사), 砂(모래 사), 紗(깁 사) 등이 있고, '묘' 라는 발음으로 읽히는 글자로는 妙(묘할 묘), 渺(아득할 묘) 등이 있고, '초' 라는 발음으로 읽히는 글자로는 秒(시간 단위 초), 抄(베낄 초), 炒(볶을 초) 등이 있다.

   水(수)의 본래 자형은 '흘러가는 냇물의 모양[]' 으로 대부분 '물' 또는 '액체 상태' 와 관련이 있는 뜻을 나타낸다. 예를 들면, 液(진액), 深(물이 깊을 심), 淺(물이 얕을 천), 海(바다 해), 浮(물에 뜰 부), 浴(목욕할 욕) 등이 있다.

2. 果(과)는 본래 '나무(木) 위에 열린 과일(田)의 모양[]' 으로 '과일' 이라는 의미를 나타낸다. 현재 자형은 田(밭 전)자와 같은 모양으로 변화하여 과일의 둥근 모양을 알아 볼 수 없게 되었으며, '밭' 이라

는 의미와도 관련이 없다.

果(과)가 '과' 라는 발음으로 읽히는 글자로는 課(매길 과), 菓(과일 과), 顆(낟알 과) 등이 있다.

木(목)의 본래 자형은 '나무의 뿌리와 가지 모양[]' 으로 대부분 '나무' 와 관련이 있는 뜻을 나타낸다. 예를 들면, 本(뿌리 본), 植(나무를 심다 식), 楓(단풍나무 풍), 機(나무로 만든 틀 기) 등이 있다.

자의(字意)

沙果=砂果(사과)는 사과나무 열매를 말한다.

→ 사과산(沙果酸), 사과즙(沙果汁), 사과탄(沙果彈)

- 동음이의어(同音異義語)

  謝過(사과) – 잘못에 대해 용서를 빌다.

  絲瓜(사과) – 수세미외.

082 社: 토지의 신 사 交: 사귈 교

社 交

토지의 신 사　　사귈 교

자형(字形)

1. 社(사)는 회의자(會意字)로서 자형 구조는 좌우구조◑라고 볼 수 있다. 社(사)의 본래 뜻은 '土地(토지)의 神(신)'으로 土(흙 토)와 示(시)로 구성되어 있으며, 의미가 神(신)과 관련 있으므로 부수(部首) 示(시)에 속해 있다.

   示(시)의 본래 자형은 제단(祭壇)의 모양으로 대부분 神(신)과 관련이 있는 뜻을 나타내는 부수(部首)이다. 祭(제)자를 보면 示(시)가 祭壇(제단)의 모양이라는 것을 쉽게 알 수 있다. 祭(제)는 '⺼(육)'·'又(우)'·'示(시)'로 구성되어 있는데, '손(又)으로 고기(⺼)를 제단(示)에 바치는 모양[]'으로 '제사지내다'라는 뜻을 나타낸다.

2. 交(교)는 본래 '사람(大)이 다리를 교차하고 있는 모양[]'으로 '교차하다'라는 의미를 나타낸다. 현재 자형은 사람의 모양을 알아 볼 수 없게 많이 변화하였다.

   交(교)가 '교'라는 발음으로 읽히는 글자로는 校(학교 교), 較(견줄 교), 絞(목맬 교), 狡(교활할 교), 蛟(교룡 교), 郊(성 밖 교) 등이 있고, '효'라는 발음으로 읽히는 글자로는 效(본받을 효) 등이 있다.

   亠(돼지해밑 두)는 본래 의미가 무엇인지 알 수 없다. 이 부수에는 단지 해서(楷書)의 자형이 亠(두)로 시작하는 글자들을 수록하고 있다. 예를 들면, 亦(역)은 두 점(點)으로 사람(大)의 겨드랑이를 지시하고 있는 모양'으로 본래 '겨드랑이'라는 뜻을 나타내며, 여기에서 亠는 '사람의 머리와 팔부분'에 해당된다. 또 京(경)은 '누각(樓閣)이 위에 있는 성문(城門)의 모양'으로 '수도(首都)'라는 뜻을 나타내며, 여기에서 亠는 '누각의 지붕'에 해당된다.

자의(字意)

社交(사교)는 '사회(社會) 생활상의 교제(交際)' 즉 사회 생활에서 여러 사람과 어울려 사귀는 것을 말한다.

- 동음이의어(同音異義語)

邪教(사교) – 잘못된 교리(教理)로 사회에 해를 끼치는 종교(宗教)를 말한다.

社 旗

단체 사 기 기

자형(字形)

1. 社(사)는 회의자(會意字)로서 자형 구조는 좌우구조◑라고 볼 수 있다. 社(사)의 본래 뜻은 '土地(토지)의 神(신)' 으로 土(흙 토)와 示(시)로 구성되어 있으며, 의미가 神(신)과 관련 있으므로 부수(部首) 示(시)에 속해 있다.

   示(시)의 본래 자형은 제단(祭壇)의 모양으로 대부분 神(신)과 관련이 있는 뜻을 나타내는 부수(部首)이다. 祭(제)자를 보면 示(시)가 祭壇(제단)의 모양이라는 것을 쉽게 알 수 있다. 祭(제)는 '⺼(육)' · '又(우)' · '示(시)' 로 구성되어 있는데, '손(又)으로 고기(⺼)를 제단(示)에 바치는 모양[]' 으로 '제사지내다' 라는 뜻을 나타낸다.

2. 旗(기)는 형성자(形聲字)로서 자형 구조는 대략 좌우구조◑라고 볼 수 있다. 본래는 왼쪽에 있는 方(방)과 其(기) 위에 있는 人(인)은 '깃발' 의 모양으로 한 덩이로 되어 있던 자형 㫃(깃발이 나부끼는 모양 언)인데, 현재 자형은 분리되어 있어 편의상 부수 方(방)에 포함되어 있다. 오른쪽에는 발음을 나타내는 其(그 기)가 있다.

   其(기)가 '기' 라는 발음으로 읽히는 글자로는 期(기약할 기), 基(터 기), 箕(키 기), 麒(기린 기), 棋=碁(바둑 기), 欺(속일 기), 朞(돌 기) 등이 있다.

㫃(깃발이 나부끼는 모양 언)은 '깃발[]'의 모양으로 모두 '旗(기)'와 관계가 있는 뜻을 나타낸다. 예를 들면, 旌(기 정), 旒(깃발 류), 旂(기 기) 등이 있다.

자의(字意)

社旗(사기) – 회사를 상징하는 깃발을 말한다.

■ 동음이의어(同音異義語)

士氣(사기) – 병사(兵士)들의 씩씩한 기운(氣運).

史記(사기) – 역사적인 사실을 적은 책. 한대(漢代) 사마천(司馬遷)이 지은 역사서.

詐欺(사기) – 남을 속이는 행위.

沙器/砂器(사기) – 백토나 고령토로 빚어서 구워 만든 매끄럽고 단단한 그릇. 예) 沙器(사기)그릇

祠 堂

사당 사　　집 당

자형(字形)

1. 祠(사)는 형성자(形聲字)로서 자형 구조는 좌우구조◑라고 볼 수 있다. 왼쪽에는 포괄적인 뜻을 나타내는 부수(部首) 示(보일 시)가 있고, 오른쪽에는 발음을 나타내는 司(맡을 사)가 있다.
   司(사)가 '사'라는 발음으로 읽히는 글자로는 詞(말씀 사), 伺(엿볼 사), 嗣(이을 사), 飼(먹일 사) 등이 있다.
   示(시)의 본래 자형은 '제단(祭壇)의 모양'으로 대부분 神(신)이나 제사(祭祀)와 관련이 있는 뜻을 나타낸다. 예를 들면, 社(토지의 신 사), 祀(제사 사), 祝(빌 축), 禍(재화 화), 福(복 복) 이 있다.
2. 堂(당)은 형성자(形聲字)로서 자형 구조는 상하구조◓라고 볼 수 있다. 위에는 발음을 나타내는 尙(오히려 상)이 있고, 아래에는 포괄적인 뜻을 나타내는 부수(部首) 土(흙 토)가 있다.
   尙(상)이 '당'이라는 발음으로 읽히는 글자로는 當(당할 당), 黨(무리 당), 棠(팥배나무 당), 螳(사마귀 당) 등이 있고, '상'이라는 발음으로 읽히는 글자로는 裳(치마 상), 常(항상 상), 賞(상줄 상), 償(갚을 상), 嘗(맛볼 상) 등이 있다.
   土(토)의 본래 자형은 '땅(一)위에 흙덩이가 있는 모양[ ]'으로 대부분 '흙'과 관련이 있는 뜻을 나타낸다. 예를 들면, 塗(진흙 도), 塵

(티끌 진), 墳(무덤 분), 培(흙을 북돋울 배), 基(터 기), 塊(흙덩이 괴) 등이 있다.

자의(字意)

祠堂(사당) – 신주(神主)를 모셔두는 집.

■ 동음이의어(同音異義語)

私黨(사당) – 사사로운 목적이나 한 개인을 위하여 모인 무리.

085 砂; 모래 사 礫; 자갈 력

砂 礫

모래 사 자갈 력

자형(字形)

1. 砂(사)는 형성자(形聲字)로서 자형 구조는 좌우구조◑라고 볼 수 있다. 왼쪽에는 포괄적인 뜻을 나타내는 石(돌 석)이 있고, 오른쪽에는 발음을 나타내는 少(적을 소)가 있다. 砂(사)의 본래 뜻은 '모래'라고 한다. 모래는 돌이 잘게 부스러진 것이므로 '石(석)'을 부수(部首)로 하기도 하고, 또 모래는 물가에 있으므로 水(수)를 부수로 하기도 한다.

   少(소)가 '사'라는 발음으로 읽히는 글자로는 娑(춤출 사), 裟(가사 사), 沙(모래 사), 紗(깁 사) 등이 있다.

   石(석)의 본래 자형은 '언덕 아래 떨어져 있는 돌(口) 모양[]'으로 대부분 '돌'과 관련이 있는 뜻을 나타내는 부수(部首)이다. 예를 들면, 硏(갈 연)은 '(돌로 무엇인가)를 갈다'라는 뜻이고, 破(깨뜨릴 파)는 '(돌로 무엇인가)를 깨뜨리다'라는 뜻이다.

2. 礫(력)은 형성자(形聲字)로서 자형 구조는 좌우구조◑라고 볼 수 있다. 왼쪽에는 포괄적인 뜻을 나타내는 石(돌 석)이 있고, 오른쪽에는 발음을 나타내는 樂(즐길 락)이 있다.

   樂(락)이 '력'이라는 발음으로 읽히는 글자로는 轢(삐걱거릴 력) 등이 있다.

자의(字意)

砂礫(사력) – 모래와 자갈. → 사력(砂礫)댐

- 동음이의어(同音異義語)

  死力(사력) – 죽을 힘.

  私力(사력) – 개인 사사로이 쓰는 힘.

086

飼; 먹일 사 料; 거리 료

飼 料

먹일 사　　거리 료

자형(字形)

1. 飼(사)는 형성자(形聲字)로서 자형 구조는 좌우구조◑라고 볼 수 있다. 왼쪽에는 포괄적인 뜻을 나타내는 부수(部首) 食(밥 식)이 있고, 오른쪽에는 발음을 나타내는 司(맡을 사)가 있다.
   司(사)가 '사'라는 발음으로 읽히는 글자로는 祠(사당 사), 伺(엿볼 사), 嗣(이을 사), 詞(말씀 사) 등이 있다.
   食(식)의 본래 자형은 '밥을 담은 밥그릇과 뚜껑의 모양[]'으로 대부분 '밥' 또는 '먹는 것'과 관련이 있는 뜻을 나타낸다. 예를 들면, 飢(주릴 기), 飮(마실 음), 飽(배부를 포), 饅(만두 만) 등이 있다.
2. 料(료)는 회의자(會意字)로서 자형 구조는 좌우구조◑라고 볼 수 있다. 料(료)는 '쌀(米)을 되(斗)로 양을 재다' 즉 '헤아리다' '세다' 등이 뜻이 있다.
   斗(두)의 본래 자형은 '술을 푸는 국자의 모양[]'으로 대부분 '술' 또는 '되(됫박)'와 관련이 있는 뜻을 나타낸다. 예를 들면, 斟(술 따를 짐), 斠 (평미레질할 각) 등이 있다.

자의(字意)

飼料(사료) – 가축에게 먹일 거리.

- 동음이의어(同音異義語)

史料(사료) – 역사의 연구에 필요한 자료.
思料(사료) – 생각하고 헤아리다.

087

砂; 모래 사 防; 둑 방

砂 防

모래 사 둑 방

자형(字形)

1. 砂(사)는 형성자(形聲字)로서 자형 구조는 좌우구조◑라고 볼 수 있다. 왼쪽에는 포괄적인 뜻을 나타내는 石(돌 석)이 있고, 오른쪽에는 발음을 나타내는 少(적을 소)가 있다. 砂(사)의 본래 뜻은 '모래'라고 한다. 모래는 돌이 잘게 부스러진 것이므로 '石(석)'을 부수(部首)로 하기도 하고, 또 모래는 물가에 있으므로 水(수)를 부수로 하기도 한다.

   少(소)가 '사'라는 발음으로 읽히는 글자로는 娑(춤출 사), 裟(가사 사), 沙(모래 사), 紗(깁 사) 등이 있다.

   石(석)의 본래 자형은 '언덕 아래 떨어져 있는 돌(口) 모양[]'으로 대부분 '돌'과 관련이 있는 뜻을 나타내는 부수(部首)이다. 예를 들면, 硏(갈 연)은 '(돌로 무엇인가)를 갈다'라는 뜻이고, 破(깨뜨릴 파)는 '(돌로 무엇인가)를 깨뜨리다'라는 뜻이다.

2. 防(방)은 본래 형성자(形聲字)로서 자형 구조는 좌우구조◑라고 볼 수 있다. 왼쪽에는 포괄적인 뜻을 나타내는 부수(部首) 阝(阜언덕 부)가 있고, 오른쪽에는 발음을 나타내는 方(모 방)이 있다. 防(방)의 본래 의미는 阜(언덕 부)와 관련 있는 '둑'인데, 나중에는 '막다' 등의 뜻으로 확대되어 사용되고 있다.

   方(방)이 '방'이라는 발음으로 읽히는 글자로는 放(놓을 방), 妨(방해할 방), 房(방 방), 紡(자을 방), 訪(찾을 방), 芳(꽃다울 방), 傍(곁 방), 肪(기름 방), 倣(본뜰 방), 榜(방써붙일 방) 등이 있다.

阜(부)의 본래 자형은 '흙으로 만든 계단의 모양[阝]'으로 대부분 '높은 곳'이나 '계단'과 관련이 있는 뜻을 나타낸다. 예를 들면, 陵(큰 언덕 릉), 陸(뭍 륙), 隆(높을 륭), 階(섬돌 계), 陛(섬돌 폐), 除(섬돌 제) 등이 있다.

자의(字意)

砂防(사방) – 산 등에서 흙이나 모래가 비바람에 씻기어 무너져 내리는 것을 막기 위해 나무를 심거나 돌을 쌓거나 하는 일. 사방공사(砂防工事)

- 동음이의어(同音異義語)

四方(사방) – 동서남북의 네 방향. 둘레의 모든 방향.

088 斜; 비낄 사 線; 줄 선

斜 線

비낄 사　　　　줄 선

자형(字形)

1. 斜(사)는 형성자(形聲字)로서 자형 구조는 좌우구조◐라고 볼 수 있다. 왼쪽에는 발음을 나타내는 余(나 여)가 있고, 오른쪽에는 포괄적인 뜻을 나타내는 부수(部首) 斗(말 두)가 있다.
   余(여)가 '사' 라는 발음으로 읽히는 글자로는 賒(외상으로 살 사)가 있고, 余(여)가 '서' 라는 발음으로 읽히는 글자로는 敍(차례 서), 徐(천천할 서) 등이 있고, 余(여)가 '여' 라는 발음으로 읽히는 글자로는 餘(남을 여), 艅(배 이름 여) 등이 있다.
   斗(두)의 본래 자형은 '술을 푸는 국자의 모양[]' 으로 대부분 '술' 또는 '되(됫박)' 과 관련이 있는 뜻을 나타낸다. 예를 들면, 斟(술 따를 짐), 料(되질할 료) 등이 있다.
2. 線(선)은 본래 형성자(形聲字)로서 자형 구조는 좌우구조◑라고 볼 수 있다. 왼쪽에는 포괄적인 뜻을 나타내는 부수(部首) 糸(가는 실 사{멱})가 있고, 오른쪽에는 발음을 나타내는 泉(천)이 있다.
   泉(천)이 '선' 이라는 발음으로 읽히는 글자로는 腺(샘 선) 등이 있다.
   糸(사)의 본래 자형은 '실타래 모양[]' 으로 대부분 '실(줄, 옷감)' → '물들이다(색깔)' 과 관련이 있는 뜻을 나타낸다. 예를 들면, 纖(가는 줄 섬), 維(바 유), 綱(벼리 강), 網(그물 망), 綿(솜 면), 緖(실마리

서), 紅(붉을 홍), 綠(초록빛 록) 등이 있다.

자의(字意)

斜線(사선) – 비스듬이 그은 선.

■ 동음이의어(同音異義語)

死線(사선) – 죽을 고비. 이 선을 벗어나면 총살하도록 규정한 한계선.

私選(사선) – 개인적으로 선택하거나 선임하는 일. 예) 國選辯護人(국선변호인) ↔私選辯護人(사선변호인)

射線(사선) – 사격장에서 사격을 하려고 머무르는 선.

斜 陽

비낄 사 　　 볕 양

자형(字形)

1. 斜(사)는 형성자로서 자형구조는 좌우구조◐이다. 왼쪽에는 발음을 나타내는 余(나 여)가 있고, 오른쪽에는 뜻을 나타내는 부수 斗(말 두)가 있다. 斗(두)의 본래 자형은 '술을 푸는 국자의 모양[]'으로 대부분 '술' 또는 '되(됫박)'와 관련이 있는 뜻을 나타낸다.
2. 陽(양)은 본래 형성자로서 자형 구조는 좌우구조이다. 왼쪽에는 포괄적인 뜻을 나타내는 부수 阜(부)의 본래 자형은 '흙으로 만든 계단의 모양[]'으로 대부분 '높은 곳'이나 '계단'과 관련이 있는 뜻을 나타낸다. 오른쪽에는 발음을 나타내는 昜(볕 양)이 있다.

자의(字意)

斜陽(사양)–서쪽으로 기울어지는 해로서 사라지거나 몰락해 가는 일을 비유하는 말.

- 동음이의어(同音異義語)

  辭讓(사양)–겸손하여 받아들이지 않거나 양보하는 것.

■ 동음자(同音字)

· **余-(여)(사)(서)(도)**

여 - 餘(남을 여): 餘生(여생)

사 - 賒(외상으로 살 사)

서 - 敍(차례 서): 敍述(서술)

徐(천천할 서): 徐行(서행)

도 - 途(도): 長途(장도)

塗(진흙 도): 塗褙(도배)

090 史; 역사 사 蹟; 자취 적

史 蹟

역사 사 자취 적

자형(字形)

1. 史(사)의 본래 자형은 '붓(中)을 손(又)으로 잡고 무엇인가를 기록하고 있는 모양[]'으로 '사관(史官)'을 나타내고 있는 것이다.
2. 蹟(적)은 본래 형성자(形聲字)로서 자형 구조는 좌우구조◑이다. 왼쪽에는 포괄적인 뜻을 나타내는 부수(部首) 足(발 족)이 있고, 오른쪽에는 발음을 나타내는 責(꾸짖을 책)이 있다. 足(족)의 본래 자형은 '발의 모양[]'으로 대부분 '발'이나 '동작'과 관련이 있는 뜻을 나타낸다.

자의(字意)

史蹟(사적)- 오랜 동안에 걸쳐 있던 일이나 사건의 자취.

- 동음이의어(同音異義語)

  私的(사적)- 개인에 관계되는

  史的(사적)- 역사에 관계되는

  史籍(사적)- 역사적 사실을 적어놓은 책.

■ 동음자(同音字)

· **史–(사)**

사 – 使(하여금 사, 부릴 사): 密使(밀사)

· **責(책)–(적)(채)**

적 – 積(쌓을 적): 積金(적금)

績(실 낳을 적): 業績(업적)

채 – 債(빚 채): 負債(부채)

091

查 定

조사할 사　　정할 정

자형(字形)

1. 查(사)는 형성자로서 자형 구조는 상하구조◒이다. 위에는 뜻을 나타내는 부수 木(나무 목)이 있고, 아래에는 발음을 나타내는 且(또 차)가 있다. 查(사)의 본래 의미는 부수 木(목)과 관련 있는 '문을 닫아 통행을 저지하는 나무 난간' 이다. 여기에서 다시 '조사하다' 등의 뜻으로 확대되어 사용되고 있다.
2. 定(정)은 형성자로서 자형구조는 상하구조◒다. 위에는 뜻을 나타내는 宀(집 면)이 있고, 아래에는 발음을 나타내는 正(바를 정)이 있다. 定(정)의 아래 부분은 疋(발 소)와 비슷하게 생겼지만, 첫 가로 획이 一로 正(정)자의 변형이다. 定(정)의 본래 뜻은 '집에 머무르다' 이다.

자의(字意)

查定(사정)– 심사하여 결정하다.

- 동음이의어(同音異義語)
  司正(사정)– 공직에 있는 사람의 규율과 질서를 바로잡는 일.
  事情(사정)– 일의 형편이나 그렇게 된 까닭.

■ 동음자(同音字)

· 且(차)-(조)(사)

조 - 助(도울 조): 無償援助(무상원조)

組(조직할 조): 勞組(노조)

祖(조상 조): 祖上(조상)

租(세금 조): 租稅(조세)

粗(거칠 조): 粗惡(조악)하다

阻(험할 조), 俎(도마 조) 등

사 - 渣(찌끼 사), 柤(풀명자나무 사) 등

092 四; 넉 사 柱; 기둥 주

四 柱
넉 사 기둥 주

자형(字形)

1. 四(사)는 본래 '코에서 콧물(바람)이 나오는 모양[]'을 그린 상형자이다. 그러나 이후 四(사)가 '숫자'로 사용하게 되자, 四(사)에 물을 의미하는 水를 더한 泗(사)로 '콧물'을 나타내고, 호흡기관인 '입'을 의미하는 口(구)를 더한 呬(희) '숨을 내쉬다'라는 뜻을 나타내게 되었다. 四(사)는 현재 부수 囗(에울 위)에 속해 있으나 의미상 아무런 관계가 없고, 단지 현재 자형에 근거하여 찾기 편하도록 囗(위)에 나열하고 있다.
2. 柱(주)는 형성자로서 자형 구조는 좌우구조◑이다. 왼쪽에는 뜻을 나타내는 부수 木(나무 목)이 있고, 오른쪽에는 발음을 나타내는 主(주인 주)가 있다.

자의(字意)

四柱(사주)– 사람이 태어난 연 · 월 · 일 · 시의 네 간지(干支).

■ 동음이의어(同音異義語)

使嗾(사주)– 좋지 않은 어떤 일을 하도록 남을 부추기는 것.

社主(사주)– 회사의 주인.

賞 狀

상줄 상　　문서 장

자형(字形)

1. 賞(상)은 형성자로서 자형구조는 상하구조◓이다. 위에는 발음을 나타내는 尙(오히려 상)이 있고, 아래에는 뜻을 나타내는 부수 貝(조개 패)가 있다. 貝(패)의 본래 자형은 '조개의 모양[]'으로 대부분 '돈'과 관련이 있는 뜻을 나타낸다.
2. 狀(장)은 형성자로서 자형 구조는 좌우구조◐이다. 왼쪽에는 발음을 나타내는 '爿(나무 조각 장)'이 있고, 오른쪽에는 뜻을 나타내는 '犬(개 견)'이 있다. 犬(견)의 본래 자형은 '꼬리를 치켜세우고 있는 개의 모습[]'이지만, 대부분 '길짐승'을 나타내는 의미 요소로 사용된다.

자의(字意)

賞狀(상장)– 행실이나 성적 등이 우수한 사람에게 상을 주는 뜻을 적어 주는 증서.

■ 동음이의어(同音異義語)

上場(상장)– 주식이나 어떤 물건을 매매 대상으로 하기 위하여 해당 거래소에 일정한 자격이나 조건을 갖춘 거래 물건으로서 등록하는 일. 예) 上場會社(상장회사)

喪章(상장)– 상중임을 나타내기 위해 머리나 옷가슴에 달거나 소매에 두르는 표.

樂: 풍류 악 聖: 성스러울 성 094

樂 聖

풍류 악　　　성스러울 성

자형(字形)

1. 樂(악)의 본래 자형은 '큰 북 작은 북 등의 악기가 받침대 위에 있는 모양[]'으로 '음악'이라는 뜻을 나타내었다. 현재 자형은 상하구조◓라고 볼 수 있다. 위 부분은 현재 사용되지 않는 글자이고, 아래에는 포괄적인 뜻을 나타내는 부수(部首) 木(나무 목)으로 구성되어 있다.
   '음악'을 의미할 때는 '악'으로 읽는다. → 音樂(음악), 樂器(악기)
   '(음악)을 좋아하다'라고 할 때는 '요'라 읽는다. → 樂山樂水(요산요수)
   '(음악을 들으니) 즐겁다'라고 할 때는 '락'이라고 읽는다. → 娛樂(오락), 同苦同樂(동고동락)
2. 聖(성)은 형성자(形聲字)로서 자형 구조는 상하구조◓라고 볼 수 있다. 위에는 포괄적인 뜻을 나타내는 부수(部首) 耳(귀 이)와 口(입 구)가 있고, 아래에는 발음을 나타내는 '𡈼(정)'으로 구성되어 있다.
   𡈼(정)의 본래 자형은 '사람(亻인)이 높은 곳(土)에 올라가 있는 모양[]'으로 '𡈼(정)'의 아래 부분은 마땅히 '土(토)'로 써야 하나, 현재는 '壬(임)'과 구별하지 않고 '士(사)'로 쓰고 있다.
   → 𡈼(정) - 呈(드릴 정), 程(단위 정), 廷(조정 정), 庭(뜰 정) 등

→ 壬(임) – 任(맡길 임), 妊(아이 밸 임)=姙, 賃(품팔이 임) 등

자의(字意)

樂聖(악성) – '음악 분야의 성인' 즉 뛰어난 음악가를 말한다.
→ 樂聖(악성) 베토벤

■ 동음이의어(同音異義語)

惡性(악성) – '성질이 나쁜' 즉 고치기 어려운 병이나 상태를 말한다.
→ 惡性腫瘍(악성종양), 惡性(악성) 流言蜚語(유언비어)

惡聲(악성) – '나쁜 소리' 즉 듣기 싫은 크게 내지르는 소리를 말한다.

按; 누를 안 摩; 비빌 마 095

按 摩

누를 안　　비빌 마

자형(字形)

1. 按(안)은 형성자(形聲字)로서 자형 구조는 좌우구조◑라고 볼 수 있다. 왼쪽에는 포괄적인 뜻을 나타내는 부수(部首) 扌(手손 수)가 있고, 오른쪽에는 발음을 나타내는 安(편안할 안)이 있다.
   安(안)이 '안' 이라는 발음으로 읽히는 글자로는 鞍(안장 안), 案(책상 안), 晏(늦을 안), 鮟(아귀 안) 등이 있다.
   手(수)는 좌우구조에서는 扌(수)로 자형을 변화시켜 사용한다. 手(수)의 본래 자형은 '다섯 손가락 모양[]' 으로 대부분 '동작' 과 관련이 있는 뜻을 나타낸다. 예를 들면, 挫(꺾을 좌), 折(꺾을 절), 掛(걸 괘), 揚(오를 양) 등이 있다.
2. 摩(마)는 형성자(形聲字)로서 자형 구조는 상하구조◓라고 볼 수 있다. 위에는 발음을 나타내는 '麻(삼 마)' 가 있고, 아래에는 포괄적인 뜻을 나타내는 '手(손 수)' 가 있다.
   麻(마)가 '마' 라는 발음으로 읽히는 글자로는 磨(갈 마), 魔(마귀 마) 등이 있다.

자의(字意)

按摩(안마)는 '누르고 주무르다' 즉, 손이나 발로 몸의 근육을 두드리거나 주물러서 혈액 순환을 도와주거나 피로를 풀게 해주는 것을 말한다.

- 동음이의어(同音異義語)

鞍馬(안마) – 안장(鞍裝)을 얹은 말. 또는 말안장과 같은 틀 위에 두 개의 손잡이가 붙어 있는 체조 기구 또는 체조 경기를 말한다.

安; 편안할 안 全; 온전할 전 096

安 全

편안할 안　　온전할 전

자형(字形)

1. 安(안)은 본래 '여자(女)가 집(宀) 안에 있는 모양'으로 '(여자가 집에 있으면) 편안하다'라는 뜻을 의미하며, 女(계집 녀)와 宀(집 면)으로 구성된 회의자(會意字)◒이다.
   安(안)이 '안'이라는 발음으로 읽히는 글자로는 按(누를 안), 鞍(안장 안), 鮟(아귀 안), 案(책상 안), 晏(늦을 안) 등이 있다.
   宀(면)의 본래 자형은 '집의 지붕과 외벽의 모양[]'으로 대부분 '집'과 관련된 뜻을 나타낸다. 예를 들면, 宅(집 택), 宇(집 우), 宙(집 주), 宮(집 궁), 室(집 실) 등이 있다.
2. 全(전)은 본래 入(들 입)과 玉(옥 옥)으로 구성된 회의자(會意字)◒로서 '옥(玉)이 집으로 들어와(入) 모두 갖추어 흠이 없게 완전하다'라는 뜻을 나타낸다.
   全(전)이 '전'이라는 발음으로 읽히는 글자로는 詮(설명할 전), 銓(저울질할 전), 栓(나무못 전), 筌(통발 전) 등이 있다.
   入(입)의 본래 자형은 '들어가는 방향을 지시해주는 화살표 모양'으로 이 부수(部首)에서 의미상 관련이 있는 글자는 內(안 내) 밖에 없으며, 거의 대부분 본래 의미와 상관없이 현재 자형에 근거하여 글자를 나열하고 있다.

자의(字意)

安全(안전)은 '편안하고 온전하다' 라는 뜻으로 아무 탈 없이 위태롭지 않음을 말한다. → 안전보장이사회(安全保障理事會)

■ 동음이의어(同音異義語)

案前(안전) – '책상 앞' 이라는 뜻으로 높으신 분이 계신 자리(책상)의 앞이라는 뜻을 말한다. → 누구의 안전(案前)이라고 거짓말을 하겠습니까?

眼前(안전) – '눈앞' 이라는 뜻으로 '바로 앞' 이라는 뜻도 있다. → 안전(眼前)의 이익 ※ 目前(목전)

眼; 눈 안 睛; 눈동자 정 097

眼 睛

눈 안　　눈동자 정

자형(字形)

1. 眼(안)은 형성자(形聲字)로서 자형 구조는 좌우구조◑라고 볼 수 있다. 왼쪽에는 포괄적인 뜻을 나타내는 '目(눈 목)' 이 있고, 오른쪽에는 발음을 나타내는 '艮(어긋날 간)' 이 있다. 眼(안)의 본래 뜻은 '눈' 이다.

   艮(간)이 '간' 이라는 발음으로 읽히는 글자로는 艱(어려울 간), 墾(개간할 간), 懇(정성 간) 등이 있고, '한' 이라는 발음으로 읽히는 글자로는 限(한계 한), 恨(원한 한) 등이 있다.

   目(목)의 본래 자형은 '눈과 동자(瞳子)의 모양[]' 으로 가로로 되어 있었는데 나중에 '세로쓰기' 가 편하도록 자형이 세로로 변화하였다. 왜냐하면 종이가 발명되기 이전에 고대 중국에서는 '죽간(竹簡: 종이와 같은 역할을 하던 대나무로 만든 가늘고 긴 조각)' 에 글을 써서 '세로쓰기' 가 중국의 전통적인 문장쓰기 형태이었기 때문이다.

2. 睛(정)은 형성자(形聲字)로서 자형 구조는 좌우구조◑라고 볼 수 있다. 왼쪽에는 포괄적인 뜻을 나타내는 '目(눈 목)' 이 있고, 오른쪽에는 발음을 나타내는 '靑(푸를 청)' 이 있다. 睛(정)의 본래 뜻은 '눈동자' 이다.

   靑(청)이 '정' 이라는 발음으로 읽히는 글자로는 靜(고요할 정), 精(자세할 정), 情(뜻 정), 婧(편안할 정), 瀞(맑을 정) 등이 있고, '청' 이라는 발음으로 읽히는 글자로는 淸(맑을 청), 請(청할 청), 晴(갤 청), 鯖(청어 청), 菁(우거질 청) 등이 있다.

자의(字意)

眼睛(안정)은 눈동자를 말한다.

■ 동음이의어(同音異義語)

安定(안정) – 흔들림없이 일정한 상태를 유지하는 것을 말한다.
→ 사회의 안정(安定), 생활이 안정(安定)되다

安靜(안정) – 마음이나 몸이 편안하고 조용히 하는 것을 말한다.
→ 마음의 안정(安靜)을 되찾다, 신경안정제(神經安靜劑)

暗 算

어두울 암　　셀 산

자형(字形)

1. 暗(암)은 형성자(形聲字)로서 자형 구조는 좌우구조◑라고 볼 수 있다. 왼쪽에는 포괄적인 뜻을 나타내는 '日(해 일)' 이 있고, 오른쪽에는 발음을 나타내는 '音(소리 음)' 이 있다. 暗(암)의 본래 뜻은 '어둡다' 이다. 그래서 '빛' 과 관계 있는 '日(일)' 을 부수로 하고 있다.
   音(음)이 '암' 이라는 발음으로 읽히는 글자로는 闇(닫힌 문 암), 諳(욀 암) 등이 있고, '음' 이라는 발음으로 읽히는 글자로는 瘖(벙어리 음) 등이 있다.
   日(일)의 본래 자형은 '둥근 해의 모양[]' 으로 대부분 '시간' 또는 '빛' 과 관련이 있는 뜻을 나타낸다. 예를 들면, 早(새벽 조), 旦(아침 단), 旬(열흘 순), 春(봄 춘), 時(때 시), 昏(어두울 혼), 昧(새벽 매), 暖(따뜻할 난) 등이 있다.
2. 算(산)은 竹(대 죽)과 具(갖출 구)로 구성된 회의자(會意字)로서 '대나무(竹)로 만든 산(算)가지를 갖추어(具) 계산하다' 라는 뜻을 의미한다.
   算(산)이 '산' 이라는 발음으로 읽히는 글자로는 匴(관 상자 산) 등이 있고, '찬' 이라는 발음으로 읽히는 글자로는 纂(모을 찬), 簒(빼앗을 찬) 등이 있다.
   竹(죽)의 본래 자형은 '대나무의 모양[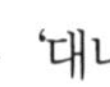]' 으로 대부분 '대나무'

또는 '管(관) 이나 관악기(管樂器)' 와 관련이 있는 뜻을 나타낸다. 예를 들면, 筍(죽순 순), 簡(대쪽 간), 筆(붓 필), 箭(화살 전), 管(붓대 관), 笙(생황 생), 笛(피리 적) 등이 있다.

자의(字意)

暗算(암산)은 '마음 속으로 계산하는 것' 을 말한다. 暗(암)의 뜻은 '어둡다' 이고 어두우면 '보이지 않고', '보이지 않게' 라는 말은 다시 '마음 속으로' '몰래' 또는 '넌즈시' 등으로 의미를 확대하여 사용할 수 있을 것이다. 그래서 暗記(암기)는 '마음 속으로 기억하다' 이고, 暗示(암시)는 '넌즈시 알려주다' 이고, 暗殺(암살)은 '사람을 몰래 죽이는 것' 이고 暗葬(암장)은 '사람의 시체를 몰래 묻는 것' 을 말한다.

- 동음이의어(同音異義語)

岩山(암산) – 바위가 많은 산을 말한다.

押; 누를 압 釘; 못 정 099

押 釘

누를 압 못 정

자형(字形)

1. 押(압)은 형성자(形聲字)로서 자형 구조는 좌우구조◑라고 볼 수 있다. 왼쪽에는 포괄적인 뜻을 나타내는 扌(手손 수)가 있고, 오른쪽에는 발음을 나타내는 甲(첫째 천간 갑)이 있다. 押(압)의 본래 뜻은 '수결(手決)'이었으나, 후에 '누르다' '체포하다' 등의 뜻으로 확대되어 사용되고 있다.

   甲(갑)이 '압'이라는 발음으로 읽히는 글자로는 鴨(오리 압), 狎(익숙할 압) 등이 있고, '갑'이라는 발음으로 읽히는 글자로는 閘(물문 갑), 胛(어깨뼈 갑), 鉀(갑옷 갑), 岬(산허리 갑) 등이 있다.

   手(수)의 본래 자형은 '다섯 손가락의 모양[]'으로 대부분 '동작'과 관련이 있는 뜻을 나타낸다. 예를 들면, 把(잡을 파), 握(쥘 악), 打(칠 타), 擊(부딪칠 격), 投(던질 투), 擲(던질 척) 등이 있다.

2. 釘(정)은 형성자(形聲字)로서 자형 구조는 좌우구조◑라고 볼 수 있다. 왼쪽에는 포괄적인 뜻을 나타내는 金(쇠 금)이 있고, 오른쪽에는 발음을 나타내는 丁(네째천간 정)이 있다.

   丁(정)이 '정'이라는 발음으로 읽히는 글자로는 頂(정수리 정), 町(밭두둑 정), 訂(바로 잡을 정), 亭(정자 정), 停(머무를 정) 등이 있고, '성'이라는 발음으로 읽히는 글자로는 成(이룰 성 : 成의 전서(篆書)

인 의 자형을 보면 [丁]이 뚜렷하게 보인다), 城(성 성), 誠(정성 성), 盛(성할 성) 등이 있다.

金(금)의 본래 자형은 '주물(鑄物)을 붓는 모형(模型)과 쇳물이 흐르는 모양[]'으로 대부분 '쇠'나 '광물'과 관련이 있는 뜻을 나타낸다. 예를 들면, 針(바늘 침), 鉛(납 연), 銀(은 은), 銅(구리 동) 등이 있다.

자의(字意)

押釘(압정) – 손으로 눌러(押) 박는 못(釘) 즉 대가리가 둥글납작하며 촉이 짧은 쇠못을 말한다.

- 동음이의어(同音異義語)

壓政(압정) – 압제(壓制)정치(政治)를 줄여하는 말로 권력이나 폭력으로 국민의 자유를 억압하는 정치를 말한다.

約 物

맺을 약 물건 물

자형(字形)

1. 約(약)은 형성자(形聲字)로서 자형 구조는 좌우구조◑라고 볼 수 있다. 왼쪽에는 포괄적인 뜻을 나타내는 부수(部首) 糸(가는 실 사{멱})가 있고, 오른쪽에는 발음을 나타내는 勺(구기 작)이 있다. 約(약)은 '실로 묶다' '맺다' 등의 뜻으로 사용된다.

   勺(작)이 '약' 이라는 발음으로 읽히는 글자로는 礿(봄 제사 약) 등이 있고, '작' 이라는 발음으로 읽히는 글자로는 酌(따를 작), 灼(불사를 작), 芍(함박꽃 작) 등이 있고, '적' 이라는 발음으로 읽히는 글자로는 的(과녁 적) 등이 있다.

   糸(사)의 본래 자형은 '실타래 모양[]' 으로 대부분 '실(줄, 옷감)' → '물들이다(색깔)' 과 관련이 있는 뜻을 나타낸다. 예를 들면, 纖(가는 줄 섬), 維(바 유), 綱(벼리 강), 網(그물 망), 綿(솜 면), 緖(실마리 서), 紅(붉을 홍), 綠(초록빛 록) 등이 있다.
2. 物(물)은 형성자(形聲字)로서 자형 구조는 좌우구조◑라고 볼 수 있다. 왼쪽에는 포괄적인 뜻을 나타내는 牛(소 우)가 있고, 오른쪽에는 발음을 나타내는 勿(말 물)이 있다.

   勿(물)이 '물' 이라는 발음으로 읽히는 글자로는 沕(아득할 물) 등이 있고, '홀' 이라는 발음으로 읽히는 글자로는 笏(홀 홀), 忽(소홀히 할 홀), 惚(황홀할 홀) 등이 있다.

牛(우)의 본래 자형은 '소머리의 앞모습[]'을 간략하게 그린 것으로 대부분 '소'나 '길짐승'과 관련이 있는 뜻을 나타낸다. 예를 들면, 特(수소 특), 犀(무소 서), 犧(희생 희), 牲(희생 생), 牧(칠 목), 牽(끌 견) 등이 있다.

자의(字意)

約物(약물) – '약속된 기호' 즉 인쇄에서 사용되는 여러 가지 모양의 괄호 · 기호 · 무늬 따위를 나타내는 활자를 말한다.

■ 동음이의어(同音異義語)

藥物(약물) – 약(藥)이 되는 물질(物質). 생체에 어떤 변화를 일으키는 화학 물질.

藥(약)물 – 「1」먹어서 몸에 약이 된다는 샘물.「2」약 성분이 들어 있는 물.「3」탕약을 달일 물.(≪표준국어대사전≫)

略 少

간략할 략　　　적을 소

자형(字形)

1. 略(략)은 형성자(形聲字)로서 자형 구조는 좌우구조◑라고 볼 수 있다. 왼쪽에는 포괄적인 뜻을 나타내는 부수(部首) 田(밭 전)이 있고, 오른쪽에는 발음을 나타내는 各(각각 각)이 있다.
   各(각)이 '략' 이라는 발음으로 읽히는 글자로는 掠(던질 략) 등이 있고, '락' 이라는 발음으로 읽히는 글자로는 絡(헌솜 락), 酪(진한 유즙 락), 烙(지질 락), 駱(낙타 락), 洛(강 이름 락), 落(떨어질 락) 등이 있다.
   田(전)의 본래 자형은 '밭의 두둑 모양' 으로 대부분 '밭' 과 관련이 있는 뜻을 나타낸다. 예를 들면, 畔(두둑 반), 畝(이랑 묘), 畿(경기 기), 疇(밭두둑 주) 등이 있다.
2. 少(소)는 본래 점 네 개로 '적다' 라는 뜻을 나타내었다.
   少(소)가 '사' 라는 발음으로 읽히는 글자로는 娑(춤출 사), 裟(가사 사), 砂(모래 사), 紗(깁 사) 등이 있고, '묘' 라는 발음으로 읽히는 글자로는 妙(묘할 묘), 渺(아득할 묘) 등이 있고, '초' 라는 발음으로 읽히는 글자로는 秒(시간 단위 초), 抄(베낄 초), 炒(볶을 초) 등이 있다.

자의(字意)

略少(약소) - 적고 변변하지 못함.

- 동음이의어(同音異義語)
  弱小(약소) - 약하고 작음.

略 字
간략할 략 글자 자

자형(字形)

1. 略(략)은 형성자(形聲字)로서 자형 구조는 좌우구조◑라고 볼 수 있다. 왼쪽에는 포괄적인 뜻을 나타내는 부수(部首) 田(밭 전)이 있고, 오른쪽에는 발음을 나타내는 各(각각 각)이 있다.
   各(각)이 '략' 이라는 발음으로 읽히는 글자로는 掠(던질 략) 등이 있고, '락' 이라는 발음으로 읽히는 글자로는 絡(헌솜 락), 酪(진한 유즙 락), 烙(지질 락), 駱(낙타 락), 洛(강 이름 락), 落(떨어질 락) 등이 있다.
   田(전)의 본래 자형은 '밭의 두둑 모양' 으로 대부분 '밭' 과 관련이 있는 뜻을 나타낸다. 예를 들면, 畔(두둑 반), 畝(이랑 묘), 畿(경기 기), 疇(밭두둑 주) 등이 있다.
2. 字(자)는 본래 상하구조⊖의 형성자(形聲字)로서 부수(部首)는 宀(집 면)이며 발음을 나타내는 요소는 子(아들 자)라고 한다. 그러나 현재 字(자)는 부수(部首) 子(자)에 속해 있다. 字(자)의 본래 뜻은 '[집(宀)에서 아이(子)를] 낳다' 라고 한다. 이와 같이 子(자)는 발음과 의미를 동시에 나타내는 요소라고 볼 수 있다. 현재는 '글자' 라는 의미로 주로 사용되고 있다.
   子(자)가 '자' 라는 발음으로 읽히는 글자로는 仔(자세할 자), 孜(힘쓸 자) 등이 있다.

子(자)의 본래 자형은 '어린 아이의 머리와 두 팔과 강보(襁褓)에 싸여 다리가 하나로 보이는 모양[]'으로 대부분 '어린 아이'와 관련이 있는 뜻을 나타낸다. 예를 들면, 孕(아이 밸 잉), 孟(맏이 맹), 季(막내 계), 孩(어린아이 해), 孫(손자 손), 孺(젖먹이 유) 등이 있다.

자의(字意)

略字(약자) – 글자의 구조에 변화를 주거나 획을 줄여 간략하게 쓰는 한자.

■ 동음이의어(同音異義語)

弱者(약자) – 힘이 없는 사람.

養 鷄

기를 양　　　　닭 계

자형(字形)

1. 養(양)은 형성자(形聲字)로서 자형 구조는 상하구조◓라고 볼 수 있다. 위에는 발음을 나타내는 羊(양 양)이 있고, 아래에는 포괄적인 뜻을 나타내는 부수(部首) 食(밥 식)이 있다.
   羊(양)이 '양' 이라는 발음으로 읽히는 글자로는 洋(바다 양), 樣(모양 양), 恙(근심 양), 痒(앓을 양) 등이 있고, '상' 이라는 발음으로 읽히는 글자로는 祥(상서로울 상), 詳(자세할 상), 翔(빙빙 돌아 날 상), 庠(학교 상) 등이 있다.
   食(식)의 본래 자형은 '밥을 담은 밥그릇과 뚜껑의 모양[]' 으로 대부분 '밥' 또는 '먹는 것' 과 관련이 있는 뜻을 나타낸다. 예를 들면, 飢(주릴 기), 飮(마실 음), 飽(배부를 포), 饅(만두 만) 등이 있다.
2. 鷄(계)는 형성자(形聲字)로서 좌우구조◐라고 볼 수 있다. 왼쪽에는 발음을 나타내는 奚(어찌 해)가 있고, 오른쪽에는 포괄적인 뜻을 나타내는 부수(部首) 鳥(새 조)가 있다.
   奚(해)가 '계' 라는 발음으로 읽히는 글자로는 溪(시내 계), 谿(시내 계) 등이 있고, '혜' 라는 발음으로 읽히는 글자로는 蹊(좁은길 혜) 등이 있다.
   鳥(조)의 본래 자형은 '새(머리, 날개, 다리)의 모양[]' 으로 대부

분 '날짐승'과 관련이 있는 뜻을 나타낸다. 예를 들면, 鳴(울 명), 鴕(타조 타), 鴨(오리 압), 鴛(원앙 원), 鴦(원앙 앙) 등이 있다.

자의(字意)

養鷄(양계) – 닭을 키우다.

- 동음이의어(同音異義語)
  兩系(양계) – 양쪽 계통. 아버지 쪽과 어머니 쪽.

揚; 오를 양 名; 이름 명 **104**

揚 名

오를 양　　이름 명

자형(字形)

1. 揚(양)은 형성자(形聲字)로서 자형 구조는 좌우구조◑라고 볼 수 있다. 왼쪽에는 포괄적인 뜻을 나타내는 부수(部首) 扌(手손 수)가 있고, 오른쪽에는 발음을 나타내는 昜(陽과 同字)이 있다.
   昜(양)이 '양'이라는 발음으로 읽히는 글자로는 楊(버들 양), 瘍(종기 양), 陽(볕 양), 煬(쬘 양) 등이 있고, '상'이라는 발음으로 읽히는 글자로는 傷(상처 상), 觴(잔 상) 등이 있다.
   手(수)는 좌우구조에서는 扌(수)로 자형을 변화시켜 사용한다. 手(수)의 본래 자형은 '다섯 손가락 모양[]'으로 대부분 '동작'과 관련이 있는 뜻을 나타낸다. 예를 들면, 挫(꺾을 좌), 折(꺾을 절), 掛(걸 괘), 揭(들 게) 등이 있다.
2. 名(명)은 회의자(會意字)로서 자형 구조는 상하구조◓라고 볼 수 있다. 名(명)은 夕(저녁 석)과 口(입 구)로 구성되어 '저녁에 사람이 잘 보이지 않아 자기 이름을 상대방에게 알리는 것' 즉 '이름'을 나타내었다. 여기에서는 '이름난' 즉 '유명한'이라는 의미로 사용되었다.
   名(명)이 '명'이라는 발음으로 읽히는 글자로는 銘(새길 명), 茗(차 싹 명), 酩(술 취할 명) 등이 있다.
   口(구)의 본래 자형은 '입 모양[]'으로 대부분 '입'과 관련이 있

는 뜻을 나타낸다. 예를 들면, 咆(으르렁거릴 포), 哮(으르렁거릴 효), 呻(끙끙거릴 신), 吟(읊을 음), 唱(노래 창), 哺(먹을 포) 등이 있다.

자의(字意)

揚名(양명) - 이름을 날리다. 예) 입신양명(立身揚名)

- 동음이의어(同音異義語)
  陽明(양명) - 태양. 환하게 밝음.

養 殖

기를 양 번성할 식

자형(字形)

1. 養(양)은 형성자로서 자형구조는 상하구조◓이다. 위에는 발음을 나타내는 羊(양 양)이 있고, 아래에는 뜻을 나타내는 부수 食(밥 식)이 있다. 食(식)의 본래 자형은 '밥을 담은 밥그릇과 뚜껑의 모양[]'으로 대부분 '밥' 또는 '먹는 것'과 관련이 있는 뜻을 나타낸다.
2. 殖(식)은 형성자로서 자형 구조는 좌우구조◑이다. 왼쪽에는 뜻을 나타내는 부수 歹(부서진 뼈 알)이 있고, 오른쪽에는 발음을 나타내는 直(곧을 직)이 있다. 歹(알)의 본래 자형은 '살이 없는 앙상한 뼈의 모양[]'으로 대부분 '죽음'이나 '좋지 않은 뜻'을 나타낸다.

자의(字意)

養殖(양식)-기르고 번식시키는 일.

- 동음이의어(同音異義語)

良識(양식)-건전한 사고방식.
樣式(양식)-일정한 방식이나 형식.
糧食(양식)-사는데 필요한 먹을거리.

洋食(양식)–서양식 음식.

■ 동음자(同音字)

· **直(직)–(식)(치)**

식 – 植(심을 식): 植木日(식목일)

殖(번성할 식): 繁殖(번식)

치 – 置(둘 치): 配置(배치)

値(값 치): 價値(가치)

洋 靴

서양 양　　신 화

자형(字形)

1. 洋(양)은 형성자(形聲字)로서 자형구조는 좌우구조◑이다. 왼쪽에는 포괄적인 뜻을 나타내는 부수(部首) 水(물 수)가 있고, 오른쪽에는 발음을 나타내는 羊(양 양)이 있다. 水(수)의 본래 자형은 '흘러가는 냇물의 모양[]'으로 대부분 '물' 또는 '액체 상태'와 관련이 있는 뜻을 나타낸다.
2. 靴(화)는 형성자(形聲字)로서 자형구조는 좌우구조◑이다. 왼쪽에는 포괄적인 뜻을 나타내는 부수(部首) 革(가죽 혁)이 있고, 오른쪽에는 발음을 나타내는 化(될 화)가 있다. 革(혁)의 본래 자형은 '가죽을 틀에 잘 펴서 말리고 있는 모양[]'으로 대부분 '가죽'과 관련이 있는 뜻을 나타낸다.

자의(字意)

洋靴(양화)– 서양식 신, 즉 구두.

- 동음이의어(同音異義語)

良貨(양화)– 실제 가격과 법정 가격의 차이가 없거나 적은 화폐.

洋畵(양화)– 서양 영화나 그림.

■ 동음자(同音字)

· **化–(화)(와)**

화 – 貨(재화 화): 貨物車(화물차)

花(꽃 화): 造花(조화), 弔花(조화)

와 – 訛(그릇될 와): 訛傳(와전)되다

語; 말씀 어 群; 무리 군 **107**

語 群

말씀 어　　　무리 군

자형(字形)

1. 語(어)는 형성자로서 자형구조는 좌우구조◑이다. 왼쪽에는 뜻을 나타내는 부수 言(말씀 언)이 있고, 오른쪽에는 발음을 나타내는 吾(나 오)가 있다.吾(오)의 발음을 나타내는 요소는 五(다섯 오)이다. 言(언)의 본래 자형은 '악기를 입에 물고 있는 모양[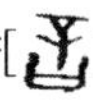]' 으로 본래 '소리' 를 나타내다가 나중에는 '사람의 말' 로 의미가 확대되어 사용하고 있다. 또한 言(언)은 대부분 '말' 과 관련이 있는 뜻을 나타낸다.
2. 郡(군)은 형성자로서 자형구조는 좌우구조◐이다. 왼쪽에는 발음을 나타내는 君(임금 군)이 있고, 오른쪽에는 뜻을 나타내는 부수 羊(양 양)이 있다. 羊(양)의 본래 자형은 '굽은 두 뿔을 강조한 양의 머리 모양[]' 으로 대부분 '양' 과 관련이 있는 뜻을 나타낸다.

자의(字意)

語群(어군)- 같은 어족(語族)에 속하는 언어의 총칭.

- **동음이의어(同音異義語)**
  魚群(어군)- 물고기 떼.

■ 동음자(同音字)

· **五(오)->吾(오)**

伍(대오 오): 隊伍(대오)

梧(벽오동나무 오): 梧桐(오동)나무

悟(깨달을 오): 大悟覺醒(대오각성)

晤(밝을 오), 俉(맞이할 오) 등

魚 缸

물고기 어 항아리 항

자형(字形)

1. 魚(어)는 본래 상형자로서 '물고기의 머리 · 몸통 · 꼬리 모양[]'으로 '물고기'라는 뜻을 나타내었다. 그러나 현재는 본래의 모양을 알 수 없는 자형으로 변화하였다. 특히 꼬리 부분이 火(불 화)로 변화하였다. 魚(어)는 대부분 '물고기'나 '어류'와 관련이 있는 뜻을 나타낸다.
2. 缸(항)은 형성자로서 자형구조는 좌우구조◑이다. 왼쪽에는 포괄적인 뜻을 나타내는 부수 缶(장군 부)가 있고, 오른쪽에는 발음을 나타내는 工(장인 공)이 있다. 缶(부)의 본래 자형은 '자기로 만든 술을 담는 그릇 모양[]'으로 대부분 '그릇'과 관련이 있는 뜻을 나타낸다.

자의(字意)

魚缸(어항)- 물고기를 기르는 데 사용하는 유리 항아리.

■ 동음이의어(同音異義語)

漁港(어항)- 漁船(어선)이 정박하고 出漁(출어) 준비를 하고, 배에 있는 어획물이나 짐을 뭍으로 내리는 항구.

驛 館

역참 역 　　　　 객사 관

자형(字形)

1. 驛(역)은 형성자로서 자형구조는 좌우구조◑이다. 왼쪽에는 포괄적인 뜻을 나타내는 부수 馬(말 마)가 있고, 오른쪽에는 발음을 나타내는 睪(엿볼 역)이 있다. 馬(마)의 본래 자형은 '말의 머리(눈) · 갈기 · 다리 등의 모양[, ]'으로 대부분 '말'과 관련이 있는 뜻을 나타낸다.
2. 館(관)은 형성자(形聲字)로서 자형 구조는 좌우구조◑라고 볼 수 있다. 왼쪽에는 포괄적인 뜻을 나타내는 부수(部首) 食(밥 식)이 있고, 오른쪽에는 발음을 나타내는 官(벼슬 관)이 있다.

자의(字意)

驛館(역관)– 옛날에 공무로 여행하는 관리나 관원이 묶던 곳.

- 동음이의어(同音異義語)
  譯官(역관)– 옛날에 통역하는 일을 맡아보는 관리.

■ 동음자(同音字)

· 睪-(역)(택)(탁)

역 – 譯(통역할 역): 通譯(통역)

釋(풀어낼 역): 演繹法(연역법)

택 – 澤(못, 윤 택): 沼澤地(소택지), 潤澤(윤택)

擇(가릴 택): 選擇(선택)

탁 – 鐸(방울 탁): 木鐸(목탁)

· 官-(관)

관 – 棺(널 관): 入棺(입관)

管(피리 관): 管樂器(관악기)

歷 程

지낼 력 길 정

자형(字形)

1. 歷(력)은 형성자로서 자형구조는 상하구조◓이다. 위에는 발음을 나타내는 厤(다스릴 력)이 있고, 아래에는 뜻을 나타내는 부수 止(발 지)가 있다. 止(지)의 본래 자형은 '세 개의 발가락과 발바닥 모양[ ]'으로 대부분 '발'이나 '동작'과 관련 있는 뜻을 나타낸다.
2. 程(정)은 형성자로서 자형구조는 좌우구조◑이다. 왼쪽에는 뜻을 나타내는 부수 禾(벼 화)가 있고, 오른쪽에는 발음을 나타내는 呈(드릴 정)이 있다. 또 呈(정)은 아래쪽에 발음을 나타내는 요소 壬(정)이 있다. 壬(정)의 본래 자형은 '사람(亻인)이 높은 곳(土)에 올라가 있는 모양[ ]'으로 '壬(정)'의 아래 부분은 마땅히 '土(토)'로 써야 하나, 현재는 '壬(임)'과 구별하지 않고 '士(사)'로 쓰고 있다.

자의(字意)

歷程(역정)- 지나온 길.

- 동음이의어(同音異義語)
  逆情(역정)-성, 화.

■ 동음자(同音字)

· **厤-(력)**

曆(책력 력{역}): 曆法(역법), 冊曆(책력)

瀝(쏟을 력{역}): 소감을 披瀝(피력)하다

靂(벼락 력{역}): 靑天霹靂(청천벽력)

111 圓; 둥글 원 形; 모양 형

圓 形

둥글 원 모양 형

자형(字形)

1. 圓(원)은 형성자(形聲字)로서 자형 구조는 내외구조◆라고 볼 수 있다. 안쪽에는 발음을 나타내는 員(원)이 있고, 바깥쪽에는 포괄적인 뜻을 나타내는 부수(部首) 囗(위)가 있다. 발음을 나타내고 있는 員(원)의 본래 자형은 '솥(鼎정)의 위에 둥근 원을 그린 모양[]'으로 '둥글다'라는 뜻을 나타내었는데, 員(원)이 '사람의 수'를 나타내는 뜻으로 사용하게 되자 '둥글다'라는 뜻을 나타내는 부수(部首) 囗(위)를 더한 圓(원)자로 '둥글다'라는 뜻을 나타내고 있다.

   囗(위)는 '에워싼 곳(지역)'으로 대부분 '가두는 곳'이나 '일정 경계를 가지고 있는 지역'과 관련이 있는 뜻을 나타내는 부수(部首)이다. 예를 들면, 囚(가둘 수), 囹(옥 령); 國(나라 국), 園(동산 원) 등이 있다.
2. 形(형)은 본래 형성자(形聲字)로서 자형 구조는 좌우구조◐라고 볼 수 있다. 形(형)의 자형은 본래 왼쪽에 발음을 나타내는 幵(평평할 견)이 있었으나 현재는 자형도 변하고 幵(견)자를 자주 사용하지 않기 때문에 쉽게 알아 볼 수 없고, 오른쪽에는 포괄적인 뜻을 나타내는 부수(部首) 彡(삼)이 있다.

   彡(삼)의 본래 자형은 '무늬 모양'으로 대부분 '장식(裝飾)'이나 '수식(修飾)하다' 등과 관련이 있는 뜻을 나타내는 부수(部首)이다. 예를 들면, 彩(무늬 채), 彬(빛날 빈), 彰(밝을 창) 등이 있다.

자의(字意)

圓形(원형) - 둥근 모양을 말한다.

■ 동음이의어(同音異義語)

原形(원형) - 본래 모양을 말한다. 예) 동사의 원형(原形).

原型(원형) - 근본이 되는 거푸집 즉, 주물(鑄物) 등을 여러 개 만들 때 본을 뜨기 위하여 제작된 틀.

112 磁; 자석 자 氣; 기운 기

磁 氣

자석 자　　　기운 기

자형(字形)

1. 磁(자)는 형성자(形聲字)로서 자형 구조는 좌우구조◑라고 볼 수 있다. 왼쪽에는 포괄적인 뜻을 나타내는 부수(部首) 石(돌 석)이 있고, 오른쪽에는 발음을 나타내는 兹(이 자)가 있다.
   石(석)의 본래 자형은 '언덕 아래 떨어져 있는 돌(口) 모양[]'으로 대부분 '돌'과 관련이 있는 뜻을 나타내는 부수(部首)이다. 예를 들면, 砂(모래 사)는 '돌'이 잘게 부서진 것이고, 研(갈 연)은 '(돌로 무엇인가)를 갈다'라는 뜻이고, 破(깨뜨릴 파)는 '(돌로 무엇인가)를 깨뜨리다'라는 뜻이다.
2. 氣(기)는 형성자(形聲字)로서 자형 구조는 상하구조◓라고 볼 수 있다. 위에는 발음을 나타내는 '气(기운 기)'가 있고, 아래에는 포괄적인 뜻을 나타내는 '米(쌀 미)'가 있다. 본래 뜻은 '사료나 식량을 남에게 주다'라는 뜻인데, 氣(기)가 '기운'이라는 뜻으로 사용하게 되자 食(밥 식)을 더하여 餼(보낼 희)를 만들어 본래 뜻으로 사용하고 있다. 현재 氣(기)는 본의와 상관없이 부수(部首) 气(기)에 속해 있다.

磁氣(자기)는 '자성(磁性)을 일으키는 기운' 즉, 자석(磁石)이 철(鐵)을 끌어당기는 기운을 말한다.

■ 동음이의어(同音異義語)

自己(자기) – 자기 자신을 말한다.

自記(자기) – '스스로 기록하다' 즉, '기계가 자동으로 기록하다'라는 뜻이다.
→ 自記溫度計(자기온도계), 自記濕度計(자기습도계)

瓷器(자기)=磁器(자기) – '오지 그릇' 즉 흙으로 높은 온도에서 구워 만든 그릇을 말한다.

113 慈: 사랑할 자 悲: 슬플 비

慈 悲

사랑할 자　　　슬플 비

자형(字形)

1. 慈(자)는 형성자(形聲字)로서 자형 구조는 상하구조◓라고 볼 수 있다. 위에는 발음을 나타내는 '玆(이 자)' 가 있고, 아래에는 포괄적인 뜻을 나타내는 '心(마음 심)' 이 있다.
   玆(자)가 '자' 라는 발음으로 읽히는 글자로는 磁(자석 자), 滋(불을 자) 등이 있다.
   心(심)의 본래 자형은 '심장의 모양[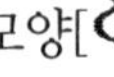]' 으로 대부분 '심리적인 작용' 과 관련이 있는 뜻을 나타낸다. 예를 들면, 忌(꺼릴 기), 恐(두려울 공), 忍(참을 인), 忠(충성 충) 등이 있다.
2. 悲(비)는 형성자(形聲字)로서 자형 구조는 상하구조◓라고 볼 수 있다. 위에는 발음을 나타내는 '非(아닐 비)' 가 있고, 아래에는 포괄적인 뜻을 나타내는 '心(마음 심)' 이 있다.
   非(비)가 '비' 라는 발음으로 읽히는 글자로는 菲(엷을 비), 匪(비적 비), 緋(붉은비단 비), 蜚(곤충이름 바퀴 비), 誹(헐뜯을 비), 扉(문짝 비), 翡(물총새 비), 斐(문채날 비) 등이 있다.

자의(字意)

慈悲(자비)는 '사랑하고 가엾게 여기다' 즉, 부처가 중생들에게 복을 주어 괴로움을 덜어주는 것을 말한다.

■ 동음이의어(同音異義語)

自費(자비) - '자기 비용' 즉, 자기 일에 스스로 부담하는 비용을 말한다. → 자비유학(自費留學)

煮沸(자비) - '삶고 끓이다' 즉, 펄펄 끓이는 것을 말한다. → 자비소독법(煮沸消毒法)=자비법(煮沸法)

114

資 源

재물 자　　근원 원

자형(字形)

1. 資(자)는 형성자(形聲字)로서 자형 구조는 상하구조◒라고 볼 수 있다. 위에는 발음을 나타내는 '次(버금 차)' 가 있고, 아래에는 포괄적인 뜻을 나타내는 '貝(조개 패)' 가 있다. 資(자)는 '돈(貝조개 패)' 과 관계있는 '재물' 이라는 뜻이다.

   次(차)가 '자' 라는 발음으로 읽히는 글자로는 恣(방자할 자), 姿(맵시 자), 咨(물을 자), 諮(물을 자), 瓷(오지그릇 자), 茨(가시나무 자) 등이 있다.

   貝(패)의 본래 자형은 '조개의 모양[]' 으로 대부분 '돈' 과 관련이 있는 뜻을 나타낸다. 예를 들면, 財(재물 재), 貨(재화 화), 貢(공물을 바칠 공), 販(팔 판), 賣(팔 매) 등이 있다.

2. 源(원)은 형성자(形聲字)로서 자형 구조는 좌우구조◑라고 볼 수 있다. 왼쪽에는 포괄적인 뜻을 나타내는 부수(部首) 氵(水물 수)가 있고, 오른쪽에는 발음을 나타내는 原(근원 원)이 있다. 源(원)은 '물(水물 수)' 과 관계있는 '물의 근원' 이라는 뜻이다.

   原(원)이 '원' 이라는 발음으로 읽히는 글자로는 願(원할 원), 愿(삼갈 원) 등이 있다.

   水(수)의 본래 자형은 '흘러가는 냇물의 모양[]' 으로 대부분 '물'

또는 '액체 상태'와 관련이 있는 뜻을 나타낸다. 예를 들면, 灌(물댈 관), 漑(물댈 개), 瀑(폭포 폭), 氾(넘칠 범), 濫(넘칠 람) 등이 있다.

자의(字意)

資源(자원)은 사람의 생활 및 경제 생산에 이용되는 물질을 말한다. 즉 인적(人的)·물적(物的) 자원의 총칭이다.

■ 동음이의어(同音異義語)

自願(자원) – '스스로 원하다' 즉 어떤 일을 자기 스스로 하고자 하여 나서는 것을 말한다. → 자원봉사(自願奉仕)

字源(자원) – 한자(漢字)를 구성하는 근원(根源)이 되는 글자를 말한다.

115

字: 글자 자 意: 뜻 의

字 意

글자 자　　　뜻 의

자형(字形)

1. 字(자)는 본래 상하구조◒의 형성자(形聲字)로서 부수(部首)는 宀(집 면)이며 발음을 나타내는 요소는 子(아들 자)라고 한다. 그러나 현재 字(자)는 부수(部首) 子(자)에 속해 있다. 字(자)의 본래 뜻은 '[집(宀)에서 아이(子)를] 낳다' 라고 한다. 이와 같이 子(자)는 발음과 의미를 동시에 나타내는 요소라고 볼 수 있다. 현재는 '글자' 라는 의미로 주로 사용되고 있다.

   子(자)가 '자' 라는 발음으로 읽히는 글자로는 仔(자세할 자), 孜(힘쓸 자) 등이 있다.

   子(자)의 본래 자형은 '어린 아이의 머리와 두 팔과 강보(襁褓)에 싸여 다리가 하나로 보이는 모양[]' 으로 대부분 '어린 아이' 와 관련이 있는 뜻을 나타낸다. 예를 들면, 孕(아이 밸 잉), 孟(맏이 맹), 季(막내 계), 孩(어린아이 해), 孫(손자 손), 孺(젖먹이 유) 등이 있다.
2. 意(의)는 본래 '마음(心) 속에 있는 하려고 하는 말(音)' 즉 '생각' 이라는 뜻을 의미하며, 音(소리 음)과 心(마음 심)으로 구성된 상하구조◓의 회의자(會意字)이다.

   意(의)가 '의' 라는 발음으로 읽히는 글자로는 鷾(제비 의), 薏(율무 의) 등이 있고, '억' 이라는 발음으로 읽히는 글자로는 億(억 억), 憶

(생각할 억), 臆(가슴 억), 檍(감탕나무 억) 등이 있다.

心(심)의 본래 자형은 '심장의 모양[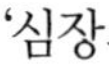]'이다. 고대 중국인들은 아마도 사람의 마음은 가슴속에 있다고 생각했던 것 같다. 그래서 대부분 '사람의 심리적인 작용'과 관련이 있는 뜻을 나타낸다. 예를 들면, 忌(꺼릴 기), 忍(참을 인), 忘(잊을 망), 怨(원망할 원), 忠(충성 충), 念(생각할 념), 急(급할 급) 등이 있다

자의(字意)

字意(자의)는 글자의 뜻을 말한다.

■ 동음이의어(同音異義語)

自意(자의) – 자기 자신의 생각이나 의지. ↔ 타의(他意)

恣意(자의) – (틀린 일인데도) 제멋대로 하다. → 임의(任意)

116

自: 스스로 자 酌: 따를 작

自 酌

스스로 자 따를 작

자형(字形)

1. 自(자)는 본래 '사람의 코 모양[]'을 그린 상형자(象形字)로서 '코'라는 뜻과 '자신'이라는 뜻을 나타내었다. 후에 의미상 혼동이 생기게 되자 '코'라는 뜻은 '自(자)'에 그 발음을 나타내는 '畀(비)'를 더하여 '鼻(비)'라는 글자를 만들어 그 의미를 나타내고, '자신'이라는 뜻은 '自(자)'로 나타내었다.

   부수(部首) 自(자)에는 본래 자형인 '사람의 코 모양'과 관련 있는 글자는 거의 없고 臭(취)라는 글자만 있다. 臭(취)는 自(자)와 犬(견)으로 '개 코' 즉 '냄새를 맡다' 또는 '냄새'라는 뜻을 나타낸다.

2. 酌(작)은 형성자(形聲字)로서 자형 구조는 좌우구조◑라고 볼 수 있다. 왼쪽에는 포괄적인 뜻을 나타내는 부수(部首) 酉(열째지지 유)가 있고, 오른쪽에는 발음을 나타내는 勺(구기 작)이 있다. 酌(작)의 본래 뜻은 '술을 따르다'이다. 酉(유)는 '술동이 모양'이고, 勺(작)은 '술이나 국을 뜨는 기구[]'이므로 발음과 뜻을 모두 나타내고 있다고 말할 수 있다.

   勺(작)이 '작'이라는 발음으로 읽히는 글자로는 灼(불사를 작), 芍(함박꽃 작) 등이 있고, '약'이라는 발음으로 읽히는 글자로는 約(묶을 약) 등이 있고, '적'이라는 발음으로 읽히는 글자로는 的(과녁 적) 등이 있다.

酉(유)의 본래 자형은 '술동이의 모양[]'으로 대부분 '술' 또는 '발효 식품'과 관련이 있는 뜻을 나타낸다. 예를 들면, 酒(술 주), 酸(초 산), 醉(취할 취), 醬(젓갈 장), 醱(술빚을 발), 酵(발효 효) 등이 있다.

자의(字意)

自酌(자작)은 自酌自飮(자작자음)의 준말로서 '스스로 술을 따라 마시다'라는 뜻이다.

■ 동음이의어(同音異義語)

自作(자작) – 손수 만들다. 자기 농토에 손수 농사를 짓다.
→ 자작농(自作農), 자작시(自作詩), 자작극

子爵(자작) – 다섯 등급으로 나눈 작위(爵位)에서 넷째 작위. 백작(伯爵)의 아래 남작(男爵)의 위에 위치한다.

117

自　轉

스스로 자　　구를 전

자형(字形)

1. 自(자)는 본래 '사람의 코 모양[]'을 그린 상형자(象形字)로서 '코'라는 뜻과 '자신'이라는 뜻을 나타내였다. 후에 의미상 혼동이 생기게 되자 '코'라는 뜻은 '自(자)'에 그 발음을 나타내는 '畀(비)'를 더하여 '鼻(비)'라는 글자를 만들어 그 의미를 나타내고, '자신'이라는 뜻은 '自(자)'로 나타내었다.
   부수(部首) 自(자)에는 본래 자형인 '사람의 코'와 관련있는 글자는 거의 없고 臭(취)라는 글자만 있다. 臭(취)는 自(자)와 犬(견)으로 '개코' 즉 '냄새를 맡다' 또는 '냄새'라는 뜻을 나타낸다.
2. 轉(전)은 형성자(形聲字)로서 자형 구조는 좌우구조◐라고 볼 수 있다. 왼쪽에는 포괄적인 뜻을 나타내는 부수(部首) 車(수레 거)가 있고, 오른쪽에는 발음을 나타내는 專(오로지 전)이 있다. 轉(전)은 '구르다'에서 '넘어지다' '옮기다' 변하다'라는 뜻으로 확대되어 사용되고 있다.
   專(전)이 '전'이라는 발음으로 읽히는 글자로는 傳(전할 전), 塼(벽돌 전) 이 있고, '단'이라는 발음으로 읽히는 글자로는 團(둥글 단) 등이 있다.
   車(거)는 수레[車의 金文]의 '바퀴 모양'으로 '수레'라는 의미로

사용되고 있다. 車(거)는 대부분 '수레'와 관련이 있는 뜻을 나타낸다. 예를 들면, 軌(수레바퀴 자국 궤), 軸(굴대 축), 載(수레에 실을 재), 輓(수레를 끌 만), 輪(바퀴 륜) 등이 있다.

자의(字意)

自轉(자전) – 스스로 회전하는 것을 말한다. 또는 천체가 그 내부를 지나는 축(軸)을 중심으로 하여 회전하는 운동을 말한다.

■ 동음이의어(同音異義語)

自傳(자전) – 자서전(自敍傳)의 준말이다.

字典(자전) – 한자(漢字)의 자형(字形) · 자음(字音) · 자의(字意) 등을 풀이하여 놓은 책.

118

紫; 자줏빛 자 朱; 붉을 주

紫 朱

자줏빛 자　　붉을 주

자형(字形)

1. 紫(자)는 형성자(形聲字)로서 자형 구조는 상하구조◓라고 볼 수 있다. 위에는 발음을 나타내는 此(이 차)가 있고, 아래에는 포괄적인 뜻을 나타내는 부수(部首) 糸(가는 실 사{멱})가 있다.
此(차)가 '차' 라는 발음으로 읽히는 글자로는 跐(밟을 차)가 있고, '자' 라는 발음으로 읽히는 글자로는 疵(흠 자), 雌(암컷 자) 등이 있다.
糸(사)의 본래 자형은 '실타래 모양[ ]' 으로 대부분 '실(줄, 옷감)' → '물들이다(색깔)' 과 관련이 있는 뜻을 나타낸다. 예를 들면, 紅(붉을 홍), 綠(초록빛 록), 紺(감색 감), 絳(진홍 강) 등이 있다.
2. 朱(주)는 본래 '나무(木)의 붉은 속 부분' 을 한 획으로 지시하고 있는 자형으로 '붉다' 라는 의미를 나타낸다.
朱(주)가 '주' 라는 발음으로 읽히는 글자로는 珠(구슬 주), 株(그루 주), 誅(벨 주), 蛛(거미 주), 侏(난쟁이 주), 姝(예쁠 주) 등이 있고, '수' 라는 발음으로 읽히는 글자로는 洙(강 이름 수), 殊(죽일 수), 銖(무게 단위 수), 茱(수유 수) 등이 있다.
木(목)의 본래 자형은 '나무의 뿌리와 가지 모양[ ]' 으로 대부분 '나무' 와 관련이 있는 뜻을 나타낸다. 예를 들면, 本(뿌리 본), 植(나무를 심다 식), 楓(단풍나무 풍), 極(용마루 극), 楊(버들 양), 槪(평미레 개), 樹(나무 수), 橘(귤나무 귤) 등이 있다.

자의(字意)

紫朱(자주) - 짙은 남빛에 붉은빛을 띤 빛. → 자주색(紫朱色), 자지(紫芝)

■ 동음이의어(同音異義語)

自主(자주) - 자신의 일을 스스로 처리하다.
自註(자주) - 자신이 쓴 글에 자기가 직접 주(註)를 달다.
自走(자주) - 엔진이나 바퀴를 갖추어 스스로 움직임. 예) 자주포(自走砲), 자주고사포(自走高射砲)

119

掌 匣

손바닥 장 갑 갑

자형(字形)

1. 掌(장)은 형성자(形聲字)로서 자형 구조는 상하구조◓라고 볼 수 있다. 위에는 발음을 나타내는 尙(오히려 상)이 있고, 아래에는 포괄적인 뜻을 나타내는 부수(部首) 手(손 수)가 있다.

   尙(상)이 '장' 이라는 발음으로 읽히는 글자로는 鞝(부채 장) 등이 있고, '당' 이라는 발음으로 읽히는 글자로는 當(당할 당), 黨(무리 당), 棠(팥배나무 당), 螳(사마귀 당) 등이 있고, '상' 이라는 발음으로 읽히는 글자로는 裳(치마 상), 常(항상 상), 賞(상줄 상), 償(갚을 상), 嘗(맛볼 상) 등이 있다.

   手(수)의 본래 자형은 '다섯 손가락의 모양[]' 으로 대부분 '동작'과 관련이 있는 뜻을 나타낸다. 예를 들면, 把(잡을 파), 握(쥘 악), 打(칠 타), 擊(부딪칠 격), 投(던질 투), 擲(던질 척) 등이 있다.

2. 匣(갑)은 형성자(形聲字)로서 자형 구조는 내외구조◈라고 볼 수 있다. 안쪽에는 발음을 나타내는 甲(첫째 천간 갑)이 있고, 바깥쪽에는 포괄적인 뜻을 나타내는 부수(部首) 匚(상자 방)이 있다.

   甲(갑)이 '갑' 이라는 발음으로 읽히는 글자로는 閘(물문 갑), 胛(어깨뼈 갑), 鉀(갑옷 갑), 岬(산허리 갑) 등이 있고, '압' 이라는 발음으로 읽히는 글자로는 鴨(오리 압), 狎(익숙할 압) 등이 있다.

匚(방)의 본래 자형은 '네모난 용기의 모양[]'으로 대부분 '그릇'과 관련이 있는 뜻을 나타낸다. 예를 들면, 匜(대야 이), 匱(함 궤) 등이 있다.

자의(字意)

掌匣(장갑) – 손을 보호하기 위하여 손에 끼는 천이나 가죽으로 만든 물건.

■ 동음이의어(同音異義語)

裝甲(장갑) – 선체(船體)나 차체(車體)를 적탄으로부터 보호하기 위하여 특수한 강철판으로 둘러쌈.

120 將; 장수 장 棋; 바둑 기

將 棋

장수 장 바둑 기

자형(字形)

1. 將(장)은 형성자(形聲字)로서 자형 구조는 대략 좌우구조◐라고 볼 수 있다. 왼쪽에는 발음을 나타내는 爿(나무 조각 장)이 있고, 오른쪽에는 포괄적인 뜻을 나타내는 부수(部首) 寸(마디 촌)이 있다.
   將(장)이 '장' 이라는 발음으로 읽히는 글자로는 奬(권면할 장), 醬(젓갈 장), 漿(미음 장) 등이 있다.
   寸(촌)의 본래 자형은 '오른 손' 을 나타내는 又(우)에 한 점으로 寸口(촌구: 양 손목의 안쪽 도드라진 뼈 앞의 맥이 뛰는 부위)의 위치를 지시하고 있다[]. 寸(촌)이 '손' 의 의미로 사용된 예가 많고, 대부분 '동작' 과 관련이 있는 뜻을 나타낸다. 예를 들면, 封(봉할 봉), 射(쏠 사), 尋(찾을 심), 導(이끌 도) 등이 있다.
2. 棋(기)는 형성자(形聲字)로서 자형 구조는 좌우구조◑라고 볼 수 있다. 왼쪽에는 포괄적인 뜻을 나타내는 부수(部首) 木(나무 목)이 있고, 오른쪽에는 발음을 나타내는 其(그 기)가 있다.
   其(기)가 '기' 라는 발음으로 읽히는 글자로는 期(기약할 기), 基(터 기), 箕(키 기), 麒(기린 기), 碁(바둑 기), 欺(속일 기), 棊(돌 기) 등이 있다.
   木(목)의 본래 자형은 '나무의 뿌리와 가지 모양[]' 으로 대부분

'나무' 와 관련이 있는 뜻을 나타낸다. 예를 들면, 本(뿌리 본), 植(나무를 심다 식), 楓(단풍나무 풍), 極(용마루 극), 楊(버들 양), 槪(평미레 개), 樹(나무 수), 橘(귤나무 귤) 등이 있다.

자의(字意)

將棋(장기) – 청홍으로 두 진으로 나누고 상대방의 將(장)을 공격하여 승부를 가리는 놀이.

■ 동음이의어(同音異義語)

長期(장기) – 오랜 기간.

長技(장기) – 가장 잘하는 재주.

臟器(장기) – 내장의 여러 기관.

張 大
펼 장 큰 대

자형(字形)

1. 張(장)은 형성자(形聲字)로서 자형 구조는 좌우구조◑라고 볼 수 있다. 왼쪽에는 포괄적인 뜻을 나타내는 부수(部首) 弓(활 궁)이 있고, 오른쪽에는 발음을 나타내는 長(길 장)이 있다.
長(장)이 '장'이라는 발음으로 읽히는 글자로는 帳(휘장 장) 등이 있고, '창'이라는 발음으로 읽히는 글자로는 脹(배부를 창), 漲(불을 창) 등이 있다.
弓(궁)의 본래 자형은 '시위가 풀어져 있는 활의 모양[]'으로 대부분 '활'과 관련이 있는 뜻을 나타낸다. 예를 들면, 弧(활 호), 彈(탄알을 쏘는 활 탄), 引(당길 인) 등이 있다.
2. 大(대)는 본래 '사람이 두 팔과 두 다리를 넓게 펴고 서있는 모양[]'으로 '크다'라는 뜻을 나타내고 있다.
大(대)가 '태'라는 발음으로 읽히는 글자로는 太(클 태), 汰(물에 일을 태) 등이 있다.
부수(部首) 大(대)에 포함되어 있는 글자는 대부분 '크다'라는 의미상의 관련성보다는 '사람의 모양'과 관계가 있다. 예를 들면, 夫(부: 성인 남자가 머리에 비녀를 꼽고 있는 모습), 天(천: 한 획이 사람의 머리 부분을 지시하고 있다), 夾(협: 한 사람이 양쪽에 사람을 끼고 있다), 央(앙: 한 사람이 무엇인가 정가운데로 균형을 잡아 메고 있다) 등이 있다.

자의(字意)

張大(장대) - (일이나 사건 등이) 크고 거창하다. 예) 옛 기록을 참고하면 이 사찰의 규모가 얼마나 장대하였는가를 짐작할 수 있다. (연세대학교 언어정보개발연구원 편, ≪연세한국어사전≫, 두산동아, 2002)

■ 동음이의어(同音異義語)

壯大(장대) - 체격이 크고 튼튼하다.

長大(장대) - 길고 크다.

예) "[사회] 成大, 맞춤형 '초고층 · 長大교량학과' 개설" (이세형 기자 turtle@donga.com, ⓒ 동아일보 & donga.com)

"산업화 시대에는 중후장대(重厚長大)가, 정보화 시대엔 경박단소(輕薄短小)가 키워드였다면 지금은 후한 마음이 경쟁력을 갖는 온후지정(溫厚之情)이 경쟁력의 핵심이라고 믿기 때문이다. 온후지정은 기술이 아니라 디자인을 통해 드러나고, 그 같은 디자인의 밑바탕에 상상력이 깔려 있다는 의미다."([CEO & 매니지먼트] 냅킨 한 장도 그를 거치면 12억 명품으로 [한국경제신문] 2009년 05월 19일(화))

壯 途

씩씩할 장 길 도

자형(字形)

1. 壯(장)은 형성자(形聲字)로서 자형 구조는 좌우구조◐라고 볼 수 있다. 왼쪽에는 발음을 나타내는 '爿(나무 조각 장)'이 있고, 오른쪽에는 포괄적인 뜻을 나타내는 士(선비 사)가 있다.
   爿(장)이 '장'이라는 발음으로 읽히는 글자로는 牆(담 장), 臧(착할 장), 贓(장물 장), 藏(감출 장), 臟(오장 장), 將(장차 장), 奬(권면할 장), 醬(젓갈 장), 漿(미음 장), 莊(풀 성할 장), 裝(꾸밀 장) 등이 있다.
   士(사)의 본래 자형이 무엇을 나타내는지는 알 수 없으나 '선비 사'로 사용되며, 이와 관련이 있는 뜻을 나타내는 글자는 壻(사위 서)와 壯(장) 두 개 글자밖에 없고, 나머지 글자들은 모두 자의와 관련 없는 글자이다.
2. 途(도)는 형성자(形聲字)로서 자형 구조는 대략 상하구조◓라고 볼 수 있다. 본래 위에는 발음을 나타내는 余(나 여)가 있고, 아래에는 포괄적인 뜻을 나타내는 辶(辵쉬엄쉬엄 갈 착)이 있다.
   余(여)가 '도'라는 발음으로 읽히는 글자로는 塗(진흙 도) 등이 있고, '사'라는 발음으로 읽히는 글자로는 賒(외상으로 살 사)가 있고, '서'라는 발음으로 읽히는 글자로는 敘(차례 서), 徐(천천할 서) 등이 있고, '여'라는 발음으로 읽히는 글자로는 餘(남을 여), 艅(배 이름

여) 등이 있다.

辵(착)의 본래 자형은 '彳(척)'과 '止(지)'로 구성되어 있다[]. '彳(척)'은 본래 '사거리 모양[]'을 그린 '行(행)'의 약자(略字)이었고, 止(지)의 본래 자형은 '세 개의 발가락과 발바닥 모양[]'을 나타내었다. 이 모두가 '움직임'과 관련 있어 辵(착)은 대부분 '동작'과 관련 있는 뜻을 나타낸다. 예를 들면, 迫(닥칠 박), 迷(헤맬 미), 追(쫓을 추), 進(나아갈 진), 退(물러날 퇴), 遠(멀 원), 近(가까울 근) 등이 있다.

자의(字意)

壯途(장도) – 큰 뜻을 품고 나서는 길

- 동음이의어(同音異義語)

長刀(장도) – 긴 칼.

長途(장도) – 먼 길. 예) 1948년 6월, 대한민국은 아직 미군정 체제였지만 올림픽은 출전할 수 있었다.………선수단은 출정일인 21일 아침 서울 종로 2가의 YMCA회관에 모여 단체복으로 갈아입고 서울역까지 가두행진을 했다.………선수단이 런던에 도착한 것은 7월 11일 저녁, 서울역을 떠난 지 21일 만이었다. 최초로 '한국' 국명과 태극기를 앞세우고 출전한 여름올림픽, 14회 런던 올림픽 선수단의 '장도(長途)'였다.([분수대] 런던 올림픽, [중앙일보] 2008년 08월 27일(수) 오전 01:25)

粧刀(장도) – 옷고름이나 주머니에 늘 차고 다니던 주머니칼. 은장도(銀粧刀).

123

帳; 휘장 장 簿; 장부 부

帳　簿

휘장 장　　　장부 부

자형(字形)

1. 帳(장)은 형성자로서 자형구조는 좌우구조◑이다. 왼쪽에는 포괄적인 뜻을 나타내는 부수 巾(수건 건)이 있고, 오른쪽에는 발음을 나타내는 長(길 장)이 있다. 巾(건)의 본래 자형은 '나무에 걸려 있는 수건의 모양[]'으로 대부분 '헝겊'과 관련이 있는 뜻을 나타낸다.
2. 簿(부)는 형성자로서 자형 구조는 상하구조◒이다. 위에는 포괄적인 뜻을 나타내는 竹(대 죽)이 있고, 아래에는 발음을 나타내는 溥(넓을 부)가 있고, 溥(부)의 발음을 타나내는 요소는 尃(펼 부)로 오른쪽에 있다. 竹(죽)의 본래 자형은 '대나무의 모양[]'으로 대부분 '대나무' 또는 '管(관)이나 관악기'와 관련이 있는 뜻을 나타낸다.

자의(字意)

帳簿(장부)–금품의 수입 · 지출 또는 기타의 사항을 기록하는 책.

- 동음이의어(同音異義語)

  丈夫(장부)–다 자란 건장한 남자.

■ 동음자(同音字)

· **長-(장)(창)**

장 – 張(장): 緊張(긴장)

帳(휘장 장): 帳幕(장막)

창 – 脹(배부를 창): 膨脹(팽창)

漲(불을 창): 漲溢(창일) = 물이나 의욕 따위가 넘침.

124 將; 장수 장 星; 별 성

將 星

장수 장 　 별 성

자형(字形)

1. 將(장)은 형성자로서 자형구조는 좌우구조◐이다. 왼쪽에는 발음을 나타내는 爿(나무 조각 장)이 있고, 오른쪽에는 포괄적인 뜻을 나타내는 부수 寸(마디 촌)이 있다. 寸(촌)의 본래 자형은 '오른 손'을 나타내는 又(우)에 한 점으로 寸口(촌구: 양 손목의 안쪽 도드라진 뼈 앞의 맥이 뛰는 부위)의 위치를 지시하고 있다[]. 寸(촌)이 '손'의 의미로 사용된 예가 많고, 대부분 '동작'과 관련이 있는 뜻을 나타낸다.
2. 星(성)은 형성자로서 자형구조는 상하구조◒이다. 위에는 포괄적인 뜻을 나타내는 日(해 일)이 있고, 아래에는 발음을 나타내는 生(날 생)이 있다. 日(일)의 본래 자형은 '해의 모양[]'으로 대부분 '시간' 또는 '빛'과 관련이 있는 뜻을 나타낸다. 그러나 星(성)의 본래 자형은 으로 晶(정)자에 生(생)이라는 발음 성분을 첨가한 자형이었으나, 후에 쓰기 편하도록 晶(정)을 日(일)로 간략하게 하였다. 晶(정)자의 본래 의미도 '맑다'나 '수정(水晶)' '결정(結晶)'이 아닌 '별 星(성)'이었다. 그래서 星(성)과 晶(정)의 발음도 유사하다.

자의(字意)

將星(장성)- 별로 표시되는 계급을 가진 고급 장교.

■ 동음이의어(同音異義語)

長成(장성)- 아이가 자라서 성인이 되다.

長城(장성)- 길게 쌓은 성.

裝 塡

넣을 장 메울 전

자형(字形)

1. 裝(장)은 형성자(形聲字)로서 자형구조는 상하구조◓이다. 위에는 발음을 나타내는 壯(씩씩할 장)이 있고, 아래에는 포괄적인 뜻을 나타내는 부수(部首) 衣(옷 의)가 있다. 衣(의)의 본래 자형은 '윗옷의 모양[]'으로 '옷'이나 '옷감'과 관련 있는 뜻을 나타낸다.
2. 塡(전)은 형성자(形聲字)로서 자형구조는 좌우구조◑이다. 왼쪽에는 포괄적인 뜻을 나타내는 부수(部首) 土(흙 토)가 있고, 오른쪽에는 발음을 나타내는 眞(참 진)이 있다. 土(토)의 본래 자형은 '땅(一)위에 흙덩이가 있는 모양[]'으로 대부분 '흙'과 관련이 있는 뜻을 나타낸다.

자의(字意)

裝塡(장전)– 총이나 대포 속에 총알이나 포탄을 넣다.

- 동음이의어(同音異義語)

章典(장전)– 사회적으로 중요한 일에 대한 일정한 원칙과 주장을 나타내는 제도 · 법 · 규칙 들을 한데 묶은 것.

裁 可

마를 재　　　들어줄 가

자형(字形)

1. 裁(재)는 형성자로서 자형 구조는 내외구조◘라고 할 수 있다. 안에는 뜻을 나타내는 '衣(옷 의)'가 있고, 바깥에는 발음을 나타내는 요소 𢦏(재)가 있다. 裁(재)는 '옷을 마름질하다'라는 뜻이다. 衣(의)의 본래 자형은 '윗옷의 모양[]'으로 '옷'이나 '옷감'과 관련 있는 뜻을 나타낸다.
2. 可(가)는 자형 구조는 좌우구조라고 할 수 있다. 왼쪽에는 뜻을 나타내는 부수 口(입 구)가 있고, 오른쪽에는 발음을 나타내는 요소가 있었다고 한다. 그러나 현재는 그 발음 요소를 알아 볼 수 없게 변했으므로 형성자라고 할 수 없다. 口(구)의 본래 자형은 '입 모양[]'으로 대부분 '입'과 관련이 있는 뜻을 나타낸다.

자의(字意)

裁可(재가)- 결재하여 허가하다.

- 동음이의어(同音異義語)

再嫁(재가)- 다시 시집가다.

在家(재가)- 불교에서 속세에서 살아가는 상태 또는 그런 신도. 출가(出家)의 반대말.

127

財; 재물 재 經; 날 경

財 經

재물 재　　날 경

자형(字形)

1. 財(재)는 형성자로서 자형구조는 좌우구조◑이다. 왼쪽에는 뜻을 나타내는 부수 貝(조개 패)가 있고, 오른쪽에는 발음을 나타내는 才(재주 재)가 있다. 才(재)가 '재' 라는 발음으로 읽히는 글자로는 材(재목 재)등이 있고, '시' 라는 발음으로 읽히는 글자로는 豺(승냥이 시)등이 있다. 貝(패)의 본래 자형은 '조개의 모양[]' 으로 대부분 '돈' 과 관련이 있는 뜻을 나타낸다.
2. 經(경)은 형성자로서 자형구조는 좌우구조◑라고 하고, 왼쪽에는 뜻을 나타내는 부수 糸(가는 실 사{멱})가 있고, 오른쪽에는 발음을 나타내는 巠(지하수 경)이 있다. 糸(사)의 본래 자형은 '실타래 모양[]' 으로 대부분 '실(줄, 옷감)' -> '물들이다(색깔)' 와 관련이 있는 뜻을 나타낸다.

자의(字意)

財經(재경)- 재정과 경제.

- 동음이의어(同音異義語)

在京(재경)- 서울에 있는.

栽 培

심을 재　　북돋을 배

자형(字形)

1. 栽(재)는 형성자로서 자형구조는 대략 상하구조◓라고 할 수 있다. 위에는 발음을 나타내는 요소 𢦏(재)가 있고, 아래에는 뜻을 나타내는 木(목)있다. 木(목)의 본래 자형은 '나무의 뿌리와 가지 모양[]'으로 대부분 '나무'와 관련이 있는 뜻을 나타낸다.
2. 培(배)는 형성자로서 자형구조는 좌우구조◑이다. 왼쪽에는 포괄적인 뜻을 나타내는 부수 土(토)가 있고, 오른쪽에는 발음을 나타내는 요소 咅(침 부)가 있다. 土(토)의 본래 자형은 '땅(一)위에 흙덩이가 있는 모양[]'으로 대부분 '흙'과 관련이 있는 뜻을 나타낸다.

자의(字意)

栽培(재배): 식물을 심어 가꿈.

- 동음이의어(同音異義語)

再拜(재배): 절을 두 번 함. 웃어른에게 쓰는 편지에서 상대편을 높이는 표현.

129 斬; 벨 참 刑; 형벌 형

斬 刑

벨 참　　　형벌 형

자형(字形)

1. 斬(참)은 회의자(會意字)로서 자형 구조는 좌우구조◐라고 볼 수 있다. 斬(참)의 본래 뜻은 '수레(車거)로 죄인의 허리를 자르는(斤근) 형벌'로 車(수레 거)와 斤(도끼 근)으로 구성되어 있으며, 의미가 '자르다'와 관련 있으므로 부수(部首) 斤(근)에 속해 있다.
   斤(근)의 본래 자형은 '도끼 모양[]'으로 대부분 '도끼'나 도끼의 용도인 '끊다'와 관련이 있는 뜻을 나타내는 부수(部首)이다. 예를 들면, 斧(도끼 부), 斷(끊을 단) 등이 있다.
2. 刑(형)은 본래 형성자(形聲字)로서 자형 구조는 좌우구조◐라고 볼 수 있다. 刑(형)의 자형은 본래 왼쪽에 발음을 나타내는 井(우물 정)이 있었으나 현재는 자형이 변하여 알아 볼 수 없게 되었고, 오른쪽에는 포괄적인 뜻을 나타내는 부수(部首) 刂(=刀칼 도)가 있다.
   刀(도)의 본래 자형은 '칼 모양[]'으로 대부분 '칼'이나 칼의 용도인 '베다, 자르다' 등과 관련이 있는 뜻을 나타내는 부수(部首)이다. 예를 들면, 切(끊을 절), 分(나눌 분), 割(나눌 할) 등이 있다.

자의(字意)

斬刑(참형)은 '베어 죽이는 형벌(刑罰)' 즉, 죄인의 목을 베어 죽이는 형벌을 말한다.

■ 동음이의어(同音異義語)

慘刑(참형) – '처참한 형벌' 즉, 매우 끔찍한 형벌을 말한다.

■ 동음자(同音字)

· **斬 – (참)**

斬(斤; 베다) – 斬首(참수); 斬新(참신)하다

塹(土; 구덩이) – 塹壕(참호)

慙(心; 부끄러워하다) – 慙悔(참회)

· **刑 – (형)**

刑(刀; 형벌) – 刑期(형기), 刑罰(형벌), 刑法(형법)

型(土; 거푸집) – 模型(모형), 類型(유형), 典型(전형)

荊(艹=艸; 가시나무) – 荊棘(형극), 荊妻(형처)

形(彡; 모양) – 形狀(형상), 形成(형성), 形勢(형세)

邢(阝=邑; 나라 이름)

130 懺; 뉘우칠 참 悔; 뉘우칠 회

懺 悔

뉘우칠 참　　뉘우칠 회

자형(字形)

1. 懺(참)은 형성자(形聲字)로서 자형 구조는 좌우구조◐라고 볼 수 있다. 왼쪽에는 포괄적인 뜻을 나타내는 부수(部首) 忄(心마음 심)이 있고, 오른쪽에는 발음을 나타내는 韱(산부추 섬)이 있다.

   韱(섬)이 '참' 이라는 발음으로 읽히는 글자로는 讖(참서 참) 등이 있고, 韱(섬)이 '섬' 이라는 발음으로 읽히는 글자로는 纖(가늘 섬), 殲(다 죽일 섬) 등이 있다.

   心(심)의 본래 자형은 '심장의 모양[]' 으로 대부분 '심리적인 작용' 과 관련이 있는 뜻을 나타낸다. 예를 들면, 愛(사랑 애), 惜(아낄 석), 愁(시름 수), 惱(괴로워할 뇌) 등이 있다.

2. 悔(회)는 형성자(形聲字)로서 자형 구조는 좌우구조◐라고 볼 수 있다. 왼쪽에는 포괄적인 뜻을 나타내는 부수(部首) 忄(心마음 심)이 있고, 오른쪽에는 발음을 나타내는 每(매양 매)가 있다.

   每(매)가 '회' 라는 발음으로 읽히는 글자로는 晦(그믐 회), 誨(가르칠 회) 등이 있고, 每(매)가 '매' 라는 발음으로 읽히는 글자로는 梅(매화나무 매), 莓(나무딸기 매) 등이 있고, 每(매)가 '해' 라는 발음으로 읽히는 글자로는 海(바다 해)가 있다.

懺悔(참회)는 본래 불교에서 사용하는 용어로, 죄를 뉘우치고 용서를 구하는 수행법을 말한다. '참(懺)' 은 산스크리트 크샤마(kṣ ama)를 음역한 것으로 '뉘우치다' , '참다' 라는 뜻이고, '회(悔)' 는 이것을 의역한 것이다. 그러나 후에 '뉘우치다' 즉 종교적으로 자기의 죄를 뉘우치며 용서를 비는 것을 말한다. → 참회록(懺悔錄)

※ 참회(懺悔)의 기도: 므나쎄의 기도(祈禱)Prayer of Manasseh – 성서에 나오는 총 15절 37행으로 이루어진 참회(懺悔) 기도문[EnCyber 두산백과사전]

"「1」자기의 잘못에 대하여 깨닫고 깊이 뉘우침. ≒참10(懺). 「2」『불교』과거의 죄를 뉘우치고 부처, 보살, 사장(師長), 대중 앞에 고백하여 용서를 구함. 「3」『종교』신이나 부처 앞에서 자기의 죄를 회개하고 용서를 빎."

- 동음이의어(同音異義語)

慙悔(참회) – 부끄러워하며 뉘우치는 것을 말한다.

131 採: 캘 채 鑛: 쇳돌 광

採 鑛

캘 채　　쇳돌 광

자형(字形)

1. 採(채)는 형성자(形聲字)로서 자형 구조는 좌우구조◑라고 볼 수 있다. 왼쪽에는 포괄적인 뜻을 나타내는 부수(部首) 扌(手손 수)가 있고, 오른쪽에는 발음을 나타내는 采(캘 채)가 있다. 採(채)의 부수(部首) 手(수)는 일반적으로 '동작'을 의미하므로 採(채)의 본의는 '캐다'라는 뜻이다.
   采(채)가 '채'라는 발음으로 읽히는 글자로는 彩(무늬 채), 綵(비단 채), 菜(나물 채) 등이 있다.
   手(수)의 본래 자형은 '다섯 손가락의 모양[]'으로 대부분 '동작'과 관련이 있는 뜻을 나타낸다. 예를 들면, 把(잡을 파), 握(쥘 악), 打(칠 타), 擊(부딪칠 격), 投(던질 투), 擲(던질 척) 등이 있다.
2. 鑛(광)은 형성자(形聲字)로서 자형 구조는 좌우구조◑라고 볼 수 있다. 왼쪽에는 포괄적인 뜻을 나타내는 부수(部首) 金(쇠 금)이 있고, 오른쪽에는 발음을 나타내는 廣(넓을 광)이 있다. 鑛(광)은 '쇠'와 관계있는 '광석'이라는 뜻이다.
   廣(광)이 '광'이라는 발음으로 읽히는 글자로는 曠(밝을 광), 壙(뫼구덩이 광) 등이 있다.
   金(금)의 본래 자형은 '주물(鑄物)을 붓는 모형(模型)과 쇳물이 흐르는 모양[]'으로 대부분 '쇠'나 '광물'과 관련이 있는 뜻을 나타낸다. 예를 들면, 針(바늘 침), 鉛(납 연), 銀(은 은), 銅(구리 동) 등이 있다.

자의(字意)

採鑛(채광)은 '광물(鑛物)을 캐는 것' 즉 광산(鑛山)에서 광석을 캐내는 것을 말한다.

■ **동음이의어(同音異義語)**

採光(채광) – 건축물에 창(窓)을 내어 빛을 받아들여 방안을 밝게 하는 것을 말한다.
→ 採光(채광)이 좋은 방

132 凄: 쓸쓸할 처 切: 끊을 절

凄 切

쓸쓸할 처 끊을 절

자형(字形)

1. 凄(처)는 형성자(形聲字)로서 자형 구조는 좌우구조◑라고 볼 수 있다. 왼쪽에는 포괄적인 뜻을 나타내는 부수(部首) 冫(얼음 빙)이 있고, 오른쪽에는 발음을 나타내는 妻(아내 처)가 있다. 凄(처)의 부수(部首) 冫(빙)은 일반적으로 '차다' 라는 뜻을 의미하므로 凄(처)의 본의는 '차다' 라는 뜻이며, 여기에서 '써늘하다' '쓸쓸하다' 라는 뜻으로 확대되었다.
   妻(처)가 '처' 라는 발음으로 읽히는 글자로는 悽(슬퍼할 처) 등이 있고, '서' 라는 발음으로 읽히는 글자로는 棲(살 서) 등이 있다.
   冫(빙)의 본래 자형은 '겹으로 언 얼음의 모양[仌]' 으로 대부분 '얼음' 이나 '차다' 와 관련이 있는 뜻을 나타낸다. 예를 들면, 冬(겨울 동), 冷(찰 랭), 凍(얼 동), 凜(찰 름) 등이 있다.
2. 切(절)은 형성자(形聲字)로서 자형 구조는 좌우구조◐라고 볼 수 있다. 왼쪽에는 발음을 나타내는 七(일곱 칠)이 있고, 오른쪽에는 포괄적인 뜻을 나타내는 부수(部首) 刀(칼 도)가 있다. 七(칠)의 본래 자형은 '무엇인가 칼로 자르는 모양' 으로 '자르다' 라는 뜻을 나타냈다고 한다. 七(칠)이 뒤에 숫자로 사용하게 되자 七(칠)에 의미를 나타내는 刀(칼 도)를 더하여 切(절)로 '자르다' 라는 의미를 나타내게 되었다고

한다.

七(칠)이 '칠'이라는 발음으로 읽히는 글자로는 柒(漆의 속자) 등이 있다.

刀(도)의 본래 자형은 '칼 모양[]'으로 대부분 '칼'이나 칼의 용도인 '베다, 자르다' 등과 관련이 있는 뜻을 나타내는 부수(部首)이다. 예를 들면, 切(끊을 절), 分(나눌 분), 割(나눌 할) 등이 있다.

자의(字意)

凄切(처절)은 모습이나 심정이 몹시 처량하고 구슬픈 것을 말한다. → 처절(凄切)한 모습 · 심정 예) 밤이면 처절한 심정이 되어 그에게 편지를 썼다가 아침이면 그것을 읽고 어이없어하였다.(연세대학교 언어정보개발연구원 편, ≪연세한국어사전≫, 두산동아, 2002)

- 동음이의어(同音異義語)

  悽絕(처절) – 몹시 끔찍하고 처참하다. → 처절(悽絕)한 사투 · 싸움 · 죽음

133 撤; 거둘 철 退; 물러날 퇴

撤 退

거둘 철　　물러날 퇴

자형(字形)

1. 撤(철)은 형성자(形聲字)로서 자형 구조는 좌우구조◑라고 볼 수 있다. 왼쪽에는 포괄적인 뜻을 나타내는 부수(部首) 扌(手손 수)가 있고, 오른쪽에는 발음을 나타내는 요소가 있다. 撤(철)의 본래 뜻은 '치우다' 이다. 그래서 '동작' 과 관계있는 '手(수)' 를 부수로 하고 있다.
   撤(철)의 발음요소가 같은 글자로는 澈(물 맑을 철), 徹(통할 철), 轍(바퀴 자국 철) 등이 있다.
   手(수)의 본래 자형은 '다섯 손가락의 모양[]' 으로 대부분 '동작' 과 관련이 있는 뜻을 나타낸다. 예를 들면, 把(잡을 파), 握(쥘 악), 打(칠 타), 擊(부딪칠 격), 投(던질 투), 擲(던질 척) 등이 있다.
2. 退(퇴)는 본래 辶(辵쉬엄쉬엄 갈 착)과 日(해 일)과 夂(뒤져서 올 치)로 구성된 회의자(會意字)이었는데, 지금은 日(일)과 夂(치)가 艮(어긋날 간)으로 변화하여 그 본래 의미를 알아 볼 수 없다. 退(퇴)의 본래 뜻은 '날(日)마다 뒤처지다(夂)' 즉 '뒤로 가다' 라고 한다.
   退(퇴)가 '퇴' 라는 발음으로 읽히는 글자로는 褪(바랠 퇴), 腿(넓적다리 퇴) 등이 있다.
   辵(착)의 본래 자형은 '彳(척)' 과 '止(지)' 로 구성되어 있다[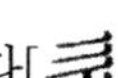].
   '彳(척)' 은 본래 '사거리 모양[]' 을 그린 '行(행)' 의 약자(略字)이

었고, 止(지)의 본래 자형은 '세 개의 발가락과 발바닥 모양[]'을 나타내었다. 이 모두가 '움직임'과 관련 있어 辵(착)은 대부분 '동작'과 관련 있는 뜻을 나타낸다. 예를 들면, 迫(닥칠 박), 迷(헤맬 미), 追(쫓을 추), 進(나아갈 진), 遠(멀 원), 近(가까울 근) 등이 있다.

자의(字意)

撤退(철퇴)는 군대가 자리 잡은 곳에서 거두어 물러가다라는 뜻이다. → 철수(撤收) 예) 미 · 소 양군(兩軍)이 철퇴(撤退)하지 않고 있는 남북의 현재 상태로서는 자유스러운 분위기를 가질 수 없다. [백범김구선생기념사업협회 홈페이지의 '백범어록'에서]

- 동음이의어(同音異義語)

鐵槌(철퇴) – 쇠로 만든 몽둥이. 옛날 병장기. '엄한 벌'을 비유하여 사용한다.
→ 철퇴(鐵槌)를 가하다, 철퇴(鐵槌)를 맞다

體 感

몸 체　　느낄 감

자형(字形)

1. 體(체)는 형성자(形聲字)로서 자형 구조는 좌우구조◑라고 볼 수 있다. 왼쪽에는 포괄적인 뜻을 나타내는 부수(部首) 骨(뼈 골)이 있고, 오른쪽에는 발음을 나타내는 豊(제기 례)가 있다. 현재 豊(례)는 豐(풍년들 풍)의 속자(俗子)로 사용되고 있다.
   豊(례)가 '체'라는 발음으로 읽히는 글자로는 𨏖(연할 체), 軆(體의 俗字)가 있고, '례'라는 발음으로 읽히는 글자로는 禮(예도 례), 醴(단술 례), 澧(강 이름 례) 등이 있다.
   骨(골)의 본래 자형은 []로서 月(육)과 '뼈의 모양[]'이며, 대부분 '뼈'와 관련이 있는 뜻을 나타낸다. 예를 들면, 骸(뼈 해), 髓(골수 수), 髆(어깻죽지뼈 박) 등이 있다.
2. 感(감)은 형성자(形聲字)로서 자형 구조는 상하구조◓라고 볼 수 있다. 위에는 발음을 나타내는 咸(함)이 있고, 아래에는 포괄적인 뜻을 나타내는 부수(部首) 心(마음 심)이 있다. 感(감)의 본래 뜻은 '느끼다'이다. 그래서 '심리적인 작용'과 관계 있는 뜻을 나타내는 '心(심)'을 부수(部首)로 하고 있다.
   咸(함)이 '감'이라는 발음으로 읽히는 글자로는 減(덜 감), 憾(섭섭할 감) 등이 있고, '함'이라는 발음으로 읽히는 글자로는 喊(소리칠 함),

緘(봉할 함), 鹹(짤 함) 등이 있다.

心(심)의 본래 자형은 '심장의 모양[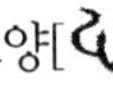]'으로 대부분 '심리적인 작용'과 관련이 있는 뜻을 나타낸다. 예를 들면, 愛(사랑 애), 惜(아낄 석), 愁(시름 수), 惱(괴로워할 뇌) 등이 있다.

자의(字意)

體感(체감) – 몸으로 느끼다. → 체감온도(體感溫度))

- 동음이의어(同音異義語)

  遞減(체감) – 점점 줄어들다. → 입학생의 체감(遞減)으로 인하여

體 裁

몸 체　　　마를 재

자형(字形)

1. 體(체)는 형성자(形聲字)로서 자형 구조는 좌우구조◐라고 볼 수 있다. 왼쪽에는 포괄적인 뜻을 나타내는 부수(部首) 骨(뼈 골)이 있고, 오른쪽에는 발음을 나타내는 豊(제기 례)가 있다. 현재 豊(례)는 豐(풍년들 풍)의 속자(俗子)로 사용되고 있다.
   豊(례)가 '체'라는 발음으로 읽히는 글자로는 軆(연할 체), 躰(體의 俗字)가 있고, '례'라는 발음으로 읽히는 글자로는 禮(예도 례), 醴(단술 례), 澧(강 이름 례) 등이 있다.
   骨(골)의 본래 자형은 []로서 月(육)과 '뼈의 모양[]'이며, 대부분 '뼈'와 관련이 있는 뜻을 나타낸다. 예를 들면, 骸(뼈 해), 髓(골수 수), 髆(어깻죽지뼈 박) 등이 있다.
2. 裁(재)는 형성자(形聲字)로서 자형 구조는 대략 내외구조◘라고 볼 수 있다. 안에는 포괄적인 뜻을 나타내는 '衣(옷 의)'가 있고, 바깥 부분은 발음을 나타내는 요소이다. 裁(재)는 '옷을 마름질하다'라는 뜻이다.
   발음 요소가 '재'라는 발음으로 읽히는 글자로는 載(실을 재), 栽(심을 재), 哉(어조사 재) 등이 있고, '대'라는 발음으로 읽히는 글자로는 戴(머리에 일 대) 등이 있다.

衣(의)의 본래 자형은 '윗옷의 모양[]'으로 '옷'이나 '옷감'과 관련 있는 뜻을 나타낸다. 예를 들면, 衷(속옷 충), 袖(소매 수), 裳(치마 상), 被(이불 피), 裂(찢을 렬), 補(기울 보) 등이 있다.

자의(字意)

體裁(체재) – 사물을 겉에서 본 됨됨이나 이루어진 형식. 예) 논문의 체재(體裁)

※ 體制(체제) – ≪표준국어대사전≫에서는 다음과 같이 뜻풀이하고 있으나, 체제(體制)는 주로 「2」의 의미로 사용된다.

"「1」=체재03(體裁).「2」사회를 하나의 유기체로 볼 때에, 그 조직이나 양식, 또는 그 상태를 이르는 말. ¶ 냉전 체제/체제 개편/중앙 집권 체제/새로운 지도 체제가 들어서다/그는 국왕이 명실상부하게 정치를 주도하는 체제를 구축하고자 노력하였다.「3」일정한 정치 원리에 바탕을 둔 국가 질서의 전체적 경향.「4」『생물』생물체 구조의 기본 형식. 몸체 각 부분의 분화 상태 및 상호 관계를 이른다.「5」『철학』각 부분이 목적에 맞도록 유기적으로 통일된 전체." (≪표준국어대사전≫)

■ 동음이의어(同音異義語)

滯在(체재) – 타지에 가서 오래 머무르다.

136 抄; 베낄 초 錄; 기록할 록

抄 錄

베낄 초　　기록할 록

자형(字形)

1. 抄(초)는 형성자(形聲字)로서 자형 구조는 좌우구조◑라고 볼 수 있다. 왼쪽에는 포괄적인 뜻을 나타내는 부수(部首) 扌(手손 수)가 있고, 오른쪽에는 발음을 나타내는 少(적을 소)가 있다.

   少(소)가 '초'라는 발음으로 읽히는 글자로는 秒(시간 단위 초), 炒(볶을 초) 등이 있고, '사'라는 발음으로 읽히는 글자로는 娑(춤출 사), 裟(가사 사), 砂(모래 사), 紗(깁 사) 등이 있고, '묘'라는 발음으로 읽히는 글자로는 妙(묘할 묘), 渺(아득할 묘) 등이 있다.

   手(수)의 본래 자형은 '다섯 손가락의 모양[]'으로 대부분 '동작'과 관련이 있는 뜻을 나타낸다. 예를 들면, 把(잡을 파), 握(쥘 악), 打(칠 타), 擊(부딪칠 격), 投(던질 투), 擲(던질 척) 등이 있다.

2. 錄(록)은 형성자(形聲字)로서 자형 구조는 좌우구조◑라고 볼 수 있다. 왼쪽에는 포괄적인 뜻을 나타내는 부수(部首) 金(쇠 금)이 있고, 오른쪽에는 발음을 나타내는 彔(새길 록)이 있다.

   彔(록)이 '록'이라는 발음으로 읽히는 글자로는 錄(기록할 록), 碌(돌 모양 록), 祿(복 록), 菉(조개풀 록) 등이 있다.

   金(금)의 본래 자형은 '주물(鑄物)을 붓는 모형(模型)과 쇳물이 흐르는 모양[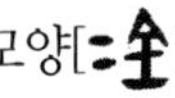]'으로 대부분 '쇠'나 '광물'과 관련이 있는 뜻을 나타낸다.

예를 들면, 針(바늘 침), 鉛(납 연), 銀(은 은), 銅(구리 동) 등이 있다.

자의(字意)

抄錄(초록) – 중요한 내용을 추려서 적은 글.

- 동음이의어(同音異義語)

  草綠(초록) – 풀빛 같은 녹색. 청색과 황색의 중간 색.

137

超; 넘을 초 然; 그러할 연

超 然

넘을 초　　　그러할 연

자형(字形)

1. 超(초)는 형성자(形聲字)로서 자형 구조는 대략 좌우구조◑라고 볼 수 있다. 왼쪽에는 포괄적인 뜻을 나타내는 부수(部首) 走(달릴 주)가 있고, 오른쪽에는 발음을 나타내는 召(부를 소)가 있다.
   召(소)가 '초'라는 발음으로 읽히는 글자로는 招(부를 초), 貂(담비 초), 苕(능소화 초) 등이 있고, '소'라는 발음으로 읽히는 글자로는 紹(이을 소), 昭(밝을 소), 沼(늪 소), 韶(풍류 이름 소), 炤(밝을 소) 등이 있다.
   走(주)의 본래 자형은 '사람이 달리는 모양[]'으로 대부분 '동작'과 관련이 있는 뜻을 나타낸다. 예를 들면, 起(일어날 기), 越(넘을 월), 趣(달릴 취), 趨(달릴 추) 등이 있다.
2. 然(연)은 '개고기를 불에 그슬리는 모양'으로 犬(개 견), ⺼(고기 육), 灬(불 화)로 구성된 회의자(會意字)이다. 후에 然(연)이 '그러하다'라는 뜻으로 사용하게 되자, 然(연)에 火(불 화)를 더한 燃(연)으로 '태우다'라는 뜻으로 사용하게 되었다.
   火(화)의 본래 자형은 '불꽃 모양[]'으로 대부분 '불'과 관련이 있는 뜻을 나타낸다. 예를 들면, 災(재앙 재), 灸(뜸 구), 炙(고기 구울 자), 炸(터질 작), 炊(불 땔 취) 등이 있다.

자의(字意)

超然(초연) – 현실에 얽매이지 않고 관계하려고 하지 않는 고고한 태도. 아주 뛰어나다.

■ 동음이의어(同音異義語)

悄然(초연) – 의기가 떨어지고 맥없이. 예) 기운 없이 초연(悄然)히 돌아서는 아랑의 뒤태도에는 만 가지 수심이 안개 끼듯 어리었다.≪박종화, 아랑의 정조≫(≪표준국어대사전≫)

硝煙(초연) – 화약의 연기. 예) "초연(硝煙)이 쓸고 간 깊은 계곡/ 깊은 계곡 양지 녘에/ 비바람 긴 세월로 이름 모를/ 이름 모를 비목이여." 한명희 작사, 장일남 작곡의 '비목[碑木: 비(碑)로서 세워진 나무]' 첫 구절이다.

初演(초연) – 첫 공연.

138

初; 처음 초 有; 있을 유

初 有

처음 초　　　있을 유

자형(字形)

1. 初(초)는 형성자(形聲字)로서 자형 구조는 대략 좌우구조◑라고 볼 수 있다. 왼쪽에는 포괄적인 뜻을 나타내는 부수(部首) 衤(衣옷 의)가 있고, 오른쪽에는 발음을 나타내는 刀(칼 도)가 있다.

   刀(도)가 '초'라는 발음으로 읽히는 글자로는 招(부를 초), 貂(담비 초), 苕(능소화 초) 등이 있고, '소'라는 발음으로 읽히는 글자로는 召(부를 소), 紹(이을 소), 昭(밝을 소), 沼(늪 소), 韶(풍류 이름 소), 炤(밝을 소) 등이 있다.

   衣(의)의 본래 자형은 '윗옷의 모양[]'으로 '옷'이나 '옷감'과 관련 있는 뜻을 나타낸다. 예를 들면, 衷(속옷 충), 袖(소매 수), 裳(치마 상), 被(이불 피), 裁(마를 재), 裂(찢을 렬), 補(기울 보) 등이 있다.

2. 有(유)는 '손(又우)으로 고기(⺼육)를 가지고 있는 모양'으로 '가지고 있다'라는 뜻을 나타내는 又(우)와 ⺼(육)으로 구성된 회의자(會意字)이다.

   有(유)가 '유'라는 발음으로 읽히는 글자로는 宥(용서할 유), 侑(권할 유) 등이 있고, '회'라는 발음으로 읽히는 글자로는 賄(뇌물 회) 등이 있다.

   ⺼(육)의 본래 자형은 '고기 덩이 모양[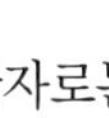]'으로 대부분 '신체 부

위' 또는 '살'과 관련이 있는 뜻을 나타낸다. 예를 들면, 肋(갈비 륵), 肝(간 간), 肛(똥구멍 항), 肥(살찔 비), 脂(기름 지), 脆(살이 무를 취) 등이 있다.

자의(字意)

初有(초유) – 처음으로 있다.

■ 동음이의어(同音異義語)

初乳(초유) – 해산 후에 처음으로 분비되는 물과 같이 말간 모유.

139

初; 처음 초 任; 맡길 임

初 任

처음 초　　　맡길 임

자형(字形)

1. 初(초)는 형성자(形聲字)로서 자형 구조는 대략 좌우구조◑라고 볼 수 있다. 왼쪽에는 포괄적인 뜻을 나타내는 부수(部首) 衤(衣옷 의)가 있고, 오른쪽에는 발음을 나타내는 刀(칼 도)가 있다.

   刀(도)가 '초'라는 발음으로 읽히는 글자로는 招(부를 초), 貂(담비 초), 苕(능소화 초) 등이 있고, '소'라는 발음으로 읽히는 글자로는 召(부를 소), 紹(이을 소), 昭(밝을 소), 沼(늪 소), 韶(풍류 이름 소), 炤(밝을 소) 등이 있다.

   衣(의)의 본래 자형은 '윗옷의 모양[]'으로 '옷'이나 '옷감'과 관련 있는 뜻을 나타낸다. 예를 들면, 衷(속옷 충), 袖(소매 수), 裳(치마 상), 被(이불 피), 裁(마를 재), 裂(찢을 렬), 補(기울 보) 등이 있다.

2. 任(임)은 형성자(形聲字)로서 자형 구조는 대략 좌우구조◑라고 볼 수 있다. 왼쪽에는 포괄적인 뜻을 나타내는 부수(部首) 人(사람 인)이 있고, 오른쪽에는 발음을 나타내는 壬(아홉째 천간 임)이 있다.

   壬(임)이 '임'이라는 발음으로 읽히는 글자로는 妊(아이 밸 임)=姙, 賃(품팔이 임), 荏(들깨 임) 등이 있다.

   人(인)의 본래 자형은 '사람이 옆으로 서있는 모양[]'으로 대부분 '사람'과 관련이 있는 뜻을 나타낸다. 예를 들면, 他(남 타), 伴(짝

반), 侶(짝 려), 伯(맏 백), 佝(꼽추 구), 僂(꼽추 루), 侏(난장이 주) 등이 있다.

자의(字意)

初任(초임) - 처음으로 임명되거나 취임함.

- 동음이의어(同音異義語)
  初賃(초임) - 처음 받는 급료.

觸 診

닿을 촉 볼 진

자형(字形)

1. 觸(촉)은 형성자로서 자형 구조는 좌우구조◑이다. 왼쪽에는 포괄적인 뜻을 나타내는 부수 角(뿔 각)이 있고, 오른쪽에는 발음을 나타내는 蜀(나라이름 촉)이 있다. 角(각)의 자형은 '짐승의 뿔 모양[]'으로 대부분 '뿔'과 관련된 뜻을 나타낸다.
2. 診(진)은 형성자로서 자형 구조는 좌우구조◑이다. 왼쪽에는 뜻을 나타내는 부수 言(말씀 언)이 있고, 오른쪽에는 발음을 나타내는 요소가 있다. 言(언)의 본래 자형은 '악기를 입에 물고 있는 모양[]'으로 본래 '소리'를 나타내다가 나중에는 '사람의 말'로 의미가 확대되어 사용하고 있다.

자의(字意)

觸診(촉진) – 환자의 몸을 손으로 만져서 병을 진단하는 방법.

■ 동음이의어(同音異義語)

促進(촉진) – 재촉하여 빨리 진행하도록 하다.

■ 동음자(同音字)

· **蜀-(촉)(독)**

촉 – 燭(촛불 촉)

觸(닿을 촉): 觸角(촉각)=더듬이, 觸覺(촉각)=피부가 느끼는 감각

囑(부탁할 촉): 囑託(촉탁)

독 – 獨(홀로 독): 獨立(독립)

141 聰; 귀 밝을 총 氣; 기운 기

聰 氣

귀 밝을 총 　　 기운 기

자형(字形)

1. 聰(총)은 형성자로서 자형구조는 좌우구조◑이다. 왼쪽에는 뜻을 나타내는 부수 耳(귀 이)가 있고, 오른쪽에는 발음을 나타내는 悤(바쁠 총)이 있다. 耳(이)의 본래 자형은 '귀의 모양[]'으로 대부분 '귀' 또는 '듣다' '소리' 등과 관련이 있는 뜻을 나타낸다.
2. 氣(기)는 형성자로서 자형구조는 상하구조◓이다. 위에는 발음을 나타내는 '气(기운 기)'가 있고, 아래에는 뜻을 나타내는 '米(쌀 미)'가 있다. 본래 뜻은 '사료나 식량을 남에게 주다'라는 뜻인데, 氣(기)가 '기운'이라는 뜻으로 사용하게 되자 食(밥 식)을 더하여 餼(보낼 희)를 만들어 본래 뜻으로 사용하고 있다. 현재 氣(기)는 본의와 상관없는 부수 '气(기)'에 속해 있다.

자의(字意)

聰氣(총기)– 총명한 기운.

- 동음이의어(同音異義語)

銃器(총기)– 소총이나 권총 따위의 무기.

■ 동음자(同音字)

· **悤-(총)**

總(거느릴 총): 總務(총무)

摠(모두 총): 都摠管(도총관)

蔥(파 총), 憁(바쁠 총) 등

142

出; 날 출 張; 베풀 장

出 張

날 출　　　베풀 장

자형(字形)

1. 出(출)의 본래 자형은 '발(止)이 출구(口)의 위에 있는 모양[]'으로 '(출구에서)나오다'라는 뜻으로 사용되었다. 현재 자형은 많이 변화하여 그 본래 뜻을 알 수 없게 되었다.
   현재는 부수(部首) 凵(입벌릴 감)에 포함되어 있다.
2. 張(장)은 형성자(形聲字)로서 자형구조는 좌우구조◑라고 볼 수 있다. 왼쪽에는 포괄적인 뜻을 나타내는 부수(部首) 弓(활 궁)이 있고, 오른쪽에는 발음을 나타내는 長(길 장)이 있다. 弓(궁)의 본래 자형은 '시위가 풀어져 있는 활의 모양[]'으로 대부분 '활'과 관련이 있는 뜻을 나타낸다. 예를 들면 弧(활 호), 彈(탄알을 쏘는 활 탄), 引(당길 인)등이 있다.

자의(字意)

出張(출장)- 용무로 어떤 곳에 가거나 임시로 파견되는 것.

- 동음이의어(同音異義語)
  出場(출장)- 경기장에 나가다.

忠; 충성 충 情; 뜻 정 143

忠 情

충성 충　　　뜻 정

자형(字形)

1. 忠(충)은 형성자로서 상하구조◓이다. 위에는 발음을 나타내는 中(가운데 중)이 있고, 아래에는 포괄적인 뜻을 나타내는 부수(部首) 心(마음 심)이 있다. 中(중)이 '충'이라는 발음으로 읽히는 글자로는 衷(속마음 충), 冲(빌 충)등이 있고, '중'이라는 발음으로 읽히는 글자로는 仲(버금 중)이 있다. 心(심)의 본래 자형은 '심장의 모양[]'으로 대부분 '심리적인 작용'과 관련이 있는 뜻을 나타낸다.
2. 情(정)은 형성자로서 자형구조는 좌우구조◑이다. 왼쪽에는 포괄적인 뜻을 나타내는 心(마음 심)이 있고, 오른쪽에는 발음을 나타내는 靑(푸를 청)이 있다.

자의(字意)

忠情(충정)– 충성스러운 마음.

- 동음이의어(同音異義語)
  衷情(충정)– 속에서 우러나오는 참된 마음.

■ 동음자(同音字)

· **靑-(청)(정)**

청 – 淸(맑을 청): 免疫血淸(면역혈청)

請(청할 청): 懇請(간청)하다

晴(갤 청): 晴天(청천) ※ 靑天霹靂(청천벽력)

鯖(청어 청): 鯖魚(청어: 고등어) ※ 靑魚(청어)

菁(우거질 청): 蕪菁(무청: 순무) ※ 무청: 무의 잎과 줄기

정 – 睛(눈동자 정): 畵龍點睛(화룡점정)

靜(고요할 정): 動靜(동정)을 살피다

精(자세할 정): 民族精氣(민족정기)

靖(편안할 정): 癸酉靖難(계유정난: 조선 단종 원년(1453)에 수양 대군이 정권 탈취를 목적으로 반대파를 숙청한 사건.)

置 簿

둘 치　　장부 부

자형(字形)

1. 置(치)는 형성자로서 자형구조는 상하구조◒이다. 위에는 포괄적인 뜻을 나타내는 罒(그물 망)이 있고, 아래에는 발음을 나타내는 直(곧을 직)이 있다. 直(직)이 '치'라는 발음으로 읽히는 글자로는 値(값치)등이 있고, '식'이라는 발음으로 읽히는 글자로는 植(심을 식), 殖(번성할 식), 埴(찰흙 식{치})등이 있다.
2. 簿(부)는 형성자로서 자형구조는 상하구조◒이다. 위에는 포괄적인 뜻을 나타내는 竹(대 죽)이 있고, 아래에는 발음을 나타내는 溥(넓을 부)가 있다. 또 溥(부)의 발음을 나타내는 요소는 尃(펼 부)로 오른쪽에 있으며, 또 尃(부)의 발음을 나타내는 요소는 甫(클 보)로 위쪽에 있다.

자의(字意)

置簿(치부)- 금전이나 물품의 출납을 장부에 적어 넣다. 마음 속에 잊지 않고 새겨 두다.

- 동음이의어(同音異義語)

致富(치부)- 주로 옳지 않게 재산을 모아 부자가 되다.

145

打; 칠 타 字; 글자 자

打 字

칠 타 글자 자

자형(字形)

1. 打(타)는 본래 형성자(形聲字)로서 자형 구조는 좌우구조◑라고 하고, 왼쪽에는 포괄적인 뜻을 나타내는 부수(部首) 扌(손 수=手)가 있고, 오른쪽에는 발음을 나타내는 丁(네째천간 정)이 있다고 한다. 그러나 현재는 打를 '정'이라 읽지 않고 '타'라고 읽으므로 형성자라고 할 수 없다.

   手(수)는 좌우구조에서는 扌(수)로 자형을 변화시켜 사용한다. 手(수)의 본래 자형은 '다섯 손가락 모양[]'으로 대부분 '동작'과 관련이 있는 뜻을 나타낸다. 예를 들면, 扶(도울 부), 把(잡을 파), 抑(누를 억) 投(던질 투) 등이 있다.

2. 字(자)는 형성자(形聲字)로서 자형 구조는 상하구조◒라고 볼 수 있다. 위에는 포괄적인 뜻을 나타내는 '宀(집 면)'이 있고, 아래에는 발음을 나타내는 '子(아들 자)'가 있다.

   宀(면)의 본래 자형은 '집의 지붕과 외벽의 모양[]'으로 대부분 '집'과 관련이 있는 뜻을 나타낸다. 예를 들면, 宅(집 택), 室(집 실), 宮(집 궁), 宿(묵을 숙) 등이 있다.

자의(字意)

打字(타자)는 '글자를 치다' 즉, 타자기를 이용하여 종이 위에 글자를 찍는 것을 말한다.

- 동음이의어(同音異義語)

他者(타자) – '다른 사람' 즉 남을 말한다. 他人(타인)

打者(타자) – '때리는 사람' 즉 야구 경기에서 상대 투수의 투구를 타석에서 치는 사람.

146 彈; 튀길 탄 性; 성품 성

彈 性

튀길 탄　　　성품 성

자형(字形)

1. 彈(탄)은 형성자(形聲字)로서 자형 구조는 좌우구조◑라고 볼 수 있다. 왼쪽에는 포괄적인 뜻을 나타내는 부수(部首) 弓(활 궁)이 있고, 오른쪽에는 발음을 나타내는 單(홑 단)이 있다. 彈(탄)의 본래 의미는 아마도 弓(궁)과 관련 있는 '탄알을 쏘는 활'이고, 여기에서 '탄알' '쏘다' '튀기다' '(악기를) 타다' 등의 뜻으로 확대된 것 같다.

   單(단)이 '탄'이라는 발음으로 읽히는 글자로는 憚(꺼릴 탄) 등이 있고, '단'이라는 발음으로 읽히는 글자로는 簞(대 광주리 단), 鄲(조나라 서울 단) 등이 있다.

   弓(궁)의 본래 자형은 '시위가 풀어져 있는 활의 모양[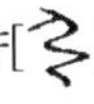]'으로 대부분 '활'과 관련이 있는 뜻을 나타낸다. 예를 들면, 引(활을 당길 인), 弦(시위 현), 弧(활 호), 弩(쇠뇌 노), 彈(탄알을 쏘는 활 탄) 등이 있다.

2. 性(성)은 형성자(形聲字)로서 자형 구조는 좌우구조◑라고 볼 수 있다. 왼쪽에는 포괄적인 뜻을 나타내는 부수(部首) 忄(心마음 심)이 있고, 오른쪽에는 발음을 나타내는 生(날 생)이 있다. 性(성)은 '마음 상태'와 관계 있고 生(생)도 발음뿐만 아니라 의미까지도 나타내어 '날 때부터 가지고 있는 성질'이라는 뜻을 나타낸다.

   生(생)이 '성'이라는 발음으로 읽히는 글자로는 姓(성 성), 星(별 성),

猩(성성이 성), 惺(영리할 성), 腥(비릴 성), 醒(깰 성) 등이 있다.

心(심)의 본래 자형은 '심장의 모양[]' 이다. 고대 중국인들은 아마도 사람의 마음은 가슴속에 있다고 생각했던 것 같다. 그래서 대부분 '사람의 심리적인 작용' 과 관련이 있는 뜻을 나타낸다. 예를 들면, 忌(꺼릴 기), 忍(참을 인), 忘(잊을 망), 怨(원망할 원), 忠(충성 충), 念(생각할 념), 急(급할 급) 등이 있다.

자의(字意)

彈性(탄성)은 '튀어나오는 성질' 즉 외부의 힘을 받아 형체에 변화가 생긴 물체가 본디 상태로 돌아가려고 하는 성질을 말한다.

- 동음이의어(同音異義語)

  歎聲(탄성) – 감탄(感歎)하는 소리. 한탄(恨歎)하는 소리.

147 胎; 아이 밸 태 盤; 소반 반

胎 盤

아이 밸 태　　소반 반

자형(字形)

1. 胎(태)는 형성자(形聲字)로서 자형 구조는 좌우구조◑라고 볼 수 있다. 왼쪽에는 포괄적인 뜻을 나타내는 부수(部首) 月(肉고기 육)이 있고, 오른쪽에는 발음을 나타내는 台(별 이름 태)가 있다.
   台(태)가 '태' 라는 발음으로 읽히는 글자로는 颱(태풍 태), 怠(게으름 태), 笞(볼기 칠 태), 殆(위태할 태), 跆(밟을 태), 苔(이끼 태) 등이 있다.
   月(육)의 본래 자형은 '고기 덩이 모양[]' 으로 대부분 '신체 부위' 또는 '살' 과 관련이 있는 뜻을 나타낸다. 예를 들면, 肋(갈비 륵), 肝(간 간), 肛(똥구멍 항), 肥(살찔 비), 脂(기름 지), 脆(살이 무를 취) 등이 있다.
2. 盤(반)은 형성자(形聲字)로서 자형 구조는 상하구조◓라고 볼 수 있다. 위에는 발음을 나타내는 般(돌 반)이 있고, 아래에는 포괄적인 뜻을 나타내는 부수(部首) 皿(그릇 명)이 있다.
   般(반)이 '반' 이라는 발음으로 읽히는 글자로는 搬(옮길 반), 槃(쟁반 반), 瘢(흉터 반), 磐(너럭바위 반) 등이 있다.
   皿(명)의 본래 자형은 '그릇 모양[]' 으로 대부분 '그릇' 과 관련이 있는 뜻을 나타낸다. 예를 들면, 盒(합 합), 盆(동이 분), 盃(杯잔 배), 盞(잔 잔), 盈(그릇을 채울 영), 盛(그릇에 담을 성) 등이 있다.

자의(字意)

胎盤(태반)은 임신(姙娠)하면 생기는 태아(胎兒)에게 영양을 공급하는 기관을 말한다. 盤(반)은 骨盤(골반), 羅針盤(나침반), 音盤(음반) 등과 같이 '쟁반'이나 '대야'와 같이 넓적한 모양의 물건을 말한다. 胎盤(태반)은 아마도 그 모양이 넓적하기 때문에 盤(반)을 쓴 것 같다.

■ 동음이의어(同音異義語)

太半(태반) – 절반을 훨씬 넘는 것을 말한다.

148 擇; 가릴 택 日; 해 일

擇 日

가릴 택　　해 일

자형(字形)

1. 擇(택)은 형성자(形聲字)로서 자형 구조는 좌우구조◑라고 볼 수 있다. 왼쪽에는 포괄적인 뜻을 나타내는 부수(部首) 扌(手손 수)가 있고, 오른쪽에는 발음을 나타내는 睪(엿볼 역)이 있다. 擇(택)의 본래 뜻은 '가리다' '고르다' 이다.

   睪(역)이 '택' 이라는 발음으로 읽히는 글자로는 澤(못 택) 등이 있고, '탁' 이라는 발음으로 읽히는 글자로는 鐸(방울 탁) 등이 있고, '역' 이라는 발음으로 읽히는 글자로는 驛(역참 역), 譯(통역할 역), 繹(풀어낼 역) 등이 있다.

   手(수)는 좌우구조에서는 扌(수)로 자형을 변화시켜 사용한다. 手(수)의 본래 자형은 '다섯 손가락 모양[]' 으로 대부분 '동작' 과 관련이 있는 뜻을 나타낸다. 예를 들면, 挫(꺾을 좌), 折(꺾을 절), 掛(걸 괘), 揚(오를 양) 등이 있다.

2. 日(일)은 본래 '둥근 해의 모양[]' 을 그대로 모방하여 그린 상형(象形) 문자이었으나, 현재는 본래 모양을 알아 볼 수 없게 사각형으로 변화하였다. 가운데 한 획은 본래 '발광체' 를 표시하는 한 점(點)이었다. 月(달 월)의 가운데 있는 가로 획도 역시 마찬가지이다.

   日(일)이 '일' 이라는 발음으로 읽히는 글자로는 馹(역마 일), 衵(속속 곳 일) 등이 있다.

日(일)의 본래 자형은 '둥근 해의 모양[]'으로 대부분 '시간' 또는 '빛'과 관련이 있는 뜻을 나타낸다. 예를 들면, 早(새벽 조), 旦(아침 단), 旬(열흘 순), 春(봄 춘), 時(때 시), 昏(어두울 혼), 昧(새벽 매), 暖(따뜻할 난) 등이 있다.

자의(字意)

擇日(택일)은 '날을 택하다' 즉 좋은 날을 가려 고르다라는 뜻이다.

- 동음이의어(同音異義語)

擇一(택일) – '하나를 고르다' 즉 여럿 가운데서 하나를 고른다는 뜻이다.

149

痛: 아플 통 感: 느낄 감

痛 感

아플 통　　　느낄 감

자형(字形)

1. 痛(통)은 형성자(形聲字)로서 자형 구조는 내외구조◆라고 볼 수 있다. 안쪽에는 발음을 나타내는 甬(길 용)이 있고, 바깥쪽에는 포괄적인 뜻을 나타내는 부수(部首) 疒(병들어 기댈 녁)이 있다. 痛(통)의 본래 뜻은 '아프다'이다. 그래서 '병'과 관계있는 뜻을 나타내는 '疒(녁)'을 부수(部首)로 하고 있다.

   甬(용)이 '통'이라는 발음으로 읽히는 글자로는 通(통할 통), 桶(통 통) 등이 있고, '용'이라는 발음으로 읽히는 글자로는 踊(춤출 용), 俑(허수아비 용), 勇(날쌜 용), 湧(샘 솟을 용) 등이 있다.

   疒(녁)의 본래 자형은 '사람(人)이 병이 나서 침대(爿장)에 누워 땀을 뻘뻘 흘리고 있는 모양[]'이었는데, 후에 자형이 침대(爿)와 한 획(一)으로 간단하게 변화하였다. 현재 자형은 한 획(一)이 亠로 바뀌었다. 이 부수는 대부분 '病(병)'과 관련이 있는 뜻을 나타낸다. 예를 들면, 疾(병 질), 病(병 병), 疫(염병 역), 疵(흠 자), 痕(흉터 흔), 疼(아플 동), 瘍(종기 양) 등이 있다.

2. 感(감)은 형성자(形聲字)로서 자형 구조는 상하구조◓라고 볼 수 있다. 위에는 발음을 나타내는 咸(함)이 있고, 아래에는 포괄적인 뜻을 나타내는 부수(部首) 心(마음 심)이 있다. 感(감)의 본래 뜻은 '느끼

다' 이다. 그래서 '심리적인 작용'과 관계 있는 뜻을 나타내는 '心(심)'을 부수(部首)로 하고 있다.

咸(함)이 '감'이라는 발음으로 읽히는 글자로는 減(덜 감), 憾(섭섭할 감) 등이 있고, '함'이라는 발음으로 읽히는 글자로는 喊(소리칠 함), 緘(봉할 함), 鹹(짤 함) 등이 있다.

心(심)의 본래 자형은 '심장의 모양[]'으로 대부분 '심리적인 작용'과 관련이 있는 뜻을 나타낸다. 예를 들면, 愛(사랑 애), 惜(아낄 석), 愁(시름 수), 惱(괴로워할 뇌) 등이 있다.

자의(字意)

痛感(통감)은 '마음에 사무치도록 깊히 절실히 느끼다'라는 뜻이다. 痛(통)의 본래 뜻은 '아프다'이지만, '대단히'라는 뜻으로도 사용된다. 예를 들면, 痛快(통쾌－대단히 기분이 좋다), 痛歎(통탄－대단히 탄식하다), 痛恨(통한－몹시 한탄하다) 등이 있다.

■ 동음이의어(同音異義語)

統監(통감) － 정치나 군사를 통할하여 감독하는 것 또는 그 사람을 말한다.

150 通; 통할 통 貨; 재화 화

通 貨

통할 통　　재화 화

자형(字形)

1. 通(통)은 형성자(形聲字)로서 자형 구조는 대략 내외구조◆라고 볼 수 있다. 안쪽에는 발음을 나타내는 甬(길 용)이 있고, 바깥쪽에는 포괄적인 뜻을 나타내는 부수(部首) 辶(辵 쉬엄쉬엄 갈 착)이 있다.
   甬(용)이 '통'이라는 발음으로 읽히는 글자로는 痛(아플 통), 桶(통 통) 등이 있고, '용'이라는 발음으로 읽히는 글자로는 踊(춤출 용), 俑(허수아비 용), 勇(날쌜 용), 湧(샘 솟을 용) 등이 있다.
   辵(착)의 본래 자형은 '彳(척)'과 '止(지)'로 구성되어 있다[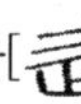]. '彳(척)'은 본래 '사거리 모양[]'을 그린 '行(행)'의 약자(略字)이었고, 止(지)의 본래 자형은 '세 개의 발가락과 발바닥 모양[]'을 나타내었다. 이 모두가 '움직임'과 관련 있어 辵(착)은 대부분 '동작'과 관련 있는 뜻을 나타낸다. 예를 들면, 迫(닥칠 박), 迷(헤맬 미), 追(쫓을 추), 進(나아갈 진), 退(물러날 퇴), 遠(멀 원), 近(가까울 근) 등이 있다.
2. 貨(화)는 형성자(形聲字)로서 자형 구조는 상하구조◓라고 볼 수 있다. 위에는 발음을 나타내는 化(될 화)가 있고, 아래에는 포괄적인 뜻을 나타내는 부수(部首) 貝(조개 패)가 있다. 貨(화)의 본래 뜻은 '재화'이다. 그래서 '돈'과 관계 있는 뜻을 나타내는 '貝(패)'를 부수(部

首)로 하고 있다. 여기에서는 貨幣(화폐)라는 뜻으로 사용되었다.
化(화)가 '화' 라는 발음으로 읽히는 글자로는 花(꽃 화), 靴(신 화) 등이 있고, '와' 라는 발음으로 읽히는 글자로는 訛(그릇될 와) 등이 있다.
貝(패)의 본래 자형은 '조개의 모양[]' 으로 대부분 '돈' 과 관련이 있는 뜻을 나타낸다. 예를 들면, 財(재물 재), 賭(노름 도), 貢(공물을 바칠 공), 販(팔 판), 賣(팔 매) 등이 있다.

자의(字意)

通貨(통화) – 상품교환의 매개체로서 한 나라 안에서 유통(流通)되고 있는 화폐(貨幣).

■ 동음이의어(同音異義語)

通話(통화) – 전화 따위로 말을 서로 주고 받음.

151 波; 물결 파 紋; 무늬 문

波 紋

물결 파 　 무늬 문

자형(字形)

1. 波(파)는 형성자(形聲字)로서 자형 구조는 좌우구조◑라고 볼 수 있다. 왼쪽에는 포괄적인 뜻을 나타내는 부수(部首) 氵(물 수=水)가 있고, 오른쪽에는 발음을 나타내는 皮(가죽 피)가 있다.
   皮(피)가 '파' 라는 발음으로 읽히는 글자로는 跛(절뚝발이 파), 破(깨뜨릴 파), 婆(할미 파) 등이 있다.
   水(수)의 본래 자형은 '흘러가는 냇물의 모양[]' 으로 대부분 '물' 또는 '액체 상태' 와 관련이 있는 뜻을 나타낸다. 예를 들면, 池(연못 지), 沈(물에 가라앉을 침), 沒(물에 가라앉을 몰), 沐(물에 머리감을 목) 등이 있다.
2. 紋(문)은 형성자(形聲字)로서 자형 구조는 좌우구조◑라고 볼 수 있다. 왼쪽에는 포괄적인 뜻을 나타내는 부수(部首) 糸(가는 실 사{멱})이 있고, 오른쪽에는 발음을 나타내는 文(글월 문)이 있다.
   文(문)이 '문' 이라는 발음으로 읽히는 글자로는 紊(어지러울 문), 蚊(모기 문) 등이 있다.
   糸(사)의 본래 자형은 '실타래 모양[]' 으로 대부분 '실(줄, 옷감)' → '물들이다(색깔)' → '무늬' 와 관련이 있는 뜻을 나타낸다. 예를 들면, 絹(명주 견), 網(그물 망); 紅(붉을 홍), 綠(초록빛 록), 紺(감색 감),

紫(자주빛 자), 絳(진홍 강); 紊(/무늬가/ 어지러울 문), 絢(무늬 현) 등이 있다.

자의(字意)

波紋(파문)은 '물결의 무늬' 즉, 수면에 이는 잔잔한 물결을 말한다. 또 의미가 확대되어 물결이 점점 퍼져나가듯이 다른 것에 점점 영향을 주는 것을 말한다. → 큰 파문(波紋)을 일으키다

■ 동음이의어(同音異義語)

破門(파문) – 스승과 제자의 관계를 끊고 제자를 쫓아내다. 신도의 자격을 빼앗고 종문(宗門)에서 쫓아내다. 어떤 사회에서 쫓겨나다. → 파문(破門) 당하다

152 評; 품평할 평 價; 값 가

評 價

품평할 평　　　값 가

자형(字形)

1. 評(평)은 형성자(形聲字)로서 자형 구조는 좌우구조◑라고 볼 수 있다. 왼쪽에는 포괄적인 뜻을 나타내는 부수(部首) 言(말씀 언)이 있고, 오른쪽에는 발음을 나타내는 平(평평할 평)이 있다.
   平(평)이 '평' 이라는 발음으로 읽히는 글자로는 坪(땅 면적 평), 枰(바둑판 평), 萍(부평초 평) 등이 있다.
   言(언)의 본래 자형은 '악기를 입에 물고 있는 모양[]' 으로 본래 '소리' 를 나타내다가 나중에는 '사람의 말' 로 의미가 확대되어 사용하고 있다. 또한 言(언)은 대부분 '말' 과 관련이 있는 뜻을 나타낸다. 예를 들면, 記(기록할 기), 譏(나무랄 기), 訟(송사할 송), 訥(말 더듬을 눌), 訴(하소연 할 소) 등이 있다.
2. 價(가)는 형성자(形聲字)로서 자형 구조는 좌우구조◑라고 볼 수 있다. 왼쪽에는 포괄적인 뜻을 나타내는 부수(部首) 人(사람 인)이 있고, 오른쪽에는 발음을 나타내는 賈(앉은 장사 고)가 있다.
   賈(고)가 '가' 라는 발음으로 읽히는 글자로는 檟(개오동나무 가) 등이 있다.
   人(인)의 본래 자형은 '사람이 옆으로 서있는 모양[]' 으로 대부분 '사람' 과 관련이 있는 뜻을 나타낸다. 예를 들면, 他(남 타), 伴(짝

반), 侶(짝 려), 伯(맏 백), 佝(꼽추 구), 僂(꼽추 루), 侏(난장이 주) 등이 있다.

자의(字意)

評價(평가)는 '가치를 품평하다' 즉 물건의 값이나 가치를 평정(評定)하는 것을 말한다.

■ 동음이의어(同音異義語)

平價(평가) – 금본위제도(金本位制度) 아래서 각국의 본위화폐(本位貨幣)에 함유된 순금량(純金量)의 비율에 따라 산출되는 각국 통화의 비가(比價)를 말한다.

→ 평가절하(平價切下) – 한 나라의 통화의 대외가치를 떨어뜨리는 것을 말한다.

→ 평가절하(評價切下) – 실제 가치보다 낮게 평가하는 것을 말한다.

→ 평가절상(平價切上) – 한 나라의 통화의 대외가치를 높이는 것을 말한다.

153

平; 평평할 평 靜; 고요할 정

平 靜

평평할 평　　고요할 정

자형(字形)

1. 平(평)은 회의자(會意字)라고 하지만, 본래 자형이 무엇을 의미하는지 알기 어렵다. 자형 구조는 내외구조라고 볼 수 있다. 平(평)은 현재 자형에 근거하여 보면 干(방패 간)과 八(여덟 팔)로 구성되어 있으며, 부수(部首)는 干(방패 간)이다. 平(평)은 일반적으로 '고르다' 라는 뜻으로 사용되고 있다. 이러한 면에서 보면 八(팔)과 의미 관계가 있는 것 같다. 八(팔)은 본래 '나누다' 라는 뜻을 가지고 있다고 한다.
   平(평)이 '평' 이라는 발음으로 읽히는 글자로는 評(품평할 평), 萍(부평초 평), 枰(바둑판 평), 坪(평평할 평) 등이 있다.
   干(간)의 본래 자형은 '사냥 도구 또는 무기의 모양[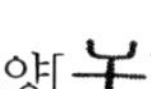]' 이라고 한다. 그러나 이 부수(部首)에는 이러한 의미와 관련 있는 글자가 없다.
2. 靜(정)은 형성자(形聲字)로서 자형 구조는 좌우구조◑라고 볼 수 있다. 왼쪽에는 포괄적인 뜻을 나타내는 부수(部首) 靑(푸를 청)이 있고, 오른쪽에는 발음을 나타내는 爭(다툴 쟁)이 있다. 靜(정)은 '조용하다' 라는 뜻으로 사용되고 있어, 위에서 말한 구성 요소와 의미상 관련이 거의 없는 것 같다. 靜(정)자의 발음을 나타내는 성부(聲符)는 爭(쟁)뿐 만아니라, 情(정)의 성부(聲符)가 靑(청)인 것처럼 靑(청)도 靜(정)의 발음을 나타내는 것 같다.

爭(쟁)이 '정'이라는 발음으로 읽히는 글자로는 淨(깨끗할 정), 瀞(맑을 정) 등이 있고, '쟁'이라는 발음으로 읽히는 글자로는 諍(간할 쟁), 箏(악기 쟁 쟁), 錚(쇳소리 쟁) 등이 있다.

靑(청)의 본래 자형은 丹(단)과 生(생)으로 구성된 형성자인데, 이 부수(部首)에서 '푸르다'라는 의미와 관련이 있는 글자는 靘(검푸른빛 정), 靛(검푸른 물감 전) 밖에 없으며, 거의 대부분 본래 의미와 상관없이 발음을 나타내는 요소로 사용된 글자들을 나열하고 있다.

자의(字意)

平靜(평정)은 '평온하고 고요함' 즉 마음이나 분위기가 차분하게 안정되는 것을 말한다. → 마음의 평정(平靜)을 되찾다

- 동음이의어(同音異義語)

平定(평정) – 병란을 평온하게 진정시키다. 힘으로 어떤 지역을 자기 것으로 만들다. → 반란 · 소요 · 나라 · 지역을 평정(平定)하다

154 敝: 겸양어 폐 社: 단체 사

敝 社

겸양어 폐　　단체 사

자형(字形)

1. 敝(폐)는 형성자(形聲字)로서 자형 구조는 좌우구조◐라고 볼 수 있다. 왼쪽 부분은 발음을 나타내고, 오른쪽에는 포괄적인 뜻을 나타내는 부수(部首) 攵(攴칠 복)이 있다. 敝(폐)의 본래 뜻은 아마도 '攴(칠 복)'과 관계 있는 '깨뜨리다'일 것이다. 여기에서 '패배하다' '(옷이) 해어지다' 등의 뜻이 파생된 것 같다.
   敝(폐)가 '폐'라는 발음으로 읽히는 글자로는 弊(해악 폐), 幣(비단 폐), 蔽(덮을 폐), 斃(넘어질 폐) 등이 있고, '별'이라는 발음으로 읽히는 글자로는 瞥(언뜻 볼 별), 鼈(자라 별), 鷩(금계 별) 등이 있다.
   攴(복)의 본래 자형은 '손(又)에 막대기(卜)를 들고 있는 모양[]'으로 본래 '치다'라는 의미로 동작과 관련된 뜻을 나타낸다. 예를 들면, 攻(칠 공), 放(놓을 방), 散(흩을 산), 敲(두드릴 고), 敷(펼 부), 斂(거둘 렴) 등이 있다.
2. 社(사)는 회의자(會意字)로서 자형 구조는 좌우구조◐라고 볼 수 있다. 社(사)의 본래 뜻은 '土地(토지)의 神(신)'으로 土(흙 토)와 示(시)로 구성되어 있으며, 의미가 神(신)과 관련 있으므로 부수(部首) 示(시)에 속해 있다.
   示(시)의 본래 자형은 제단(祭壇)의 모양으로 대부분 神(신)과 관련이 있는 뜻을 나타내는 부수(部首)이다. 祭(제)자를 보면 示(시)가 祭壇(제단)의 모양이라는 것을 쉽게 알 수 있다. 祭(제)는 '⺼(육)' · '又(우)' · '示(시)' 로 구성되어 있는데, '손(又)으로 고기(⺼)를 제단(示)에 바치는 모양[]' 으로 '제사지내다' 라는 뜻을 나타낸다.

자의(字意)

敝社(폐사)는 자기 회사를 겸손하게 하는 말이다. 敝社(폐사)는 弊社(폐사)라고도 쓴다. 敝(폐)는 일부 명사 앞에 붙어 자기의 것을 낮추어 이르는 말이다. 예를 들면, 폐점(敝店) 등이 있다. 상대되는 말에는 '귀사(貴社)' '귀교(貴校)' 등이 있다.

■ 동음이의어(同音異義語)

斃死(폐사) – 쓰러져 죽다라는 뜻이다. → 구제역(口蹄疫)으로 돼지가 폐사(斃死)하였다

廢寺(폐사) – 폐지(廢止)되어 버린 절을 말한다. → 폐가(廢家), 폐광(廢鑛), 폐교(廢校)

155

包; 쌀 포 袋; 자루 대

包 袋

쌀 포　　　자루 대

자형(字形)

1. 包(포)는 상형자(象形字)로서 '사람(勹)이 임신하여 아이(巳)가 뱃속에 있는 모양'을 나타낸다. 본래 의미는 '(물건을) 싸다'이다.
   包(포)가 '포'라는 발음으로 읽히는 글자로는 抱(안을 포), 胞(태의 포), 砲(돌쇠뇌 포), 飽(배부를 포), 泡(거품 포), 袍(핫옷 포), 咆(으르렁거릴 포), 匏(박 포), 鮑(절인 어물 포), 疱(천연두 포), 苞(그령 포) 등이 있다.
   勹(포)의 본래 자형은 人(인)자의 변형으로 '사람(人)이 몸을 구부리고 팔로 싸고 있는 모양[]'으로 '싸다'라는 뜻이나 '몸을 구부린 모양'을 나타낸다. 예를 들면, 匊(쌀을 움켜 뜰 국), 匍(기어갈 포), 匐(기어갈 복) 등이 있다.
2. 袋(대)는 형성자(形聲字)로서 자형 구조는 상하구조◓라고 볼 수 있다. 위에는 발음을 나타내는 代(대신할 대)가 있고, 아래에는 포괄적인 뜻을 나타내는 부수(部首) 衣(옷 의)가 있다. 袋(대)의 본래 뜻은 '자루'이다. 그래서 자루의 재료인 '천(옷감)'과 관계 있는 뜻을 나타내는 '衣(의)'를 부수(部首)로 하고 있다.
   代(대)가 '대'라는 발음으로 읽히는 글자로는 貸(빌릴 대), 垈(터 대), 黛(눈썹먹 대), 岱(대산 대) 등이 있다.

衣(의)의 본래 자형은 '윗옷의 모양[]'으로 '옷'이나 '옷감'과 관련 있는 뜻을 나타낸다. 예를 들면, 衷(속옷 충), 袖(소매 수), 裳(치마 상), 被(이불 피), 裁(마를 재), 裂(찢을 렬), 補(기울 보) 등이 있다.

자의(字意)

包袋(포대)는 가죽이나 종이로 따위로 만든 자루를 말한다.

■ 동음이의어(同音異義語)

布袋(포대) – 무명이나 삼베 등 천으로 만든 자루를 말한다.
砲隊(포대) – 포병(砲兵) 부대를 말한다.
砲臺(포대) – 적의 내습을 막고 아군의 화포(火砲) 사격을 편리하게 하기 위해 견고하게 만든 축조물을 말한다.

156

捕: 사로잡을 포 手: 손 수

捕 手

사로잡을 포　　　손 수

자형(字形)

1. 捕(포)는 형성자(形聲字)로서 자형 구조는 좌우구조◑라고 볼 수 있다. 왼쪽에는 포괄적인 뜻을 나타내는 부수(部首) 手(손 수)가 있고, 오른쪽에는 발음을 나타내는 甫(클 보)가 있다.
   甫(보)가 '포' 라는 발음으로 읽히는 글자로는 浦(개 포), 葡(포도 포), 哺(먹을 포), 逋(달아날 포), 脯(포 포), 鋪(펼 포), 圃(밭 포) 등이 있고, '보' 라는 발음으로 읽히는 글자로는 補(기울 보), 輔(도울 보) 등이 있다.
   手(수)의 본래 자형은 '다섯 손가락의 모양[]' 으로 대부분 '동작' 과 관련이 있는 뜻을 나타낸다. 예를 들면, 把(잡을 파), 握(쥘 악), 打(칠 타), 擊(부딪칠 격), 投(던질 투), 擲(던질 척) 등이 있다.
2. 手(수)는 어떤 일을 나타내는 명사 뒤에 붙어 대략 그 일을 맡아서 하는 사람을 뜻한다. 예를 들면 鼓手(고수), 旗手(기수), 騎手(기수), 運轉手(운전수), 敵手(적수), 助手(조수), 投手(투수) 등이 있다.

자의(字意)

捕手(포수) – 야구에서 본루(本壘)를 지키며 투수가 던지는 볼을 받는 사람으로 영어의 'catcher' 를 의역한 말이다.

■ 동음이의어(同音異義語)

砲手(포수) – 총(銃)으로 짐승을 사냥하는 사람. 또는 군대에서 대포(大砲)를 다루거나 쏘는 사병을 말한다.

157 包; 쌀 포 裝; 넣을 장

包 裝

쌀 포　　넣을 장

자형(字形)

1. 包(포)는 상형자(象形字)로서 '사람(勹)이 임신하여 아이(巳)가 뱃속에 있는 모양'을 나타낸다. 본래 의미는 '(물건을) 싸다'이다.
   包(포)가 '포'라는 발음으로 읽히는 글자로는 抱(안을 포), 胞(태의 포), 砲(돌쇠뇌 포), 飽(배부를 포), 泡(거품 포), 袍(핫옷 포), 咆(으르렁거릴 포), 匏(박 포), 鮑(절인 어물 포), 疱(천연두 포), 苞(그령 포) 등이 있다.
   勹(포)의 본래 자형은 人(인)자의 변형으로 '사람(人)이 몸을 구부리고 팔로 싸고 있는 모양[]'으로 '싸다'라는 뜻이나 '몸을 구부린 모양'을 나타낸다. 예를 들면, 匊(쌀을 움켜 뜰 국), 匍(기어갈 포), 匐(기어갈 복) 등이 있다.
2. 裝(장)은 형성자(形聲字)로서 자형 구조는 상하구조◓라고 볼 수 있다. 위에는 발음을 나타내는 壯(씩씩할 장)이 있고, 아래에는 포괄적인 뜻을 나타내는 부수(部首) 衣(옷 의)가 있다.
   壯(장)이 '장'이라는 발음으로 읽히는 글자로는 莊(풀 성할 장)이 있다.
   衣(의)의 본래 자형은 '윗옷의 모양[]'으로 '옷'이나 '옷감'과 관련 있는 뜻을 나타낸다. 예를 들면, 衷(속옷 충), 袖(소매 수), 裳(치마 상), 被(이불 피), 裁(마를 재), 裂(찢을 렬), 補(기울 보) 등이 있다.

자의(字意)

包裝(포장) – 물건을 싸다. 겉으로만 그럴 듯하게 꾸미다.

■ 동음이의어(同音異義語)

鋪裝(포장) – 길에 돌이나 아스팔트를 깔다.

布帳(포장) – 두꺼운 천이나 비닐로 만들어 무엇인가를 둘러치는 데에 사용하는 막. → 포장마차(布帳馬車)

褒章(포장) – 국가나 사회에 공이 있는 사람에게 주는 휘장(徽章). 예) 문화포장(文化褒章), 산업포장(産業褒章)

158

飽; 배부를 포 和; 고를 화

飽 和

배부를 포　　고를 화

자형(字形)

1. 飽(포)는 형성자(形聲字)로서 자형 구조는 좌우구조◐라고 볼 수 있다. 왼쪽에는 포괄적인 뜻을 나타내는 부수(部首) 食(밥 식)이 있고, 오른쪽에는 발음을 나타내는 包(쌀 포)가 있다.
   包(포)가 '포'라는 발음으로 읽히는 글자로는 抱(안을 포), 胞(태의 포), 砲(돌쇠뇌 포), 泡(거품 포), 袍(핫옷 포), 咆(으르렁거릴 포), 匏(박 포), 鮑(절인 어물 포), 疱(천연두 포), 苞(그령 포) 등이 있다.
   食(식)의 본래 자형은 '밥을 담은 밥그릇과 뚜껑의 모양[]'으로 대부분 '밥' 또는 '먹는 것'과 관련이 있는 뜻을 나타낸다. 예를 들면, 飢(주릴 기), 飮(마실 음), 飽(배부를 포), 饅(만두 만) 등이 있다.
2. 和(화)는 형성자(形聲字)로서 자형 구조는 좌우구조◐라고 볼 수 있다. 왼쪽에는 발음을 나타내는 禾(벼 화)가 있고, 오른쪽에는 포괄적인 뜻을 나타내는 부수(部首) 口(입 구)가 있다. 和(화)의 본래 뜻은 '말(口)'로 '응하다, 화답하다'라는 뜻이다.
   禾(화)가 '화'라는 발음으로 읽히는 글자로는 龢(풍류 조화될 화), 盉(조미할 화) 등이 있다.
   口(구)의 본래 자형은 '입 모양[]'으로 대부분 '입'과 관련이 있는 뜻을 나타낸다. 예를 들면, 呑(삼킬 탄), 吹(불 취), 味(맛 미), 哺(먹을 포) 등이 있다.

자의(字意)

飽和(포화) – 최대 한도까지 가득 차 있는 상태.

- 동음이의어(同音異義語)

  砲火(포화) – 총포를 쏠 때 일어나는 불 또는 전쟁.

159 暴; 사나울 폭 飮; 마실 음

暴 飮

사나울 폭　　마실 음

자형(字形)

1. 暴(폭)은 본래 두 개의 글자이었다고 한다. '햇빛에 쪼이다' 라는 뜻의 글자는 위에서 아래로 순서대로 日(일) 出(출) 廾(공) 米(미)로 '해가 뜨자 두 손으로 쌀을 운반하여 말리는 모습[]' 을, 또 '급하다' 라는 뜻의 글자는 위부터 아래로 순서대로 日(일) 出(출) 廾(공) 夲(나아갈 도)로 '해가 뜨자 두 손을 모으고 급히 달려나가는 모습[]' 을 그렸다고 한다. 본래는 각각 다른 글자이었는데 楷書(해서)로 바뀌는 과정에서 한 개의 자형으로 통합되었다.
   日(일)의 본래 자형은 '둥근 해의 모양[]' 으로 대부분 '시간' 또는 '빛이나 볕' 과 관련이 있는 뜻을 나타낸다. 예를 들면, 早(새벽 조), 旦(아침 단), 旬(열흘 순), 春(봄 춘), 時(때 시), 昏(어두울 혼), 昧(새벽 매), 暖(따뜻할 난) 등이 있다.
2. 飮(음)은 본래 酓(술맛이 쓸 염)과 欠(하품 흠)으로 구성된 글자로 酓(염)이 글자의 발음을 나타낸다고 한다. 그러나 갑골문의 자형을 보면 '한 사람이 입을 벌리고(欠흠) 술동이(酉유) 안으로 고개를 숙이고 술을 마시려고 하는 모양[]' 을 나타내고 있다. 후에 今(금)이 발음을 나타내는 요소로 더해졌다. 今(금)이 '음' 으로 발음되는 경우는 吟(읊을 음) 등이 있다. 현재 자형은 食(식)이 의미를 나타내는 부수(部

首)로 사용되고 欠(흠)이 뜻과 발음을 동시에 나타내고 있는 것으로 볼 수 있다.

食(식)의 본래 자형은 '밥을 담은 밥그릇과 뚜껑의 모양[]'으로 대부분 '밥' 또는 '먹는 것'과 관련이 있는 뜻을 나타낸다. 예를 들면, 飢(주릴 기), 飽(배부를 포), 饅(만두 만), 饌(반찬 찬) 등이 있다.

자의(字意)

暴飮(폭음) – 술을 한꺼번에 지나치게 많이 마시다.

- 동음이의어(同音異義語)

爆音(폭음) – 폭발물이 터지는 소리. 예) 폭음탄(爆音彈)

輻 輳

바퀴살통 폭 모일 주

자형(字形)

1. 輻(폭)은 형성자(形聲字)로서 자형 구조는 좌우구조◑라고 볼 수 있다. 왼쪽에는 포괄적인 뜻을 나타내는 부수(部首) 車(수레 거)가 있고, 오른쪽에는 발음을 나타내는 요소가 있다.
   오른쪽 발음 요소가 '폭' 이라는 발음으로 읽히는 글자로는 幅(폭 폭)이 있고, '복' 이라는 발음으로 읽히는 글자로는 福(복 복), 匐(엉금엉금 길 복) 등이 있고, '부' 이라는 발음으로 읽히는 글자로는 副(버금 부), 富(넉넉할 부) 등이 있고, '핍' 이라는 발음으로 읽히는 글자로는 逼(닥칠 핍)등이 있다.
   車(거)는 수레[車의 金文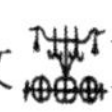]의 '바퀴 모양' 으로 '수레' 라는 의미로 사용되고 있다. 車(거)는 대부분 '수레' 와 관련이 있는 뜻을 나타낸다. 예를 들면, 軌(수레바퀴 자국 궤), 軸(굴대 축), 載(수레에 실을 재), 輓(수레를 끌 만), 輪(바퀴 륜) 등이 있다.
2. 輳(주)는 형성자(形聲字)로서 자형 구조는 좌우구조◑라고 볼 수 있다. 왼쪽에는 포괄적인 뜻을 나타내는 부수(部首) 車(수레 거)가 있고, 오른쪽에는 발음을 나타내는 奏(아뢸 주)가 있다.
   奏(주)가 '주' 라는 발음으로 읽히는 글자로는 湊(모일 주) 등이 있다.

자의(字意)

輻輳(폭주) - 폭주병진(輻輳幷臻)의 준말. 수레바퀴의 살이 바퀴통에 모이듯 한곳으로 많이 몰려드는 것을 말한다.

→ "폭주(輻輳). 모든 수레 바큇살이 그 중심축을 향해 모여 들어가는 모습을 형용화한 말이다.………28일 오후 2시에 개관과 함께 웅장한 자태를 드러낸 새용산 국립중앙박물관 첫주말이 낀 28-30일은 폭주에다가 장사진이요 인산인해였다."[동아일보 & donga.com 입력 2005.10.30 15:07]

■ 동음이의어(同音異義語)

暴走(폭주) - 함부로 난폭하게 달리다. 예) 폭주족(暴走族)

暴酒(폭주)=폭음(暴飮) - 술을 한꺼번에 많이 마시다.

暴注(폭주) - 어떤 일이 처리하기 힘들 정도로 한꺼번에 몰림.

예) 업무가 폭주하다. 민원이 폭주하다. 주문량이 폭주하다.

161

標: 표지 표 記: 기록할 기

標 記

표지 표　　기록할 기

자형(字形)

1. 標(표)는 형성자(形聲字)로서 자형 구조는 좌우구조◑라고 볼 수 있다. 왼쪽에는 포괄적인 뜻을 나타내는 부수(部首) 木(나무 목)이 있고, 오른쪽에는 발음을 나타내는 票(쪽지 표)가 있다. 標(표)의 본래 뜻은 '나무의 끝' 이라고 한다.

   票(표)가 '표' 라는 발음으로 읽히는 글자로는 漂(떠돌 표), 剽(협박할 표), 慓(날랠 표), 瓢(박 표), 飄(회오리바람 표) 등이 있다.

   木(목)의 본래 자형은 '나무의 뿌리와 가지 모양[]' 으로 대부분 '나무' 와 관련이 있는 뜻을 나타낸다. 예를 들면, 本(뿌리 본), 植(나무를 심다 식), 楓(단풍나무 풍), 極(용마루 극), 楊(버들 양), 槪(평미레 개), 樹(나무 수), 橘(귤나무 귤) 등이 있다.

2. 記(기)는 형성자(形聲字)로서 자형 구조는 좌우구조◑라고 볼 수 있다. 왼쪽에는 포괄적인 뜻을 나타내는 부수(部首) 言(말씀 언)이 있고, 오른쪽에는 발음을 나타내는 己(자기 기)가 있다. 記(기)의 본래 의미는 '(말을) 기록하다' 라는 뜻이다.

   己(기)가 '기' 라는 발음으로 읽히는 글자로는 紀(벼리 기), 起(일어날 기), 忌(꺼릴 기), 杞(나무 이름 기) 등이 있다.

   言(언)의 본래 자형은 '악기를 입에 물고 있는 모양[]' 으로 '소리'

를 나타낸다. 대부분 '말'과 관련이 있는 뜻을 나타낸다. 예를 들면, 訓(가르칠 훈), 訟(송사할 송), 訥(말 더듬을 눌), 詞(말씀 사), 詠(읊을 영) 등이 있다.

자의(字意)

標記(표기) – 표가 되는 기록이나 부호.
예) "(2) 지번(地番)의 구성(構成)과 표기(標記): 지번(地番)은 본번(本番)과 부번(副番)으로 이루어지며, 본번 만으로 이어지는 지번(地番)은 아라비아 숫자로 그대로 표기되나 본번과 부번으로 이루어지는 지번(地番)은 아라비아 숫자와 '–'로 이루어진다." (오성식 저, ≪신지적법총론≫, 75쪽, 동화기술)

■ 동음이의어(同音異義語)
表記(표기) – 표면에 적다. 문자나 부호를 써서 말을 기록하다.
→ 표기법(表記法), 외래어표기법(外來語表記法)

162

漂: 떠돌 표 白: 흰 백

漂 白

떠돌 표　　　흰 백

자형(字形)

1. 漂(표)는 형성자로서 자형구조는 좌우구조◑이다. 왼쪽에는 뜻을 나타내는 부수 水(물 수)가 있고, 오른쪽에는 발음을 나타내는 票(쪽지 표)가 있다. 漂(표)의 본래 뜻은 '물에 떠다니다' 이다.
2. 白(백)은 본래 '엄지손가락 모양[]' 으로 '맏' 이라는 뜻이었는데, 후에 白(백)이 '희다' 라는 뜻으로 사용하게 되자 白(백)에 人(인)을 더하여 '맏' 이라는 뜻을 나타내었다고 한다. 또 다른 설은 白(백)은 본래 '불꽃 모양' 으로 '희다' 가 본래 뜻이라고도 한다. 白(백)은 대부분 '희다' 와 관련이 있는 뜻을 나타낸다.

자의(字意)

漂白(표백)- 바래지게 하거나 표백제를 써서 희게 하는 것.

- 동음이의어(同音異義語)

表白(표백)- 속의 생각을 겉으로 드러내어 밝히거나 말하는 것.

■ 동음자(同音字)

· 票-(표)

표 - 漂(떠다닐 표): 漂流(표류), 漂白劑(표백제)
剽(협박할 표, 도둑질할 표): 剽竊(표절)
慓(날랠 표): 慓毒(표독)스럽다
瓢(박 표): 표주박, 飄(회오리바람 표) 등

· 白-(백)(박)

백 - 百(일백 백): 百發百中(백발백중)
佰(백사람 백)
伯(맏 백): 伯父(백부)
柏(나무 이름 백): 側柏(측백)나무
帛(비단 백): 幣帛(폐백)을 드리다
魄(넋 백): 氣魄(기백)이 넘치다

박 - 拍(칠 박): 拍手(박수)
迫(닥칠 박): 逼迫(핍박)
泊(머무를 박): 民泊(민박), 碇泊(정박)
舶(큰 배 박): 船舶(선박)
珀(호박 박): 琥珀(호박)
箔(대발 박): 金箔(금박), 銀箔(은박)

163 標; 표할 표 示; 보일 시

標 示

표할 표　　　　보일 시

자형(字形)

1. 標(표)는 형성자로서 자형구조는 좌우구조◑이다. 왼쪽에는 포괄적인 뜻을 나타내는 부수(部首) 木(나무 목)이 있고, 오른쪽에는 발음을 나타내는 표(쪽지 표)가 있다. 標(표)의 본래 뜻은 '나무 끝'이라고 한다. 木(목)의 본래 자형은 '나무의 뿌리와 가지 모양[]'으로 대부분 '나무'와 관련이 있는 뜻을 나타낸다. 예를 들면, 本(뿌리 본), 植(나무를 심다 식), 楓(단풍나무 풍), 極(용마루 극), 楊(버들 양), 槪(평미레 개), 樹(나무 수)등이 있다.
2. 示(시)의 본래 자형은 '제단(祭壇)의 모양[, ]'으로 대부분 神(신)이나 제사(祭祀)와 관련이 있는 뜻을 나타낸다. 예를 들면, 社(토지의 신 사), 祀(제사 사), 祝(빌 축), 禍(재화 화)가 있다.

자의(字意)

標示(표시)- 표를 하여 어떤 사실을 나타내 보이는 것.

- **동음이의어(同音異義語)**

  表示(표시)- 감정 따위를 겉으로 나타내 보이는 것.

標; 표할 표 識; 적을 지 164

標 識

표할 표 　　 적을 지

자형(字形)

1. 標(표 표)는 형성자로서 자형 구조는 좌우구조◑이다. 왼쪽에는 포괄적인 뜻을 나나내는 부수 木(나무 목)이 있고, 오른쪽에는 발음을 나타내는 票(쪽지 표)가 있다. 標(표)의 본래 뜻은 '나무의 끝'이라고 한다. 木(목)의 본래 자형은 '나무의 뿌리와 가지 모양[]'으로 대부분 '나무'와 관련이 있는 뜻을 나타낸다. 예를 들면, 本(뿌리 본), 植(나무를 심다 식), 楓(단풍나무 풍), 極(용마루 극), 楊(버들 양), 槪(평미레 개), 樹(나무 수), 橘(귤나무 귤)등이 있다.
2. 識(지)는 형성자로서 자형 구조는 좌우구조◑이다. 왼쪽에는 포괄적인 뜻을 나타내는 부수 言(말씀 언)이 있고, 오른쪽에는 발음을 나타내는 戠(찰진 흙 시)가 있다.

자의(字意)

標識(표지)- 다른 것과 구별하여 알게 하는 데 필요한 표시나 특징.

- 동음이의어(同音異義語)
  表紙(표지)- 책의 겉장.

165

鏢: 칼끝 표 槍: 창 창

鏢 槍

칼끝 표　　　　창 창

자형(字形)

1. 鏢(표)는 형성자로서 자형구조는 좌우구조◑이다. 왼쪽에는 포괄적인 뜻을 나타내는 부수 金(쇠 금)이 있고, 오른쪽에는 발음을 나타내는 票(쪽지 표)가 있다. 金(금)의 본래 자형은 '주물(鑄物)을 붓는 모형(模型)과 쇳물이 흐르는 모양[]'으로 대부분 '쇠'나 '광물'과 관련이 있는 뜻을 나타낸다.
2. 槍(창)은 본래 형성자로서 자형구조는 좌우구조◑다. 왼쪽에는 포괄적인 뜻을 나타내는 부수 木(목)이 있고, 오른쪽에는 발음을 나타내는 倉(곳집 창)이 있다. 木(목)의 본래 자형은 '나무의 뿌리와 가지 모양[]'으로 대부분 '나무'와 관련이 있는 뜻을 나타낸다.

자의(字意)

鏢槍(표창)- 적을 향하여 던져서 공격하는 작은 창.

- 동음이의어(同音異義語)

表彰(표창)- 훌륭한 일을 칭찬하여 널리 알리거나 이를 위해 상을 주는 것.

風 景

바람 풍　　경치 경

자형(字形)

1. 風(풍)은 형성자로서 자형구조는 대략 상하구조◓이다. 위에는 발음을 나타내는 凡(무릇 범)이 있고, 아래에는 포괄적인 뜻을 나타내는 부수 虫(벌레 충{훼})이 있다. 虹(무지개 홍)도 '파충류의 일종'이라고 생각하여 부수 虫(충)을 더했다고 한다.
2. 景(경)은 형성자로서 자형구조는 상하구조◒이다. 위에는 포괄적인 뜻을 나타내는 日(해 일)이 있고, 아래에는 발음을 나타내는 京(서울 경)이 있다.

자의(字意)

風景(풍경)- 아름다운 경치. 어떤 정경이나 상황의 모습.

- 동음이의어(同音異義語)

風磬(풍경)- 처마 끝에 달아 바람에 흔들릴 때 소리가 나게 만든 작은 종.

■ 동음자(同音字)

· 凡-(범)(봉)

범 – 帆(돛 범): 出帆(출범)

汎(뜰, 넓을 범): 汎神敎(범신교), 大汎(대범)하다

梵(범어 범): 梵語(범어)

봉 – 鳳(봉새 봉): 鳳凰(봉황)

下 棺

아래 하　　　널 관

자형(字形)

1. 下(하)의 본래 자형은 '한 획(一) 아래에 한 점 또는 짧은 선이 있는 모양[]'으로 '아래쪽'을 나타내었다. 여러 단계의 자형 변화를 거쳐 현재와 같은 자형으로 변하였다. 上(상)의 자형과 비교하여 보면 그 뜻을 미루어 판단할 수 있다. 본래 뜻은 '아래 방향'을 나타내지만 下棺(하관)에서는 '아래로 옮기다' 즉 '내려놓다'라는 뜻으로 사용되었다.
   下(하)가 속해 있는 부수(部首) 一(일)은 다른 부수들과 같이 포괄적인 의미를 암시해 주는 것이 아니라, 대부분 자형에 근거하여 다른 부수에 포함시키기 어려운 글자들을 편의상 모아 놓았다.
2. 棺(관)은 형성자(形聲字)로서 자형 구조는 좌우구조◐라고 볼 수 있다. 왼쪽에는 포괄적인 뜻을 나타내는 부수(部首) 木(나무 목)이 있고, 오른쪽에는 발음을 나타내는 官(벼슬 관)이 있다. 棺(관)은 '나무(木)로 만든 송장을 담는 궤'라는 뜻이다.
   官(관)이 '관'이라는 발음으로 읽히는 글자로는 館(객사 관), 管(피리 관) 등이 있다.
   木(목)의 본래 자형은 '나무의 뿌리와 가지 모양[]'으로 대부분 '나무'와 관련이 있는 뜻을 나타낸다. 예를 들면, 本(뿌리 본), 植(나무를 심다 식), 楓(단풍나무 풍), 機(나무로 만든 틀 기) 등이 있다.

下棺(하관)은 '관을 아래로 놓다' 즉 관을 무덤의 구덩이 안으로 내려놓는다는 뜻이다.

■ 동음이의어(同音異義語)

下官(하관) – '아래쪽 관리' 즉 직위가 낮은 하급 관리를 말한다. 上官(상관)과 반대말.

下顴(하관) – 顴(관)은 '광대뼈' 라는 뜻이므로 下顴(하관)은 '광대뼈 아래쪽' 을 말한다. 즉, 뺨의 아래쪽 턱을 중심으로 한 부분을 말한다.

→ 下顴(하관)이 빨다 – 턱 부분이 좁다.

海; 바다 해 狗; 개 구 168

海 狗

바다 해　　　개 구

자형(字形)

1. 海(해)는 형성자(形聲字)로서 자형 구조는 좌우구조◑라고 볼 수 있다. 왼쪽에는 포괄적인 뜻을 나타내는 부수(部首) 氵(水물 수)가 있고, 오른쪽에는 발음을 나타내는 每(매양 매)가 있다.
   每(매)가 '회' 라는 발음으로 읽히는 글자로는 晦(그믐 회), 誨(가르칠 회) 등이 있고, 每(매)가 '매' 라는 발음으로 읽히는 글자로는 梅(매화나무 매), 莓(나무딸기 매) 등이 있다.
   水(수)의 본래 자형은 '흘러가는 냇물의 모양[ ]' 으로 대부분 '물' 또는 '액체 상태' 와 관련이 있는 뜻을 나타낸다. 예를 들면, 波(물결 파), 濤(큰 물결 도), 洗(씻을 세), 濯(씻을 탁), 灌(물 댈 관), 漑(물댈 개) 등이 있다.
2. 狗(구)는 형성자(形聲字)로서 자형 구조는 좌우구조◑라고 볼 수 있다. 왼쪽에는 포괄적인 뜻을 나타내는 부수(部首) 犭(犬개 견)이 있고, 오른쪽에는 발음을 나타내는 句(글귀 구)가 있다.
   句(구)가 '구' 라는 발음으로 읽히는 글자로는 拘(잡을 구), 駒(망아지 구), 鉤(갈고랑이 구), 苟(진실로 구), 枸(구기자나무 구), 佝(꼽추 구) 등이 있다.
   犬(견)의 본래 자형은 '꼬리가 위로 올라가 있는 개의 모양[ ]' 으로 대부분 '개' 또는 '길짐승'과 관련이 있는 뜻을 나타낸다. 예를 들면, 猪(돼지 저), 猫(고양이 묘), 猿(원숭이 원), 狩(사냥 수), 獵(사냥 렵) 등이 있다.

자의(字意)

海狗(해구)는 '바다의 개' 즉 '물개'를 말한다.

- 동음이의어(同音異義語)

海寇(해구) – '바다의 도둑' 즉 海賊(해적)을 말한다.

海丘(해구) – '바다의 언덕' 즉 바다 밑에 솟아 있는 높이 1000미터 이하의 언덕을 말한다.

海口(해구) – 바다의 후미진 곳으로 들어간 어귀를 말한다.

海鷗(해구) – 바다 갈매기를 말한다.

解; 풀 해 讀; 읽을 독 169

解 讀

풀 해　　　읽을 독

자형(字形)

1. 解(해)는 본래 '소(牛)의 뿔(角)'을 두 손으로 뽑아내고 있는 모양[]으로 '갈라내다'라는 뜻을 의미하였으나, 뒤에 '손'이 '칼(刀)'로 대체되었다. 현재 解(해)는 牛(소 우) 角(뿔 각) 刀(칼 도)로 구성된 좌우구조◑의 회의자(會意字)이다. 解(해)의 본래 의미는 아마도 角(각)과 관련 있는 '소의 뿔을 갈라내다'이고, 여기에서 '풀다' '헤어지다' '벗다' 등의 뜻으로 확대된 것 같다.

   解(해)가 '해'라는 발음으로 읽히는 글자로는 邂(만날 해), 懈(게으를 해), 蟹(게 해) 등이 있다.

   角(각)의 본래 자형은 '짐승의 뿔 모양[]'으로 대부분 '뿔'이나 '뿔과 같이 단단한 재질'과 관련된 뜻을 나타낸다. 예를 들면, 觴(잔 상), 觸(뿔로 받을 촉) 등이 있다.

2. 讀(독)은 형성자(形聲字)로서 자형 구조는 좌우구조◑이다. 왼쪽에는 포괄적인 뜻을 나타내는 부수(部首) 言(말씀 언)이 있고, 오른쪽에는 발음을 나타내는 賣(팔 매)가 있다. 그러나 현재는 발음상 관계가 없어 보인다. 讀(독)의 본래 의미는 '말'과 관계 있는 '읽다'라는 뜻을 나타낸다.

   讀(독)이 '독'이라는 발음으로 읽히는 글자로는 牘(편지 독), 瀆(더러

워질 독), 犢(송아지 독) 등이 있고, '속' 이라는 발음으로 읽히는 글자로는 續(이을 속), 贖(속바칠 속) 등이 있다.

言(언)의 본래 자형은 '악기를 입에 물고 있는 모양[]' 으로 '소리'를 나타낸다. 대부분 '말' 과 관련이 있는 뜻을 나타낸다. 예를 들면, 訓(가르칠 훈), 訟(송사할 송), 訥(말 더듬을 눌), 詞(말씀 사), 詠(읊을 영) 등이 있다.

자의(字意)

解讀(해독)은 '풀어 읽는 것' 또는 '읽어서 뜻을 알아내는 것' 을 말한다.

- 동음이의어(同音異義語)

  解毒(해독) – 독기(毒氣)를 풀어 없애다.

  害毒(해독) – 해(害)와 독(毒).

偕 老

함께 해　　늙을 로

자형(字形)

1. 偕(해)는 형성자(形聲字)로서 자형 구조는 좌우구조◑라고 볼 수 있다. 왼쪽에는 포괄적인 뜻을 나타내는 부수(部首) 亻(人사람 인)이 있고, 오른쪽에는 발음을 나타내는 皆(다 개)가 있다. 偕(해)의 본래 뜻은 '사람(人) 모두(皆) 함께'에서 '함께'라는 뜻이 파생된 것 같다.
   皆(개)가 '해'라는 발음으로 읽히는 글자로는 諧(조화할 해), 楷(본보기 해) 등이 있고, '계'라는 발음으로 읽히는 글자로는 階(섬돌 계) 등이 있다.
   人(인)의 본래 자형은 '사람이 옆으로 서있는 모양[]'으로 대부분 '사람'과 관련이 있는 뜻을 나타낸다. 예를 들면, 他(남 타), 伴(짝 반), 侶(짝 려), 伯(맏 백), 佝(꼽추 구), 僂(꼽추 루), 侏(난장이 주) 등이 있다.
2. 老(로)는 본래 '한 노인이 허리를 구부리고 지팡이를 짚고 있는 모양[]'으로 '노인'이라는 뜻을 나타내었다. 老(로)는 대부분 '늙다'와 관련있는 뜻을 나타낸다. 예를 들면, 耄(늙은이 모), 耋(늙은이 질), 耆(늙은이 기), 耉(늙을 구) 등이 있다.

偕老(해로)는 '같이 늙다' 즉 부부가 한평생 늙도록 같이 사는 것을 말한다. → 백년해로(百年偕老)

■ 동음이의어(同音異義語)

海路(해로) – '바다 길' 즉 배가 다니는 바닷길이나 뱃길을 말한다.

解顱(해로) – 解(풀 해) 顱(머리뼈 로) 즉 머리뼈가 풀어지는 것을 말한다. 한방(韓方)에서 어린아이의 머리뼈가 합친 곳이 벌어지는 병을 이르는 말이다.

海: 바다 해 里: 거리 리 171

海 里

바다 해　　　거리 리

자형(字形)

1. 海(해)는 형성자(形聲字)로서 자형 구조는 좌우구조◑라고 볼 수 있다. 왼쪽에는 포괄적인 뜻을 나타내는 부수(部首) 氵(水물 수)가 있고, 오른쪽에는 발음을 나타내는 每(매양 매)가 있다. 海(해)의 본래 뜻은 '바다' 이다. 그래서 '물' 과 관계 있는 뜻을 나타내는 '水(수)' 를 부수(部首)로 하고 있다.

   每(매)가 '회' 라는 발음으로 읽히는 글자로는 晦(그믐 회), 誨(가르칠 회) 등이 있고, 每(매)가 '매' 라는 발음으로 읽히는 글자로는 梅(매화나무 매), 莓(딸기 매) 등이 있다.

   水(수)의 본래 자형은 '흘러가는 냇물의 모양[]' 으로 대부분 '물' 과 관련이 있는 뜻을 나타낸다. 예를 들면, 波(물결 파), 濤(큰 물결 도), 洗(씻을 세), 濯(씻을 탁), 灌(물 댈 관), 漑(물댈 개) 등이 있다.

2. 里(리)는 본래 '밭(田전)과 땅(土토)이 있어 거주할 수 있는 곳' 즉 '마을' 을 의미한다. 里(리)는 田(밭 전)과 土(흙 토)로 구성된 회의자(會意字)이다. 里(리)는 제 부수(部首)인데, 의미상 관련 있는 글자로는 野(들 야)밖에 없다.

   里(리)가 '매' 라는 발음으로 읽히는 글자로는 埋(묻을 매), 薶(메울 매), 霾(흙비 올 매) 등이 있고, 里(리)가 '리' 라는 발음으로 읽히는 글자로는 貍(삵괭이 리), 裏(속 리), 理(다스릴 리), 鯉(잉어 리), 釐(바르게 고칠 리), 俚(속될 리), 浬(해리 리), 狸(너구리 리) 등이 있다.

자의(字意)

海里(해리)는 해상의 거리를 나타내는 단위로 약 1852m이다.

■ 동음이의어(同音異義語)

解離(해리) – '풀려서 떨어지다' 즉 한 개의 분자가 더 간단한 분자(分子)나 원자(原子)로 분해되는 현상을 말한다.

海狸(해리) – '바다 너구리' 즉 비버(beaver)를 이르는 말이다.

鄕 愁

시골 향　　시름 수

자형(字形)

1. 鄕(향)은 형성자(形聲字)라고 하지만 현재 자형으로는 발음을 나타내는 요소를 찾아내기 어렵다. 본래 자형은 '두 사람이 가운데에 놓인 밥이 담긴 그릇을 중심으로 마주 앉아 있는 모양[]'으로 '향하다' '대접하다'라는 뜻을 나타내었다. 현재 鄕(향)은 '마을' '고향' '시골' 등의 뜻으로 주로 사용되고 있으며 부수도 阝(邑고을 읍)이다.
   鄕(향)이 '향'이라는 발음으로 읽히는 글자로는 響(울림 향), 饗(잔치할 향), 嚮(향할 향) 등이 있다.
   邑(읍)의 본래 자형은 '한 지역을 나타내는 口 아래에 무릎 꿇고 앉아 있는 사람(巴)의 모양[]'으로 '사람이 모여 사는 곳'이라는 뜻을 나타낸다. 예를 들면, 邦(나라 방), 郡(고을 군), 都(도읍 도), 鄧(나라 이름 등), 鄭(나라 이름 정) 등이 있다.
2. 愁(수)는 형성자(形聲字)로서 자형 구조는 상하구조◓라고 볼 수 있다. 위에는 발음을 나타내는 秋(가을 추)가 있고, 아래에는 포괄적인 뜻을 나타내는 부수(部首) 心(마음 심)이 있다.
   秋(추)가 '추'라는 발음으로 읽히는 글자로는 楸(개오동나무 추), 鰍(미꾸라지 추), 萩(사철쑥 추), 湫(늪 추) 등이 있다.
   心(심)의 본래 자형은 '심장의 모양[]'으로 대부분 '심리적인 작

용'과 관련이 있는 뜻을 나타낸다. 예를 들면, 愛(사랑 애), 惜(아낄 석), 想(생각할 상), 惱(괴로워할 뇌), 恭(공손할 공) 등이 있다.

자의(字意)

鄕愁(향수) – 고향이나 옛일을 그리워하는 마음이나 시름.

■ 동음이의어(同音異義語)

香水(향수) – 향료를 알코올 따위에 풀어서 만든 향기로운 냄새가 나는 화장품.

享受(향수) – 복이나 혜택 따위를 받아서 누리다.

險 狀

험할 험　　　형상 상

자형(字形)

1. 險(험)은 형성자(形聲字)로서 자형 구조는 좌우구조◑라고 볼 수 있다. 왼쪽에는 포괄적인 뜻을 나타내는 부수(部首) 阝(阜언덕 부)가 있고, 오른쪽에는 발음을 나타내는 僉(다 첨)이 있다.
   僉(첨)이 '험'이라는 발음으로 읽히는 글자로는 驗(증험할 험) 등이 있고, '검'이라는 발음으로 읽히는 글자로는 檢(봉함 검), 儉(검소할 검), 劍(칼 검), 臉(뺨 검), 瞼(눈꺼풀 검) 등이 있고, '첨'이라는 발음으로 읽히는 글자로는 簽(서명할 첨) 등이 있다.
   阜(부)의 본래 자형은 '흙으로 만든 계단의 모양[阝]'으로 대부분 '높은 곳'이나 '계단'과 관련이 있는 뜻을 나타낸다. 예를 들면, 陵(큰 언덕 릉), 陸(뭍 륙), 隆(높을 륭), 階(섬돌 계), 陛(섬돌 폐), 除(섬돌 제) 등이 있다.
2. 狀(상)은 형성자(形聲字)로서 자형 구조는 좌우구조◐라고 볼 수 있다. 왼쪽에는 발음을 나타내는 '爿(나무 조각 장)'이 있고, 오른쪽에는 포괄적인 뜻을 나타내는 '犬(개 견)'이 있다. 狀(상)의 본래 뜻은 '개의 모양'이라고 하여 犬(견)을 부수로 한다. 爿(장)은 단지 狀(상)의 발음만 나타내고 있을 뿐이다. 狀은 '모양'이라는 의미일 때는 '상'으로 읽고, '문서'라는 뜻일 때는 '장'으로 읽는다.

爿(장)이 '상' 이라는 발음으로 읽히는 글자로는 牀(평상 상) 등이 있고, '장' 이라는 발음으로 읽히는 글자로는 牆(담 장), 臧(착할 장), 贓(장물 장), 藏(감출 장), 臟(오장 장), 將(장차 장), 奬(권면할 장), 醬(젓갈 장), 漿(미음 장), 壯(씩씩할 장), 莊(풀 성할 장), 裝(꾸밀 장) 등이 있다.

犬(견)의 본래 자형은 '꼬리를 치켜세우고 있는 개의 옆모습[]' 이지만, 대부분 '길짐승' 을 나타내는 의미 요소로 사용된다. 예를 들면, 狗(개 구), 狐(여우 호), 獅(사자 사), 猪(돼지 저) 등이 있다.

자의(字意)

險狀(험상) – 험악한 모양이나 상태. → 험상(險狀)궂다

- 동음이의어(同音異義語)

險相(험상) – 험악한 인상(人相).

絢 爛

무늬 현　　빛날 란

자형(字形)

1. 絢(현)은 형성자(形聲字)로서 자형 구조는 좌우구조◑라고 볼 수 있다. 왼쪽에는 포괄적인 뜻을 나타내는 부수(部首) 糸(가는 실 사{멱})가 있고, 오른쪽에는 발음을 나타내는 旬(열흘 순)이 있다.
   旬(순)이 '현' 이라는 발음으로 읽히는 글자로는 眴(눈 깜작일 현) 등이 있고, '순' 이라는 발음으로 읽히는 글자로는 殉(따라 죽을 순), 筍(죽순 순), 恂(정성 순), 詢(물을 순) 등이 있다.
   糸(사)의 본래 자형은 '실타래 모양[]' 으로 대부분 '실(줄, 옷감)' → '물들이다(색깔)' → '무늬' 와 관련이 있는 뜻을 나타낸다. 예를 들면, 絹(명주 견), 網(그물 망); 紅(붉을 홍), 綠(초록빛 록), 紺(감색 감), 紫(자주빛 자), 絳(진홍 강); 紋(무늬 문), 紊(/무늬가/어지러울 문)등이 있다.
2. 爛(란)은 형성자(形聲字)로서 자형 구조는 좌우구조◑라고 볼 수 있다. 왼쪽에는 포괄적인 뜻을 나타내는 부수(部首) 火(불 화)가 있고, 오른쪽에는 발음을 나타내는 闌(가로막을 란)이 있다.
   闌(란)이 '란' 이라는 발음으로 읽히는 글자로는 蘭(난초 란), 欄(난간 란), 瀾(물결 란) 등이 있다.
   火(화)의 본래 자형은 '불꽃 모양[]' 으로 대부분 '불' 과 관련이

있는 뜻을 나타낸다. 예를 들면, 災(재앙 재), 灸(뜸 구), 炙(고기 구을 자), 炸(터질 작), 炊(불땔 취) 등이 있다.

자의(字意)

絢爛(현란) – 눈부시게 빛나고 아름답다.

- 동음이의어(同音異義語)
  眩亂(현란) – 정신이 어지럽고 어수선하다.

175

懸 賞

매달 현 상줄 상

자형(字形)

1. 懸(현)은 형성자(形聲字)로서 자형 구조는 상하구조◓라고 볼 수 있다. 본래 위에는 발음을 나타내는 縣(고을 현)이 있고, 아래에는 부수(部首) 心(마음 심)이 있다.
본래 '매달다' 라는 뜻은 懸(현)의 발음을 나타내는 요소인 縣(고을 현)으로 나타내었다. 縣(현)의 본래 자형은 '머리(首)를 나무에 줄(系)로 거꾸로 매달아 놓은 형상[, ]' 으로, 현재 자형의 왼쪽은 首(머리 수)를 거꾸로 한 모양이고, 오른쪽은 系(이을 계)이다. 縣(현)자가 '고을(지방 행정 구역)' 이라는 뜻으로 사용하게 되자, 心(심)을 덧붙여 縣(현)과 구분하여 懸(현)자를 사용하게 되었다.
2. 賞(상)은 형성자(形聲字)로서 자형 구조는 상하구조◓라고 볼 수 있다. 위에는 발음을 나타내는 尙(오히려 상)이 있고, 아래에는 포괄적인 뜻을 나타내는 부수(部首) 貝(조개 패)가 있다.
尙(상)이 '상' 이라는 발음으로 읽히는 글자로는 裳(치마 상), 常(항상 상), 償(갚을 상), 嘗(맛볼 상) 등이 있다.
貝(패)의 본래 자형은 '조개의 모양[]' 으로 대부분 '돈' 과 관련이 있는 뜻을 나타낸다. 예를 들면, 財(재물 재), 賭(노름 도), 貢(공물을 바칠 공), 販(팔 판), 賣(팔 매) 등이 있다.

자의(字意)

懸賞(현상) – 상금을 걸다.

■ 동음이의어(同音異義語)

現象(현상) – 실지로 나타나 보이는 사물의 모양이나 상태.

現像(현상) – 촬영한 필름 등을 약품으로 처리하여 영상(映像)이 나타나게 하는 일.

現狀(현상) – 현재의 상태.

血; 피 혈 糖; 사탕 당 176

血 糖

피 혈 사탕 당

자형(字形)

1. 血(혈)은 '그릇(皿)에 희생 제사를 지낼 짐승의 피(一)가 담겨 있는 모양[]'으로 皿(그릇 명)과 '짐승의 피가 그릇에 담겨져 있는 단면'을 나타내는 '한 획(一)'으로 구성되어 있으며, '피'라는 뜻을 나타낸다.
   血(혈)이 '휼'이라는 발음으로 읽히는 글자로는 恤(구휼할 휼) 등이 있다.
   血(혈)은 대부분 '피'와 관련이 있는 뜻을 나타낸다. 예를 들면, 衉(피 토할 객) 등이 있다.
2. 糖(당)은 형성자(形聲字)로서 자형 구조는 좌우구조◑라고 볼 수 있다. 왼쪽에는 포괄적인 뜻을 나타내는 부수(部首) 米(쌀 미)가 있고, 오른쪽에는 발음을 나타내는 唐(당나라 당)이 있다.
   唐(당)이 '당'이라는 발음으로 읽히는 글자로는 塘(못 당) 등이 있다.
   米(미)의 본래 자형은 '벼에 달려 있는 쌀알의 모양[]'으로 대부분 '쌀'이나 '곡식'과 관련이 있는 뜻을 나타낸다. 예를 들면, 粉(가루 분), 粒(쌀알 립), 粥(죽 죽), 粟(조 속), 糧(양식 량), 糊(풀 호) 등이 있다.

자의(字意)

血糖(혈당) – 피 속에 들어 있는 당분(糖分).

- 동음이의어(同音異義語)

  血黨(혈당) – 생사를 같이 하는 무리.

血 栓

피 혈　　　마개 전

자형(字形)

1. 血(혈)은 '그릇(皿)에 희생 제사를 지낼 짐승의 피(一)가 담겨 있는 모양[]'으로 皿(그릇 명)과 '짐승의 피가 그릇에 담겨져 있는 단면'을 나타내는 '한 획(一)'으로 구성되어 있으며, '피'라는 뜻을 나타낸다.
   血(혈)이 '휼'이라는 발음으로 읽히는 글자로는 恤(구휼할 휼) 등이 있다.
   血(혈)은 대부분 '피'와 관련이 있는 뜻을 나타낸다. 예를 들면, 衉(피 토할 객) 등이 있다.
2. 栓(전)은 형성자(形聲字)로서 자형 구조는 좌우구조◐라고 볼 수 있다. 왼쪽에는 포괄적인 뜻을 나타내는 부수(部首) 木(나무 목)이 있고, 오른쪽에는 발음을 나타내는 全(온전할 전)이 있다. 본래 뜻은 '나무 못'이다.
   全(전)이 '전'이라는 발음으로 읽히는 글자로는 詮(설명할 전), 銓(저울질할 전), 筌(통발 전) 등이 있다.
   木(목)의 본래 자형은 '나무의 뿌리와 가지 모양[]'으로 대부분 '나무'와 관련이 있는 뜻을 나타낸다. 예를 들면, 本(뿌리 본), 植(나무를 심다 식), 楓(단풍나무 풍), 極(용마루 극), 楊(버들 양), 槪(평미레 개), 樹(나무 수), 橘(귤나무 귤) 등이 있다.

자의(字意)

血栓(혈전) – 혈관을 막히게 하는 피가 엉기어 굳은 덩이. 막는 물질을 전자(栓子)라고 한다.

- 동음이의어(同音異義語)

血戰(혈전) – 목숨을 걸고 격렬하게 싸움.

協 議

화합할 협 의논할 의

자형(字形)

1. 協(협)은 형성자로서 자형구조는 좌우구조◑이다. 왼쪽에는 뜻을 나타내는 부수 十(열 십)이 있고, 오른쪽에는 발음을 나타내는 劦(힘 합할 협)이 있다. 十(십)에 속해 있는 글자들은 거의가 자형(字形)과 관련이 있고, 자의(字意)와는 거의 관계가 없다. 十(십)은 대부분 '많다'와 관련이 있는 뜻을 나타낸다.
2. 議(의)는 형성자로서 자형구조는 좌우구조◑다. 왼쪽에는 뜻을 나타내는 부수 言(말씀 언)이 있고, 오른쪽에는 발음을 나타내는 義(옳을 의)가 있다. 아마도 '옳은 것(義)을 찾기 위해 토론하는 것(言)' 이 議(의)가 아닐까 생각된다. 言(언)의 본래 자형은 '악기를 입에 물고 있는 모양[]' 으로 '(말)소리' 를 나타낸다. 대부분 '말' 과 관련이 있는 뜻을 나타낸다.

자의(字意)

協議(협의)- 모여서 의논하다.

■ 동음이의어(同音異義語)

俠義(협의)– 좁은 의미.

■ 동음자(同音字)

· **義–(의)(희)**

의 – 儀(거동 의): 地球儀(지구의)=지구본

蟻(개미 의): 蟻螻(의루)=개미와 땅강아지라는 뜻으로, 천한 것을 의미함.

희 – 犧(희생 희): 犧牲(희생)

羲(복희 희): 伏羲(복희)=중국 고대 전설상의 제왕.

曦(햇빛 희)

刑; 형벌 형 場; 마당 장 179

刑 場

형벌 형 마당 장

자형(字形)

1. 刑(형)은 본래 형성자로서 자형 구조는 좌우구조◐이다. 刑(형)의 자형은 본래 왼쪽에 발음을 나타내는 井(우물 정)이 있었으나, 현재는 자형이 변하여 알아 볼 수 없게 되었고, 오른쪽에는 뜻을 나타내는 刀(칼 도)가 있다. 刀(도)의 본래 자형은 '칼 모양[]'으로 대부분 '칼'이나 '베다, 자르다' 등과 관련이 있는 뜻을 나타내는 부수이다.
2. 場(장)은 본래 형성자로서 자형 구조는 좌우구조◑이다. 왼쪽에는 포괄적인 뜻을 나타내는 부수 土(토)가 있고, 오른쪽에는 발음을 나타내는 昜(陽과 同字)이 있다. 土(토)의 본래 자형은 '땅(一)위에 흙덩이가 있는 모양[]'으로 대부분 '흙'과 관련이 있는 뜻을 나타낸다.

자의(字意)

刑場(형장)- 사형을 집행하는 곳.

- 동음이의어(同音異義語)
  刑杖(형장)- 옛날에 죄인을 문초할 때 사용하던 몽둥이.

■ 동음자(同音字)

· **井(정)-(형)(경)**

형 - 形(모양 형): 形態(형태)

型(거푸집 형): 大型(대형), 小型(소형), 模型(모형)

邢(나라 이름 형), 荊(모형나무 형)

경 - 耕(밭갈 경): 晝耕夜讀(주경야독)

糊 口

풀 호　　　　입 구

자형(字形)

1. 糊(호)는 형성자로서 자형구조는 좌우구조◑이다. 왼쪽에는 포괄적인 뜻을 나타내는 부수 米(쌀 미)가 있고, 오른쪽에는 발음을 나타내는 胡(턱밑살 호)가 있다. 胡(호)가 '호' 라는 발음으로 읽히는 글자로는 蝴(나비 호), 湖(호수 호), 瑚(산호 호), 葫(마늘 호)등이 있다. 米(미)의 본래 자형은 '벼에 달려 있는 쌀알의 모양[]' 으로 대부분 '쌀' 이나 '곡식' 과 관련이 있는 뜻을 나타낸다.
2. 口(구)의 본래 자형은 '입 모양[]' 으로 대부분 '입' 과 관련된 뜻을 나타낸다.

자의(字意)

糊口(호구)- '입에 풀칠한다' 는 뜻으로, 간신히 끼니만 이으며 사는 것.

■ 동음이의어(同音異義語)

戶口(호구)- 호적에 올라 있는 집과 가족.

虎口(호구)- 호랑이 입.

護具(호구)- 태권도 따위 무술 경기 등에서 몸을 보호하기 위하여 몸의 일부를 가리는 용구.

■ 동음자(同音字)

· **古(고)-胡(호)**

고 - 姑(고모 고): 姑母(고모)

枯(마를 고): 枯死(고사)

故(옛 고): 故人(고인), 故鄕(고향)

固(굳을 고): 固執(고집), 頑固(완고)

錮(가둘 고): 禁錮刑(금고형)

痼(고질 고): 痼疾病(고질병)

호 - 蝴(나비 호): 胡蝶(호접)

湖(호수 호): 湖水(호수), 湖畔(호반)의 도시

瑚(산호 호): 珊瑚礁(산호초)

葫(호리병박 호): 葫蘆甁(호로병)

豪 氣

호걸 호 기운 기

자형(字形)

1. 豪(호)는 형성자로서 자형구조는 상하구조◓이다. 위에는 발음을 나타내는 高(높을 고)가 있는데, 상하구조의 위에서는 대략 口를 생략하고 아래 부분과 이어 쓴다. 아래에는 뜻을 나타내는 부수 豕(돼지 시)가 있다. 본래 뜻은 짐승의 일종인 '호저(豪豬)' 인데, 현재는 '뛰어나다' 라는 뜻으로 많이 사용된다.
2. 氣(기)는 형성자로서 자형구조는 상하구조◓다. 위에는 발음을 나타내는 '气(기운 기)' 가 있고, 아래에는 포괄적인 뜻을 나타내는 '米(쌀 미)' 가 있다. 본래 뜻은 '사료나 식량을 남에게 주다' 라는 뜻인데, 氣(기)가 '기운' 이라는 뜻으로 사용하게 되자 食(밥 식)을 더하여 餼(보낼 희)를 만들어 본래 뜻으로 사용하고 있다.

자의(字意)

豪氣(호기)- 씩씩한 기상. 괜히 우쭐대는 태도.

- 동음이의어(同音異義語)
  好機(호기)- 좋은 기회.
  好期(호기)- 좋은 시기.

182 糊: 풀 호 塗: 진흙 도

糊 塗

풀 호 진흙 도

자형(字形)

1. 糊(호)는 형성자로서 자형구조는 좌우구조◑이다. 왼쪽에는 포괄적인 뜻을 나타내는 부수 米(쌀 미)가 있고, 오른쪽에는 발음을 나타내는 胡(턱밑살 호)가 있다. 또 胡(호)는 왼쪽에 발음을 나타내는 요소 古(고)가 있다. 米(미)의 본래 자형은 '벼에 달려 있는 쌀알의 모양[]'으로 대부분 '쌀'이나 '곡식'과 관련이 있는 뜻을 나타낸다.
2. 塗(도)는 형성자로서 자형구조는 상하구조◓이다. 위에는 발음을 나타내는 涂(도랑 도)가 있고, 아래에는 뜻을 나타내는 土(흙 토)가 있다. 또 涂(도)는 오른쪽에 발음을 나타내는 요소 余(여)가 있다. 土(토)의 본래 자형은 '땅(一)위에 흙덩이가 있는 모양[]'으로 대부분 '흙'과 관련이 있는 뜻을 나타낸다.

자의(字意)

糊塗(호도)– 일시적으로 얼버무려 넘김.

- 동음이의어(同音異義語)
  胡桃(호도)– 호두나무의 열매